비극의 탄생

비극의 탄생

초판3쇄 발행   2021년 4월 5일

기록   손병관
펴낸이   변선욱
펴낸곳   왕의서재
마케팅   변창욱
사진   이희훈
디자인   꿈지락

출판등록   2008년 7월 25일 제313-2008-120호
주소   경기도 고양시 일산서구 일현로 97-11 두산위브더제니스 107-3803
전화   070-7817-8004
팩스   0303-3130-3011
이메일   latentman75@gmail.com
블로그   blog.naver.com/kinglib

ISBN   979-11-86615-53-9 03300

책값은 표지 뒤쪽에 있습니다.
파본은 구입하신 서점에서 교환해드립니다.

비극의 탄생

50인의 증언으로
새 롭 게 밝 히 는
박 원 순 사 건 의 진 상

손병관 기록

박원순 서울시장의 성추행 피소와 죽음은 우리 사회에 큰 충격으로 다가왔다.*

박 시장은 우리나라를 대표하는 인권변호사이자 시민운동가였고, 서울시장에 3번 당선된 뒤, 차기 대통령선거 출마를 준비하던 인물이었다.

미국의 소설가 마크 트웨인은 "인간은 달과 같아서 누구에게도 보이지 않은 어두운 면이 있다"고 썼다. 사람들이 모르는, 박 시장의 어두운 면이 드러난 것일까?

박 시장과 친분이 있었던 전직 언론인은 "한국 사회는 모든 것을 해낼 수 있는 철인형 지도자를 원하는데 박 시장 연배에 그만큼 자기 완결성이 있는 리더도 드물다"며 그의 몰락을 안타까워했다.

무엇이 비극적인 죽음을 불러왔냐에 대해 그의 일부 지인들은 나름대로 설득력 있는 가설을 내놓았다. 그러나 그들은 그러한 가설이 나온 근거는 제시하지 못했다.

나는 기자의 소명이 사람들이 정확히 판단할 수 있는 근거를 마련

---

* 2020년 12월 4~6일 여론조사회사 케이스탯리서치가 조사해보니 '박원순 시장 사망 및 성추행 논란(25%)'이 코로나19 다음으로 기억에 남는 사건 2위를 기록했다.

하는 것이라고 생각해왔다. 서울시청 출입기자인 나로서는 '내 앞에 굴러온 공'을 피할 도리도, 누군가에게 미룰 여유도 없었다.

나는 2015~2020년 서울시장실에 근무했던 전·현직 공무원들을 설득해 '박원순 시장실 5년'의 증언을 청취했다. 취재에 응한 이들은 피해자 측 변호사와 여성단체 대표를 포함해 50명에 이르고, 경찰 조사받은 30여 명 중 15명의 진술을 확보했다.

국가인권위가 기관의 조사를 받았다고 밝힌 참고인 수가 51명에 이르는데, 이 정도면 나 혼자서 만날 수 있는 사람은 최대한 만나봤다고 자평한다.

이 과정에서 피해자 호소를 직접 들었다는 취재원을 만났고, "박 시장이 피해자의 무릎에 입술을 접촉했다"는 이른바 '무릎 호' 사건의 진위도 확인했다. 그 밖에 '마라톤 강요'와 2019년 전보 과정 등 대부분 쟁점에 관해 관련자들의 증언을 교차 검증했다.

사건의 가장 큰 의문점이었던 '왜 죽음을 택했나?'에 대해서도 생전 박 시장이 선구적으로 펼쳤던 활동, 서울대 신아무개 교수–우아무개 조교 성희롱 사건 기록을 다시 살폈다.

기자는 그 과정에서 이번 사건의 많은 의문점을 풀 수 있었고, 몇

건의 기사를 썼다. 그러나 어느 순간 기사들의 단편적인 조합으로는 독자들이 사건의 실체를 온전히 이해하는 데 무리가 있다고 판단했다. 이 책은 그 결과물이다.

한 가지 일러둘 것은, 이 책이 기자의 취재 기록인 만큼 수집한 '팩트'와 '의견'이 혼재되어 있다는 점이다. 현명한 독자들이 두 가지를 잘 구분하여 왜 팩트와 의견을 섞어서 얘기하냐는 식의 우문을 던지는 일은 없었으면 한다.

생전의 박 시장은 기자에게 가장 중요한 취재원이었고, 그의 사생활을 제외한 대부분의 궁금증에 비교적 성실하게 답변해줬다. 그 과정에서 박 시장의 크고 작은 허물을 알게 됐고, 그러한 내용도 상당 부분 책에 담았다.

어떤 이는 그래도 박 시장이 덕업을 많이 쌓아 천국에 갔을 거로 믿고, 또 어떤 이는 그가 위선이라는 대죄를 지어 지옥의 나락으로 떨어졌으리라고 확신한다. 나는 그가 이도 저도 아닌 '연옥에 갇힌 영혼'이 됐다고 생각한다. 그의 운명을 결정지을 '진실의 문'은 여전히 열리지 않았다.

그의 참모습이 드러나서 사후에라도 진정한 안식을 찾길 바라는 마음에서 이 책을 쓴다. 아울러 박원순을 고소한 전직 비서가 '4월 사건'의 아픔을 치유하길 바란다.

혹자는 이 책이 어느 한 사람의 아픔을 건드린다고 생각할지 모르겠다. 그 사람에게는 오직 한 사람의 피해자가 보였을지 모르겠지만, 나는 취재 과정에서 무수한 피해자들의 사연을 접했다.

그들은 가장의 죽음으로 황망한 처지에 놓인 유족일 수도, 어느 순간 천인공노할 범죄를 묵인·방조·은폐한 공범으로 몰린 공무원들일 수도 있다. 그들 중 어느 한쪽의 목소리가 더 크다고 해서 그의 고통이 더 크다고 생각하지 않는다. 결국 이들 모두의 '신원'을 위해서는 내가 알아낸 진상을 있는 그대로 내보이는 것이 내 본분이라는 결론에 이르렀다.

책을 쓰는 과정에서 많은 사람에게 도움을 받았다. 기자가 글을 다듬을 수 있도록 오피스텔을 집필 공간으로 내준 '30년 대학 지기' 임세윤에게 특별히 감사를 드린다.

마지막으로 내 운명의 세 여인, 나의 '과거'를 만든 어머니와 '현재'를 함께 하는 아내 그리고 '미래'가 되어줄 딸에게 이 책을 바친다.

차 례

①

그날의 기억

2020년 7월 9일 오후 6시 직전 세검정 삼거리를 지나는 버스 안에서 전화벨이 울렸다. 〈오마이TV〉 방송팀의 박정호 기자였다.

"선배, 박원순 시장의 연락이 두절돼서 딸이 경찰에 실종 신고를 했다는 뉴스가 뜨는데 어떻게 된 일이죠?"
"그게 무슨 소리야?"

나는 "일단 알려줘서 고맙다. 서울시청에도 확인해볼게"라고 한 뒤 버스에서 내려 시청의 취재원들에게 전화를 돌렸다.

박 시장은 이날 오후 4시 40분 대통령 직속 국가균형발전위원회 김사열 위원장 면담이 일정으로 잡혀있었는데, 정확히 6시간 전 서울시는 시청을 출입하는 기자들에게 "부득이한 사정으로 일정이 취소됐으니 양해를 부탁드린다"는 문자 메시지를 발송한 상태였다.

당시 박 시장이 직면한 최대 이슈는 '그린벨트 해제'였다. 박 시장은 "그린벨트는 미래세대를 위해 남겨놔야 할 보물과 같은 곳이기 때문에 당대에 필요하다고 쓸 수 있는 게 아니다"(7월 6일 기자간담회)는 입장이었지만, 수도권 주택 공급물량 확보를 위해 그린벨트 일부를 해제하자는 정부·여당의 압박 강도가 만만치 않았다.

박 시장이 전날 오후 이해찬 더불어민주당 대표를 만나 부동산 대책을 논의했다는 사실이 알려지자 언론들은 그가 '그린벨트 보존론'을 철회할지에 관심을 모았다. 심지어 박 시장의 참모들 사이에서는 '어떤 식으로 결론이 나든 박 시장이 주목받는 것 자체가 나쁘지 않다'는 반응이 나왔다.

박 시장은 이날 시내 모처에서 김우영 정무부시장, 고한석 비서실장, 최택용 정무수석 그리고 그를 지지하는 기동민·박홍근 의원 등과 정례모임을 하기로 되어있었는데 그 자리에 나오지 않았다. 심지어 그날은 시청에 출근하지도 않았다. 당일 오후 1시 40분경 나는 시장실 정책담당비서관과 통화했다.

"시장님이 오늘 출근 안 하고 오후 일정도 취소했다는데 부동산 대책에 대한 고민이 많아서인가요?"

"그건 저도 모르겠습니다."

이 비서관은 4월 24일에야 시장실에 들어온 '뉴페이스'였다. 들어온 지 얼마 안 된 터라 시장실 돌아가는 상황을 속속들이 알 수 없으리라 생각했지만, 마음 한구석에 찜찜함이 가시지 않았다.

그러면서도 오늘은 별일 없겠거니 하고 평소보다 일찍 퇴근길을 재촉했는데 청천벽력 같은 일이 터진 것이다.

나는 급히 택시를 잡아타고 시청으로 복귀했다. 시청에 거의 다다른 오후 6시 25분 황인식 서울시 대변인과 간신히 전화 통화가 됐다.

"저희들도 뉴스에 나오는 이상은 모릅니다. 현재 확인 중이고요."

"오전에 일정 취소했다고 문자 왔는데 그때부터 시장의 소재 파악이 안 됐던 겁니까?"

"사실 그것도 잘 모릅니다. 시장이 몸 컨디션이 안 좋아서 출근 못한다는 얘기를 시장실로부터 듣고 기자들에게 공지한 거니까요."

이 시각 나의 모바일 메신저에도 불이 났다. 박 시장 관련 미투를 방송사가 취재 중이었다는 얘기, 이미 사건이 서울시경 여성청소년과에 접수됐다는 얘기. 그리고 방송국 사회부 기자들이 서울대병원 장례식장에 배치됐다는 얘기까지. 급기야 서울시경은 오후 7시 20분에 출입기자들에게 "경찰이 시신 발견을 확인해줬다는 보도는 오보"라는 입장을 내놓았다.

오후 8시가 되자 MBC와 SBS가 동시에 박 시장이 전직 비서로부터 성추행 혐의로 고소당했다는 뉴스를 보도했다(고한석 비서실장에게 당일 오전 MBC와 SBS 양쪽으로부터 "시장에 대한 소문이 사실이냐"는 확인 전화가 왔지만, 그는 "진위를 알 수 없다"고 답변을 피해갔다).

경찰이 1차 수색을 종료한 오후 9시 30분 이후에도 '박원순 서울시장의 시신이 발견돼 서울대병원으로 이송 중'이라는 식의 오보는 계속됐다.

그의 생사도 중요하지만, 시장이 종적을 감춘 이유에 관해서도 확인이 필요했다. 2년 7개월간 시청을 출입하면서 알게 된 박 시장의 핵심 참모는 10여 명. 그러나 아무도 전화를 받지 않았다.

시장실을 떠난 몇몇과는 통화가 가능했지만, 이들도 아는 게 없기는 마찬가지였다. 이들과 "시장이 장난이 좀 심하시네. 이렇게 사람들 마음 흔들어놓고 뭔 일 있었냐는 듯 '짠' 하고 나타나겠지"라며 시답잖은 농을 주고받는 게 그날 밤 할 수 있는 일의 전부였다.

"별일 없겠지…" 자정 무렵 집으로 돌아오며 나는 페이스북에 이런 글을 남겼다.

오늘 마지막 6시간은 정말 길었다. '서울대병원 실려갔다'는 카더라를 몇 번이나 들었을까? 그러나 나부터 말을 아껴야 할 때다.

그러나 거실 소파에 눕자마자 박 시장의 시신이 발견됐다는 속보들이 쏟아졌다.

누구에게 확인해야 하나? 10일 0시 32분 박 시장의 정책 분야를 보좌하는 서왕진 서울연구원장이 짧은 문자를 보내왔다.

"서울대병원으로"

머뭇거릴 이유가 없었다. 택시를 잡아타고 서울대병원 응급센터에 갔을 때 이미 입구는 사람들로 장사진을 쳤다.

사진기자들, 유튜버들, 시장 지지자들이 엉킨 가운데 서 원장, 이민주 공보특보, 그리고 권정순 정책특보가 굳은 표정으로 박 시장의 도착을 기다렸다.

"야, 이 새끼야. 니들이 시장을 죽였어."

누군가 욕설과 함께 서 원장 얼굴에 주먹질을 하는데, 서 원장은 대역죄인처럼 묵묵히 매를 맞았다. 보다 못한 내가 "왜 이러시냐"며 익명의 시민을 뜯어말렸고, 그는 서 원장을 부둥켜안고 엉엉 울었다.

그러는 사이 데스크에서 전화가 왔다.

"병원 현장은 사회부 후배에게 맡기고, 너는 박 시장 부고 기사를 쓰는 게 어때? 시청 출입한 연조가 있으니 그동안의 에피소드들 묶어서 하나 써 보라고."

동이 터오는 장례식장 입구에서 나는 여름 모기에게 팔다리를 뜯기며 노트북 컴퓨터로 글을 써 내려갔다.

〈"세상 확 뜯어고쳐야죠" … 스러진 박원순의 꿈〉이라는 제목의 기사는 그날 밤에 게재됐다. 다소 길지만, 기자의 박원순 관이 담긴 글이기에 전재한다.

"서울시청에 새로 출입하게 된 〈오마이뉴스〉 기자라구요? 20년 가까이 일했다고요? 근데 왜 이름이 잘 기억이 안 나지?"

지난 2017년 12월 9일 오후 집무실에서 박원순 서울시장을 대면했던 순간에 그가 한 말을 기자는 이렇게 기억한다. 그해 1월

박 시장이 대선 캠페인에 나섰을 때 나는 그를 오찬 간담회에서 만난 적이 있었지만, 그는 나를 기억하지 못했다.

"시장님이 사람들 얼굴을 잘 기억하지 못하니 너무 신경 쓰지 마세요."
배석한 서울시 간부의 귀띔에 나는 "정치인으로서는 치명적인 약점이네요"라고 답했다.
서울대 입학하자마자 학생 시위에 참여했다가 제적당한 뒤 사법 시험에 합격한 수재. 검사 일이 안 맞아서 변호사를 개업했지만 조영래를 롤모델로 삼았던 인권변호사. 참여연대, 아름다운재단, 희망제작소 등 손대는 단체마다 성공시킨 시민운동계의 대부.
내가 박 시장에 대해 아는 것은 이 정도였다. 박 시장도 나에 대해 아는 게 없었으니 피장파장. 그와의 인연은 이렇게 시작됐다.

박 시장과 관련해 가장 놀랐던 사실은 그가 7억 원의 빚을 진 채무자였다는 것이다.
박 시장은 "변호사 시절 맡은 사건에서 져본 적이 없고, 시민단체 시절에도 외부 강의하면 월 1,000만 원은 벌었는데, 젊었을 때 탕진을 좀 했다"고 회고했다. 그는 '탕진'이라고 표현했지만, 젊은 시절부터 제법 많은 돈을 기부했다.

1998년 '우 조교 성희롱사건' 변호인 자격으로 받은 '올해의 여성운동상' 상금을 한국여성단체연합에 기부했고, 2006년에 받은 막사이사이상 상금 5만 달러는 필리핀의 비영리단체에 전달했다.

서울시장이 되기 전 맡았던 포스코 사외이사 퇴직금 7,000만 원은 아름다운재단에 보냈고, 서울시장이 된 후에도 '예테보리 지속가능발전상' 상금 5,000만 원을 '일본군성노예제 문제 해결을 위한 정의기억재단'에 후원금으로 쾌척했다.

박 시장이 벌인 일들의 뒤처리는 부인 강난희 씨가 도맡았다. 지난해 4월 8일 일부 기자들과의 만찬에서 박 시장은 "내가 집안을 전혀 안 돌봐서 집사람이 손댔다가 실패한 사업들이 꽤 있다"라면서 "그렇다고 그걸 집사람 탓하면 안 되지"라고 부인에 대한 감정을 표현했다.

2018년 박 시장은 3번째 서울시장 선거를 준비하고 있었지만, 그가 보여준 시장으로서의 모습은 전혀 정치인답지 않았다.

그해 2월 26일 오후 2시 서울시청 6층 간담회장. 서울시 15개 산하기관의 노동자 이사 20명이 한자리에 모인 회의장에서 노랫소리가 울려 퍼졌다.

"봄이 오면 산에 들에 진달래 피네.
진달래 피는 곳에 내 마음도 피어
건너 마을 젊은 처자 꽃 따러 오거든

꽃만 말고 이 마음도 함께 따가 주~"

박 시장이 세종문화회관 합창단 출신 조영화 이사가 참석한 것을 보고 "분위기를 누그러뜨리기 위해 노래 한 곡 할까요?"라고 말했다. 조 이사로부터 "시장님이 먼저 하신다면…"이라고 선창을 요구받자, 박 시장은 "내가 못 할 게 없죠"라며 가곡 〈봄이 오면〉(김동환 시, 김동진 작곡)을 불러제꼈다.

1절을 함께 완창한 뒤 박 시장은 "다음부터 회의할 때는 노래한 곡씩 하자"고 하는 것을 보고 나는 서울시 정무수석에게 전화를 돌렸다.

- 기자　　"시장님이 회의 석상에서 갑자기 노래를 부르시네요."
- 정무수석　"(대수롭지 않은 듯) 또 그러셨나요?"

정치에서도 '박원순만의 길'을 열고 싶어 했다

"이렇게 순진한 양반이 대선 출마를 하려 했단 말이야?"라는 생각을 깨게 만든 사건은 2018년 5월 16일, 그와의 두 번째 인터뷰였다.

기자는 지방선거 후보 인터뷰를 마치면서 "박 시장과 문재인 대통령 삶의 궤적이 닮았다고 얘기하는 사람들이 많다"고 말했다. 당시는 판문점 정상회담 성사로 문 대통령의 인기가 하늘을 찌르던 시절이어서 여느 여당 정치인이라면 이런 말을 좋아하기 마런이다.

그런데, 박 시장의 반응은 의외로 뜨뜻미지근했다.
"닮긴 닮았죠. 닮았으면서도 또 많이 다르죠. 문 대통령은 지역에서 활동한 게 강점이었고, 나는 중심(서울)에서 활동하면서도 변경에서 활동했으니…"
그 후 몇 달이 지나서 박 시장의 공관을 방문할 기회가 있었을 때 박 시장은 "대통령이 될 기회가 주어지면 세상을 확 뜯어고쳐야죠"라고 말했다. 그의 핵심 참모가 "박 시장께선 문 대통령을 좋아하면서도 문 대통령 이상의 능력을 보여주는 대통령이 되고 싶어 한다"고 설명했다. 박 시장의 권력의지는 분명해 보였다. 다만, 꿈을 드러낼 시기가 언제인지가 문제였다.

박 시장은 이런 꿈을 꾸면서, 정치에서도 '박원순만의 길'을 열고 싶어 했다. 3선에 도전한 2018년 선거에서 박 시장은 자신의 선거는 물론이고 구청장과 구의원, 시의원 선거를 모두 승리로 이끄는 '서울 야전사령관'을 자임했다. 그러나 막상 선거가 끝나자 "내 생각은 그게 아니었다"고 안타까움을 토로했다.
그해 6월 27일 오후 5시 40분 서울시청 집무실에서 유세를 동행 취재한 기자 3명을 만난 자리에서 박 시장은 이렇게 말했다.

"개인적으로는 불편했던 선거였어요. 유세차 올라가서 유세한다고 듣는 사람이 실제로 많지가 않아요. 그냥 우리끼리 하는 거야. 전통적인 민주당 방식이지. 사람들 여럿이 다니면 길 막히고. 사실 욕먹는 방식이야.

조용히 찾아가서 물건 사주고 얘기 나눠야 하는데 '박 시장님이 오셨습니다' 소리치는 게 난 불편해. 나만의 선거였다면 사람들 사진 찍어주고 페이스북에 다 올렸겠지. 그런데 그 자리에 모인 사람들이 있으니. 어쨌든 날 위한 선거는 아니었어."

3선에 성공한 뒤 박 시장의 시계는 오는 2022년 대선에 맞춰졌다. 박 시장은 "처음부터 대통령을 생각한 것은 아니다. 서울시장만으로도 세상을 충분히 바꿀 수 있다고 생각했는데 막상 해보니 권한은 중앙정부가 다 가지고 있더라"면서 생각이 바뀐 까닭을 설명했다.

그럼에도 '박원순식 정치'에 대중들이 매력을 느끼지 못하는 이유에 대해서는 쿨하게 자신의 부족함을 인정하는 면모도 보였다.

"내가 (대선후보 경선 2위를 한) 안희정이나 이재명에게 배워야 할 게 있어요. 나는 정치를 모르는데, 그분들은 어릴 때부터 그런 세계에 눈을 떴어요. 이재명 지사가 한 번은 내게 그러더군요. '성남시장 1기에는 업무 50 대 홍보 50 비율이었다면, 2기에는 업무 30 대 홍보 70으로 바꿨다'고. 이 지사는 자기를 알리는, 좋은 아이디어를 계속 내놓는데 나는 그러지 못했어요. 그것이

내가 부족한 점이죠." (2019년 4월 8일 일부 기자들과의 만찬에서)
박 시장은 인권운동과 시민운동을 줄곧 해오면서 진보적 이미지가 강했지만, 사안에 따라서는 의외의 소신을 내놓기도 했다.
뒤늦게 영어 공부를 시작했는데도, 제러드 다이아먼드 등 세계 석학들과의 세미나를 영어로 할 정도로 실력을 늘린 박 시장은 "우리는 영어를 배워 런던 같은 도시의 장점을 벤치마킹할 수 있는데, 그들은 우리를 모른다"면서 "서울이 영어로 일상생활이 가능한 도시가 돼야 한다. 법을 바꿔 외국인도 공무원으로 채용할 수 있도록 해야 한다"고 말했다.

21대 총선을 앞둔 2019년 12월 3일에는 신경민 더불어민주당 의원과의 토크쇼에서 여야 갈등으로 지지부진한 민생법안 통과 상황을 개탄하며, 총선 결과에 따라 독일식 연정을 시도해 보자는 제안을 내놨다. 여당의 압승으로 연정 가능성은 사그라들었지만, 불신과 반목이 강한 한국 정치에서 새로운 돌파구를 열어보려던 박 시장의 제안을 높이 평가하는 사람들도 많다.
2015년 메르스의 교훈을 잊지 않고 음압병상 등 서울의 공공병원에 대한 투자를 아끼지 않아 2020년 코로나19 국면에서 성공적인 방역을 이끈 것도 박 시장의 선견지명이 빛을 발하는 대목이라고 할 수 있다.

생전의 박 시장은 삶의 에너지가 넘치는 사람이기도 했다. 그와

나의 마지막 인연은 내 아버지의 장례식장에서였다. 아버지 장사 지내기 전날인 지난달 29일, 박 시장은 코로나19 여파로 썰렁했던 빈소를 찾아준, 많지 않은 조문객 가운데 한 사람이었다.

아는 이가 많지 않지만, 박 시장은 매일 밤 11시까지 살인적인 일정을 소화하는 것으로 유명했다. 상주 입장에서 그의 방문이 반가우면서도 "대통령 나간다는 사람이 30분 이상 상가에 죽치고 있는 게 맞냐"는 생각이 언뜻언뜻 드는 밤이었다.

박 시장은 그 자리에서도 "평범한 시민들의 생전 모습을 미리 동영상으로 촬영해놨다가 나중에 파일별로 모아서 편집하면 후손들에게 (조상의) 과거를 기억하게 하는 거대한 온라인 라이브러리가 된다"는 아이디어를 제시했다.

그랬던 박 시장이 9일 실종됐다가 몇 시간 만에 시신으로 발견됐다. 시신이 확인되기 전에는 그가 미투 사건으로 피소됐다는 뉴스가 나와 세상을 떠들썩하게 했다.

성폭력 사건으로 재판을 받던 안희정 전 충남지사가 1심에서 무죄를 받은 뒤, 박 시장 입장을 물었을 때 그는 "피해자가 성희롱으로 성적 모독감을 느꼈다면 피해자의 관점에서 보는 게 요즘의 보편적 이론"이라면서 "(판사가) 비판받을 대목이 있지 않냐"고 말했다. (2018년 8월 17일 〈오마이TV〉 인터뷰)

박 시장을 좋게 기억하는 사람들에게는 안타까운 얘기지만, 지

금의 논란도 그가 만든 역사의 한 조각으로 받아들여야 할지 모르겠다. 더 많은 진실이 밝혀지길 바란다.

이 글을 쓰는 동안 시신 도착 현장을 취재한 후배 여기자가 먼저 들어간다며 인사를 건넸다.

내가 "아무리 박원순이라도 여비서를 괴롭혔다면 용서받기 어렵겠지?"라고 묻자 그는 "그럼요~"라고 단호하게 답했다.

그 순간 "젊은이들에게는 박원순이 그냥 서울시장이라는 권력자일 수도 있겠구나"라는 생각이 스쳤다.

실제로 그로부터 1주일 뒤 서울대, 고려대, 연세대에는 박 시장을 규탄하고 피해자와 연대하겠다는 대자보가 동시다발로 붙었고, 신지예 한국여성정치네트워크 대표(전 녹색당 공동운영위원장) 같은 사람은 감사원에 박원순 사건 감사를 청구하는 서명운동을 하면서 '박원순 더러워'라는 손팻말을 들기도 했다.

진상규명은 불가피했다. 그러나 한쪽은 자신의 피해를 적극적으로 얘기하는 반면, 자기방어권을 포기한 또 다른 한쪽 상황은 '여론의 축'을 급격하게 휘어 놓았다.

❷

내가 만난
'정치인 박원순'

"친환경무상급식, 촛불혁명의 근거가 된 광장 개방, 우면산터널 지하철 9호선 민자 사업 조정, 자치구 재정 분권 실천, 교육청 전출금 정책 선도, 찾아가는 동사무소, 자유시민대학, 서울시민 평생교육, 서울교육희망 공동선언, 적극적인 녹지 보호 정책, 강북 옥탑방 생활, 서울경전철 등 도시철도망 구축, 시민 참여형 2030 서울플랜, 사회서비스원 설립, 시민의 자전거 따릉이, 자영업자 유급병가, 우리 아이들 키움센터, 청년수당을 비롯한 청년주거 및 청년 종합 정책, 노동자이사제, 프리랜서 보호 정책, 제로페이, 지금 K방역의 모태가 된 메르스와 코로나19 대응까지, 그 이외에도 잘생긴 서울의 복지, 문화 시설들 서울 곳곳에 박원순 시장님의 자취가 배어 있지 않은 곳이 없습니다."

박 시장의 영결식 다음 날(7월 14일) 오후 2시에 열린 서울시의회 후반기 개회식에서 민주당 서윤기 시의원(관악2)이 정리한 박원순의 업적이다.

그에게 엄청난 기대를 걸었다가 돌아선 지지자들 또는 반대자들은 박 시장이 9년간 이뤄놓은 일들이 성에 차지 않거나 서울을 도리어 후퇴시켰다고 할지 모르겠다.

많은 사람이 서울시장 자리를 대권으로 가는 징검다리로 생각하지만, 박 시장이 처음부터 대선을 의식했던 것은 아니다.

취임 6개월 시점(2012년 4월 26일)에 한 기자가 "이명박 시장 하면 청계천이 떠오르는데, 박 시장은 임기 안에 꼭 이루고 싶은 게 뭐냐"고 묻자 그는 "아무것도 안 한 시장이 되고 싶다"고 답했다.

박 시장은 2013년 3월 14일 페이스북에 당시 발언의 취지를 구체적으로 설명했다.

이전의 시장들은 임기 중에 뭔가 뚜렷한 사업으로 인상을 남겨서 재선이나 더 큰 선거에 나가고자 했으며, 그러다 보니 무리하게 되어 많은 문제점들이 생기곤 했다 (중략) 시민의 삶은 경제부터 문화까지 너무나 다양한 분야가 있다. 시장이 어느 것 하나 소홀하면 안 되는 것인데 한두 개의 업무만 집중하다 보니 다른 분야는 방치하게 되는 것이다.

이 때문에 임기 내내 "한 게 없다"는 비판에 시달렸지만, 박 시장의 이런 안목이 임기 마지막 해에 빛을 발하기도 했다.

박원순은 시민 처지에서 공공의료 문제를 들여다본 최초의 서울시장이었다. 시민들에게 각인될 '랜드마크'에 집착한 시장이라면 공공의료라는 무형의 가치에 주목하지 않았을 것이다.

서울시는 공공의료 인프라 차원에서 시립병원 12곳을 운영하는데, 매년 1,000억 원 가까운 세금이 들어간다. 특히 서울의료원에 마련된 격리음압병상은 서울시의회가 열릴 때마다 '혈세 낭비', '활용도가 떨어진다'라는 지적을 받아왔다.

박 시장은 그런 지적이 나올 때마다 "가난한 사람은 어디서 치료받으란 말이냐"*, "시립병원들이 적자지만, 시민이 낸 세금을 시민에게 다시 돌려드리는 것이기 때문에 앞으로도 투자를 아끼지 않겠다"**고 화답했다.

그의 선견지명은 코로나19 사태가 터지자 재평가를 받을 수 있었다.

서울의 코로나 사태 첫 3개월(1월 23일~4월 24일) 동안 서울 확진자의 71%(628명 중 446명)를 시립병원 4곳에서 치료했다.*** 서울의 공공의료 인프라가 받쳐준 덕에 '빅4' 대형병원들도 코로나19 병상 확보의 부담을 느끼지 않고 일상 진료를 지속할 수 있었다.

그러나 박 시장의 대선 도전이 가시화되자 시장의 이런 면모에 답답함을 느끼는 사람들도 나타나기 시작했다. 박 시장의 정무부시장을 지낸 여권 인사의 평가다.

---

* 2014년 7월 3일 광주시청 현장 발언
** 2019년 6월 4일 서남병원 '서울케어' 현판식 발언
*** 서울의료원 187명, 보라매병원 138명, 서남병원 100명, 서북병원 21명

"박 시장이 자잘한 일들을 너무 많이 벌였다. 청년수당 같은 것도 이재명 경기지사처럼 시원시원하게 일을 지르면 눈길을 많이 끌었을 텐데. 그러니 '시장이 돼서 한 게 없다'는 말이 나오는 거다. 대통령이 되고자 한다면 시민의 삶을 변화시킬 수 있는 프로젝트 하나에 집중해서 빵 터뜨려야 한다. 토목 사업을 크게 하자는 게 아니라 박원순하면 떠오르는 랜드마크 하나는 있어야 했다."

그러나 2014년 재선 고지에 오를 때까지 그가 대선을 크게 의식하지 않았던 것은 분명하다. 2017년 대선을 염두에 두고 여의도 대산빌딩에 캠프 사무실을 마련한 것도 2016년 여름의 일이었다.

시장실이 있는 시청 6층을 돌아다니다 보면 회의 장소로 이동하는 박 시장과 마주칠 때가 많았다. 운이 좋으면 그의 속내나 알려지지 않은 '과거지사'도 들을 수 있었다.

"내가 나이에 비해서는 공직의 길에 좀 늦게 들어왔어요. 사실 노무현 정부 때도 인사 제안을 많이 받았죠. 그런 자리 중에는 감사원장도 있었고, 청와대 민정수석도 있었어요. 그런데 노 대통령이 내가 정말 하고 싶은 자리는 제안하지 않더군요."

"그게 뭐죠?"

"검찰총장은 한번 해보고 싶었어요. 젊었을 때는 검사가 적성에 안 맞는다고 생각해서 변호사로 전업했는데, 내가 검찰총장이 되면 살아 있는 권력이든 죽은 권력이든 원칙대로 수사할 수 있을 것 같았죠."

또 한 번은 "왜 대통령이 되려고 하냐"라고 물었다. 2018년 6월 서울시장 3선에 성공한 뒤 너도나도 "이제 대통령만 남은 게 아니냐"고 확답을 들으려고 할 때 그는 "시장 당선증에 잉크도 안 말랐는데 다른 생각을 할 여유가 없다"는 답변으로 얼버무렸다.

"세상을 확 뜯어고쳐야죠."
"서울시장 3번 했는데 세상을 바꿀 기회는 충분히 얻은 거 아닌가요?"
"(고개를 저으며) 권한이 없어요. 나도 처음에는 그렇게 생각했는데 막상 시장이 되고 보니 중앙정부에게는 '을 중에 을'이더군요."

2018년 8월 17일 '강북 옥탑방 한 달 살이' 인터뷰를 위해 만났을 때 그는 '부동산 폭등 서울시 책임론'에 부글부글 끓고 있었다. 그는 '오프더레코드'를 걸고 얘기했다.

"서울 집값을 어떻게 잡아야 할까요?"
"투기꾼들이 올리고 있는데, 정부가 1% 다주택자 상대로 보유세를 엄청나게 올려야 합니다. 김현미 국토부 장관을 몇 번 만났는데, 내 생각보다 덜 근본적인 처방전을 내놓더군요. 100% 실거래가에 세금 매겨야 해요. 내가 이런 얘기를 밖에다가 하면 문재인 정부와 갈등으로 비칠까 봐 참고 있는 거예요. 대통령은 지방분권을 얘기하지만, 예산은 기획재정부가 틀어쥐고 지방정부에 실제로 내려오는 권한은 없습니다.”

'그린벨트 해제'를 놓고도 박 시장과 김현미 장관은 여러 차례 부딪
쳤다. 제3차 남북정상회담(2018년 9월 18~20일) 기간에 대통령을 수행
한 두 사람이 평양 현지에서 그린벨트 문제로 격론을 벌이는 일도 있
었다.

"그린벨트는 한 평도 줄일 수 없다"(2014년 10월 25일 시민들과의 '주
말 데이트')라고 공언했던 박 시장으로서는 물러설 수 없는 싸움이었
고, 결국 박 시장의 뜻이 관철됐다. 훗날 박 시장은 기자에게 "그린벨
트 해제는 국토부 권한이었는데, 만약 강행하면 나는 시장직을 던질
생각이었다. 내가 이만큼 고민이 깊었다는 사실만큼은 나중에라도 써
줘야 한다"며 너털웃음을 지었다.

나경원, 정몽준, 김문수, 안철수 등 쟁쟁한 경쟁자들을 물리치고
'서울시장 3선'이라는 전인미답의 금자탑을 쌓았지만, 정치적으로 영
민한 모습을 보이지 못할 때도 많았다.

다음은 민주당 586그룹의 사정에 정통한 핵심 참모가 들려준
2017년 대선 비화다.

"박 시장이 2016년 대선 캠프 살림을 누구에게 맡기면 좋겠냐고
물었지. 시장의 핵심 측근 기동민, 박홍근 의원 모두가 '정무부시장
지낸 임종석이 제격'이라고 답한 거야. 심지어 '임종석 없으면 경선은

하나 마나'라고 말하는 사람도 있었어.

마침 임종석도 그해 당내 경선에 나갔다가 떨어져서 권토중래를 모색하던 시기였어. 그런데 임이 박 시장에게 '저랑 일하려면 전적으로 믿어주셔야 한다'고 했는데 시장이 머뭇머뭇했지. 시장이 답을 안 주니까 임은 386 동지들에게 어떻게 해야 하냐고 하소연했고, 시장을 좋아했던 나만 해도 '반드시 널 잡겠다는 것은 아닌 것 같으니 네가 알아서 하라'는 답을 줄 수밖에 없었어. 그 사이에 문재인 캠프 준비하던 양정철이 임을 삼고초려해서 데려갔고, 시장이 나중에 노발대발했다는데 이게 어디 상대방 탓할 문제인가? 모두가 아는 것처럼 임은 청와대 비서실장이 돼서 승승장구했고."

훗날 박 시장에게 이 사건에 관해 묻자 그는 "내가 참으로 부족한 게 정무 감각"이라며 씁쓸한 표정을 지었다.

회사 동료 기자 한 명이 4월 9일 박 시장과의 만찬을 앞두고 "시장에게 무슨 얘기를 하면 좋겠냐"고 물었을 때 나는 "그냥 좋은 얘기만 해드려라. 면전에서 비판하면 마음에 담아둘지 몰라"라고 답했다.

한편으로, 박 시장의 비극적 죽음을 보면서 그가 서울시에 남지 않고 정치적으로 새로운 도전을 모색했다면 어땠을까 하는 생각도 해본다.

2017년 가을 박 시장은 정치적으로 중요한 선택의 갈림길에 섰다.

서울시장 재선으로 자신을 얻은 박 시장은 2017년 대선에 도전하려다가 세 불리를 감지하고 중도 포기했다.

서울시장으로서 보여줄 건 다 보여줬으니 이제는 새로운 행보를 보여줘야 2022년 대선도 승산 있다는 의견이 일부 참모들 사이에 고개를 들었다.

그에게는 새로운 옵션이 3가지 있었다. 경남지사, 국회의원 재보선 그리고 당 대표 도전이었다. 그중에서 경남지사 도전을 권하는 사람이 가장 많았다.

이 시기 박 시장에게 경남지사 도전을 강력히 권했던 김우영 서울시 정무부시장(당시 은평구청장)의 말이다.[*]

"2017년 가을만 해도 김경수 지사(당시 초선 의원)는 경남지사에 생각이 없는 것 같아서 시장에게 경남지사에 도전하라고 설득했다. 경남지사가 되면 여러 가지 장점이 많았다. 경남도 안에 김해 봉하마을이 있어서 친노 그룹과 거리를 좁힐 수 있고, 문재인 대통령도 박 시장이 나서주는 것에 내심 고마워했을 거다. 대선에 나가려는 박 시장에게도 지지층을 서울에서 PK로 넓힐 호기였다."

정치권 사정에 정통한 모 대학교수도 이 무렵 박 시장을 만나 똑같이 주문했다. 이 교수는 기자에게 "정치인이 이미 이뤄놓은 성공에 안주하면 어떻게 해요? 싫증 내는 대중들에게 자꾸 새로운 모습을 보여줘야죠"라고 말했다.

---

[*] 2020년 11월 11일 오찬

훗날 경남지사가 됐던 김경수 의원도 2017년 추석 전후로 박 시장을 만나 "출마하면 돕겠다"는 의사를 전했다고 한다.

장고를 거듭하던 박 시장은 그해 10월 17일 국회 국정감사에서 '경남지사 차출설' 질문이 나오자 "전혀 근거가 없는 보도"라고 선을 그었다. 이 발언으로 경남지사 차출설은 사그라들었지만, 여전히 "3선 말고 새로운 도전을 해야 한다"는 목소리가 끊이지 않았다.

시장실의 핵심 참모 Q는 3선 캠프에서 '지방선거 승리의 야전사령관'이라는 캐치프레이즈를 만든 공을 인정받아 시장실에 들어왔다. Q는 기자를 만날 때마다 "박 시장이 너무 여성스럽다. 대통령이 되려면 뭔가 강렬한 이미지를 줘야 하는데…"라고 걱정하곤 했다. Q가 2018년 지방선거가 끝난 뒤 해준 말이다.*

"정치인이 국회의원 안 해보면 모르는 영역이 꽤 있다. 문재인 대통령도 여의도 경력은 있지만, 상임위 간사 같은 건 안 해보지 않았나? 절충과 합의가 이뤄지는 과정, 갈등의 정점에서 돌파구를 마련하는 방법에 대한 이해가 부족하다는 느낌이다. 나는 박 시장에게도 똑같은 주문을 한다. 서울의 어느 구에 방문할 일 있으면 구청장 만나서 밥 먹고 차 한잔해야 한다고 누누이 말씀드렸는데 잘 안 된다."

기자는 2017년 12월 8일 박 시장을 인터뷰했다. 그는 3선 도전 질

---

* 2018년 9월 11일 대면 인터뷰

문에 "이미 다 알고 있다면서요?"라며 허허 웃었다.

박 시장이 마음을 굳히자 시장실 참모들도 "시장에게 여의도 정치가 반드시 겪어야 할 통과의례는 아니다. 박 시장에게는 '박원순의 길'이 있는 것 아니냐"며 3선 도전을 돕기로 마음먹었다.

박 시장은 이듬해 5월 10일 상반기 직원 조례에서 이 문제에 대한 심경을 직접 밝혔다.

"저도 사실 시장을 한 번 더 해야 하는가에 대한 고민이 많았습니다. 정치적으로 보면, 서울시장을 두 번 하나 세 번 하나 마찬가지이기 때문에 더 이상 할 필요가 없죠. 실제로 많은 분들이 그렇게(3선 불출마를) 권했습니다. 그런데, 출마를 고민하게 된 것은 우리가 시작했던 많은 비전과 실험들이 문재인 정부와 더불어 전국화되고 있는데 이런 모멘텀을 이어가야 하지 않나? 비록 나에게는 정치적으로는 도움이 안 되더라도 적어도 시민들이 원한다면 (3선 시정을) 완성하는 것이 더 중요하지 않나 하는 고민을 했습니다."

그에게는 남모를 고민이 또 있었다. 서울시 산하기관·유관단체에 터 잡은 일부 참모들은 그가 서울시청을 떠나는 것을 원치 않았고, 이로 인한 무언의 압박도 적지 않았던 것이다.

더불어민주당의 대표적인 박원순계 박홍근 의원(서울 중랑을)의 말이다.*

"2014년 지방선거 때 박 시장을 따로 만나 대선 나가면 돕겠다고 말씀드린 사이다. 가능성 크지 않은 줄 알면서도 2017년 대선도 도왔고. 2018년 지방선거에도 3선은 나가지 말라고 끝까지 고집했다. 처음에는 찬반 의견 팽팽했는데, 일주일 정도 지나니 시장 마음이 3선으로 기울더라. 박 시장이 내게 전화로 최종 결심을 밝혔을 때 내가 '시장님, 돕기는 하겠지만 대권에서는 멀어지신 겁니다'라고 답한 기억이 난다. 지금 일을 생각하면, 내가 그때 확실히 말렸어야 한다는 후회가 든다."

박 시장의 성추행 피소는 그가 시장실 내부 일을 처리하는 과정에서 빚어진 일이었다. 만약 박 시장이 서울시를 떠나 다른 길을 모색했다면 어땠을까??

후술하겠지만, 사건 취재를 거듭할수록 기자의 머릿속에 "시장이 서울시를 떠났더라면…"이라는 아쉬움이 떠나지 않았다.

---

* 2020년 9월 25일 만찬

③

"손 기자,
○○이 기억 안 나?"

2020년 7월 10일 새벽 서울대병원 장례식장 앞에서 부고 기사를 마감한 뒤 집으로 돌아온 나는 그대로 뻗어버렸다.

점심 무렵 깨어나 보니 이미 많은 일이 벌어진 상태였다. 인터넷에는 '박원순 서울시장 성추행 전문'이라는 출처 불명의 글이 퍼지고 있었다.

온라인 공간에서는 진위가 불분명한 루머에 그럴듯한 가공이 입혀지는 가짜뉴스들을 많이 볼 수 있지만, 문제의 글은 서울시청과 시장실 내부 사정을 모르는 사람의 작품치고는 너무 정교했다. 훗날 이 글은 피해자가 법률대리인 김재련 변호사와 함께 작성한 '1차 진술서'라는 것이 밝혀졌다.

박 시장은 대선 도전을 염두에 두고 그해 4월 비서진을 개편했다. 그런데 시장이 갑자기 죽으면서 고한석 비서실장 이하 별정직 27명도 한순간에 '실업자'로 전락했다.

장례 둘째 날(7월 11일) 나는 서울대병원 장례식장으로 다시 갔다.

나는 몰랐지만, 첫째 날에는 취재 경쟁이 하도 치열해서 시청 직원들이 기자들의 장례식장 출입을 엄격히 통제했다고 한다. 토요일은 신문이 쉬는 날이라서 그런지 출입 통제가 상대적으로 느슨했다.

장례식장 2층 홀에서 나는 하승창 전 정무부시장, 김주명·오성규 전 비서실장, 이민주 공보특보, 최병천 정책보좌관, 곽현 전 소통전략실장 등을 만났다.

서울시를 취재하면서 만난 박 시장 참모들이지만, 이날만큼은 나를 대하는 태도가 다르다는 것을 느꼈다. "아, 내가 기자라서 말조심하는구나!"

이들 중에서 자리를 유지한 사람은 이민주 공보특보 정도였다. 시장과 기자들의 만남에 항상 배석하던 그는 꺼지는 듯 한숨을 쉬었다. "시장님이 돌아가신 마당에 임기 2년 채우는 게 무슨 의미겠어요?"

실제로 그는 한 달 뒤 서울시를 나왔다.

서울시평생교육진흥원장을 맡은 김주명은 박 시장 유족들을 걱정했다. "아들은 영국에 근거지가 있으니 돌아가면 되지만, 아내와 딸이 걱정이다. 당장에 가회동 공관을 나와야 하는 상황이라서. 생각 같아서는 모금 운동이라도 해야 하지 않나? 생전의 박 시장 도움받은 사람들이 많은데 그분들 생각은 어떤지…"

오후 6시경 멍하니 있는 내 옆자리에 누군가 다가왔다.

박 시장이 2022년 대선 도전을 염두에 두고 기용한 '마지막 비서실장' 고한석이었다. 재직 기간은 100여 일 남짓에 불과했지만 나와는 뭔가 통하는 구석이 많았다.

그는 안희정이 충남지사 시절 보수성향의 재향군인회를 우군으로 삼아 충청권의 맹주로 올라선 것에 착안해 박 시장의 역사관을 바꿔

보려고 했다. 내가 "덩샤오핑은 마오쩌둥의 공과를 모두 인정해야 한다고 하지 않았냐"고 하자 고 실장이 "그걸 설득시키기가 참으로 어렵더라"고 말문을 열었다.

"민주당 사람들에게는 그 부분이 어렵더라. 중국은 마오쩌둥이고, 우리나라는 박정희다. 이른바 민주화 세대가 박정희의 공을 거의 인정 안 하려고 한다. 그 점에서는 안희정이 탁월한 지점이 있었던 거다. 박 시장과도 그 얘기를 오래 했지만, 정책보다 더 어려운 게 역사관을 바꾸는 거였다. 어느 정도 필요성을 수긍하시면서도 나아가지 못했다. 자기 입으로 공론화할 경우에 닥칠 파장에 대한 걱정을 많이 했다. 그래도 최근 들어서 시장이 뭔가 달라지고 있다고 생각했는데…"

장례 3일째 되는 날(7월 12일)에도 나는 장례식장을 찾았다. 오후 4시 30분 박 시장 밑에서 고위직을 지낸 S가 이른 저녁을 같이 먹자고 해서 대학로 쪽으로 나섰다.

S는 국밥 한 그릇을 들이키며 "그동안 시장이 우리 사회를 위해 한 일을 생각하면, 정의당 노회찬처럼 재단이나 기념사업을 해야 하는데 어떻게 시작해야 할지 모르겠다. 박 시장에게 이번에 따라붙은 꼬리표를 뗄 수 있을지?"라고 말끝을 흐렸다.

피해자에 대해 "내 입으로 말해줄 수는 없다"고 버티던 S가 병원 담길을 걸어가면서 슬쩍 운을 뗐다. "시장실 데스크 앞에 있던 OO이 기억 안 나나? 시장실 자주 왔으면 아마 기억날 텐데."

그 순간 2018년 지방선거가 끝난 6월 27일 시장을 접견할 때 집무실을 드나들던 비서의 얼굴이 어렴풋이 떠올랐다.

그 무렵 서울경찰청 여성청소년계 수사관들은 박원순 사건의 참고인으로 불려온 시장실 전·현직 직원들 앞에서 그 비서를 '김잔디'라고 부르기 시작했다. 이제 잔디에 관해 얘기해보려고 한다.

'2차 가해' 논란 속에서

7월 13일은 박 시장의 시신이 서울을 떠나 경남 창녕의 선영에 안장되는 날이었다.

그날 오전 10시경 박 시장의 유해가 서울추모공원에 도착했다.

더불어민주당 윤준병 의원(전 서울시 행정부시장)과 허영 의원(전 서울시장 정무수석), 민병덕 의원(서울시장 법률 자문), 문석진 서대문구청장과 김주명·오성규 전 서울시 비서실장 등 박 시장과 인연이 깊었던 6명이 화장로까지 운구를 맡았다.

그와 동시에 일부 여성단체들이 서울 은평구 여성의전화 사무실에서 기자회견을 연다는 예고 기사들이 나오기 시작했다. 시장의 마지막 길을 전송하려고 모인 조문객들의 얼굴이 하나둘 굳어갔다.

몇몇 사람이 이때 피해자와 김재련 변호사에게 전화를 걸거나 문자메시지를 남겼다. 송다영 서울시 여성가족정책실장은 11시 40분경 김 변호사에게 전화를 걸었고, 변호사가 전화를 받지 않자 "통화를 하고 싶다"라는 메시지를 남겼다.

11시 44분에는 비서실장을 지낸 김주명이 참지 못하고 피해자에 게 텔레그램 메시지를 보냈다. 장례 둘째 날에도 김주명은 피해자에게 "필요할 때 힘이 돼주지 못해 미안하다"는 메시지를 보냈고, 피해자도 "저를 나무라시고 원망하실 줄 알았는데 너무 죄송하다"는 답신을 보 낸 상황이었다.

한국여성의전화와 성폭력상담소는 3일 후 발표한 공동 입장문에 서 "서울시 전·현직 직원 중 7월 8일 이후 피해자에게 연락을 취하는 이들이 있다"며 "너를 지지한다면서 정치적 진영론에, 여성단체에 휩 쓸리지 말라고 '조언'하고 힘들었겠다고 위로하며 기자회견은 아닌 것 같다고 만류했다"라고 폭로했다.

이 메시지를 보낸 사람이 김주명이었다. 사건 발생 석 달이 지난 후 만난 기자에게 그는 두 사람이 주고받은 메시지를 보여줬다. 장문의 메시지는 시장의 죽음 이후 피해자의 심경을 담고 있다. 사건을 이해 하는 데 도움이 될 내용이라서 전문을 공개한다.

김주명　　네가 얼마나 큰 상처와 아픔을 겪었는지 나는 짐작도 할 수 없을 것 같다. 내 무능이 원망스럽기도 하다. 하지만 네가 나를 신뢰한다면 꼭 해주고 싶은 말이 있다. 너를 비난하는 소리 조금도 신경 쓰지 마라. 함께 일했던 사람들은 오히려 네 걱정을 하고 있다. 너를 이용하려는 부추김에도 흔들리지 말아라. 네가 마음의 평화를 얻는 선택을 하렴. 마음의 소리를 따르고 기도의 응답을 구하렴. 꼭 부탁하고 싶은 것은 진영 싸움에 휩쓸려 들어가지 말라는 것이다. 보수·진보 할 것 없이 유불리를 따라 너를 이용할 뿐이다. 네 삶이 끝없는 싸움의 소용돌이에 빠지지 않기를 바란다. 지금 고통이 승화될 길은 마음의 소리를 따르는 것이다.

특히 오늘 시장님을 보내는 날인데 법률대리인이 기자회견을 한다는 소식은 도저히 믿기지 않는다. 그건 정말 아닌 것 같다. 오늘 시장님을 떠나보내고 한 번 볼 수 있었으면 좋겠다.

잔디　　실장님… 저는 정치도 모르고 진영도 몰라요. 최근에 있었던 일을 아시겠지만, 그 일로 제 트라우마가 폭발했던 것은 맞아요. 실장님께서 어디까지 알고 계시는지 모르겠어요.

제가 시장실에서 이 악물고 참으며 웃으며 지냈던 시간을 누군가 손가락질하는 것이나 저를 살인자 취급하는 사람들 때문에 충동적으로 그러는 것이 아니에요.

저는 여전히 시장님의 작고가 저의 결정과 무관하길 바라고, 혹여 관계가 있더라도 무책임하게 돌아가실 분이 아니라고 생각하는 마음에서 용기를 내었어요.

저희 가족은 시장님의 유서 중 '모두'에 저와 제 가족이 포함된다고 믿으려고 해요. 그렇다면 과연 시장님께서 이 일을 묻어두려고 하셨을까요…? 저희 아버지께서는 유서에 제 이름을 남기지 않은 것조차, 저를 위한 마음이었다고 생각하시는 선한 분이세요. 그런 가족들이 저 때문에 힘들어하잖아요. 유명하고 대단하신 시장님과 그분의 가족들, 지인들만 명예가 있는 것이 아니에요. 보잘것없는 저희 가족도 지키고 싶은 자존심이라는 것이 있어요.

저는 어떠한 계획으로 증거를 모은 것도 아니었어요. 참아 내다 힘들 때 겨우 주변에 작은 목소리 한 번씩 내던 거였어요.

저는 시장님께서 혹여 저의 고소 사실로 그리한 선택을 하셨다고 하더라도 지금 저의 선택을 지지하리라 믿어요. 어쩌면 시장님께서 어디엔가 살아계시고 북녘으로 넘어가셨을지도 모른다는 상상을 해보기도 해요.

이 일은 시장님과 저 둘만의 문제가 아니었어요. 우리 모두는 미숙했어요. 그걸 바꿔야 한다고 생각해요. 그래야 우리 모두처럼 또 다른 사람들이 상처받지 않을 수 있다고 생각해요.

저는 절대로 지금도 그때에도 시장님을 해하려고 그런 것이 아니었어요. 악의가 없었어요. 저는 저를 지키려고 한 거였고, 평범하게 살고 싶었어요.

시장님을 추모하며 두 가지 문구가 떠오르더라고요. 정의가 강물처럼, 함께 꾸는 꿈은 현실이 됩니다. 살아있는 사람들이 시장님을 애도하는 방식은 다양할 수 있다고 생각합니다.

실장님 죄송해요. 기자회견 이후에도 저를 만나고 싶어 해주시면 좋겠습니다.

김주명   *어떤 가족도 보잘것없는 가족은 없어. 가족의 소중함, 너를 보며 느낀 적이 많지. 모든 걸 덮자는 것도 아니야. 다만 오늘 하루만 피하면 안 될까?*

잔디   *그 일정은 제가 정한 것이 아니라 어려울 것 같아요. 저를 도와주시는 분들께서도 너무 정치적으로 이용되는 것을 염려하셔서 오늘로 정하신 걸로 알고 있어요… 죄송해요… ㅠㅠ*

김주명은 훗날 경찰 조사에서 "그날은 고인을 추모하는 시간이었다. 진상규명이든 뭐든 (기자회견은) 그날 하루만 피하면 된다고 생각했다"고 회고했다. 또 다른 참모 X도 "설령 판도라의 상자가 열리더라도 오늘 하루는 마음껏 울고 싶은 심정이었다"고 말했다.

오후 2시 기자회견은 예정대로 열렸다. 지금까지도 온 사회를 흔들어놓은 쟁점들이 모두 이 자리에서 배태됐다.

"피해자는 부서 변경을 요청했으나 시장이 이를 승인하지 않으면 불가능했다. 박 전 시장은 본인의 속옷 차림 사진을 전송하고, 비밀 텔레그램 방을 개설할 것을 요구하고, 음란한 문자를 발송하는 등 점

점 수위는 심각해졌고, 심지어 부서 변동이 이뤄진 이후에도 개인적 연락이 지속됐다."(이미경 한국성폭력상담소 소장)

　피해자는 박 시장을 통신매체이용음란, 업무상위력에의한추행 그리고 강제추행 혐의로 고소했다.

비서실장들의 이구동성 "그런 일 없었다"

　기자회견 다음 날(7월 14일) 신문들을 펼쳐보니 '역시나'였다. 피해자와 여성단체들 주장이 8개 주요일간지의 1면 톱뉴스가 되어버렸다.

경향신문　"거대한 권력 앞에서 공정한 법의 보호 받고 싶었다"

국민일보　"법정서 울부짖고 사과받고 싶었다"

서울신문　"朴, 4년간 지속적 성추행 수사 상황 사전 유출됐다"

세계일보　"박원순, 4년간 위력에 의한 성추행"

조선일보　"박원순, 안희정·오거돈 때도 성추행"

중앙일보　"힘들다 울부짖고 싶었습니다"

한겨레신문　박원순 고소인 "4년간 성추행… 인간답게 살고 싶다"

한국일보　"추모의 시간 가고 진실의 시간 오나"

　전날 기자회견 발언 중에서 나는 이미경 성폭력상담소장의 이 발언에 주목했다.

"미투 운동, 안희정 전 충남지사, 오거돈 전 부산시장 사건에 대해 가까이에서 경각심을 가져야 하는 위치였음에도 불구하고, 그 사안이 누구보다 자신에게 해당된다는 점을 깨닫고 피해자에게 사과하고 멈추는 선택을 하지 않았습니다."

안희정 사건은 2018년 3월, 오거돈 사건은 2020년 4월에 일어났다. 피해자가 시장실에서 근무한 기간은 4년인데 그가 시장실을 떠나 근무지를 옮긴 후에도 괴롭힘이 계속됐다는 얘기다. 안희정 사건의 경우 김지은 씨가 충남도청 별정직으로 임용된 지 8개월 만에 터졌다.

남녀 간의 일은 알 수 없다고 하지만, 4년이라는 긴 시간 동안 시장실 사람들 모르게 감쪽같이 이런 일이 진행될 수 있을까?

일단 떠오르는 사람들은 비서실장들이었다. 피해자가 시장실 근무를 시작한 2015년 7월부터 박 시장이 사망한 2020년 7월까지 비서실장을 지낸 사람은 모두 5명. 마지막 비서실장이었던 고한석은 피해자가 시장실을 떠난 지 9개월 뒤에야 시장실에 들어왔고, 근무 기간도 100일이 안 됐기 때문에 사건 관련성이 적다고 판단했다.

나는 나머지 4명의 비서실장에게 탐문을 시도했다. 그들의 반응은 이랬다.

"이상한 낌새를 전혀 못 느꼈다. 그런 것을 얘기하거나 할 상황도 아니지만 전혀…

(참모들이 시장을 어려워한다는 인상을 받을 때가 있었는데?) 그렇지 않다. 내 경우에는 모든 걸 가감 없이 얘기했다. 2017년 대선 때도 이번엔 포기하자고 했더니 순순히 받아들인 분인데? 더 들여다볼 부분이 있다고 본다. 차차 진실이 밝혀지겠지.”

허영 더불어민주당 의원(2016년 7월~2017년 3월 비서실장, 7월 14일 오후 1시 5분 통화)

“피해자가 시장을 불편해하는 낌새 같은 건 없었다. 2019년 7월 그만두는 순간까지도 없었다. (피해자는 오성규 실장 때 떠났는데?) 워낙 일 잘하는 친구라서 그 친구가 근무지를 옮긴 후에도 나는 연락을 했었다.”

김주명(2017년 3월~2018년 7월 비서실장, 같은 날 오후 1시 40분 통화)

“(작년 7월 인사이동도 피해자와 박 시장의 관계를 고려한 조치였나?) 그런 건 아니었다. 비서가 한곳에 오래 있을 수 없으니 전보시킨 거다. 피해자가 일 잘하고 밝은 친구였던 것은 맞다. 그러나 그 외의 사적인 문제가 있었다고 해도 비서실장인 나에게까지 얘기할 리가 있었겠나? (전임 김주명 비서실장과는 시장실 떠난 후에도 연락하고 지냈다는데?) 김 선배는 정이 많고 사람을 워낙 잘 챙기시는 분이니까. 하여튼 지금은 마음이 너무 무겁다. 전혀 예견하지 못한 일이라서 앞으로 어떻게 해야 할지도 모르겠다.”

오성규(2018년 7월~2020년 4월 비서실장, 같은 날 오후 7시 26분 통화)

서울시장 직무대행 자리에 오른 서정협 행정1부시장(2015년 3월 ~2016년 7월)과는 통화가 되지 않았다. 하지만 "서 대행이 비서실장 시절 피해자를 뽑았다"며 언론들이 책임론을 제기하는 기사를 쓰자 서울시는 7월 15일 오전 8시 33분 다음과 같은 문자메시지를 출입기자들에게 발송했다.

"서정협 권한대행은 비서실장 재직 당시 이번 사안과 관련된 어떤 내용도 인지하거나 보고받은 바가 없음. 서울시는 명확하고 숨김없이 진상규명에 나설 계획임. 추측성 보도는 진실을 밝히는 데 혼선을 줄 뿐 아니라 언급된 여성에게 또 다른 2차 피해를 발생시키고 억측을 불러올 수 있다는 점에서 매우 유감스러움. 사안이 엄중한 만큼 명확한 사실관계에 기반하지 않은 추측성 보도는 자제해주시기 바람."

이로써 시장실 근무 4년 동안 피해자가 거쳐 간 비서실장 전원 입장이 확인됐다. 이날 오전 10시 나는 〈박원순의 비서실장들 이구동성 "이상한 낌새 감지 못했다"〉라는 제목의 기사를 송고했다.

그러나 논란이 해소되기는커녕 더욱 격렬한 풍파가 밀려왔다.

④

시작도 못 하고 좌초된
서울시 진상조사

피해자 측이 연 1차 기자회견은 엄청난 파장을 일으켰다. 시장의 죽음이라는 초유의 사태를 겪은 서울시에 진상규명의 무거운 숙제가 떨어졌다.

나도 그동안 시장실을 거쳐 간 직원들을 대상으로 취재에 들어갔다. 비서실장들 입장은 확인했지만, 그들이라고 해서 시장실 사정을 속속들이 안다고 할 수 없었다.

이 과정에서 나는 내 취재력의 '바닥'을 확인했다. 서울시장실을 취재할 때 주요 취재원은 정무부시장, 정무수석, 비서실장과 소통전략실장이 주를 이뤘다. 박 시장의 정치 행보를 관장하는 정무와 메시지를 관리하는 홍보라는 양대 파트에 주력했고, 여타 매체들의 취재 풀도 큰 차이가 없었다.

그러나 시장실에는 정무-홍보를 제외하고도 인사-기획-일정 등 박 시장의 여러 활동을 보좌하는 참모들이 있었다. 인사와 일정만 알면 기자는 출입처가 나아갈 방향을 알 수 있지만, 그만큼 보안이 강조되는 분야이다 보니 관련 정보를 얻기 쉽지 않은 것도 사실이다.

나는 그들에 대해 아는 게 없었고, 그들도 나 같은 기자들을 만나길 꺼려왔다. 그런데 갑자기 시장실에서 있었던 일들을 말해달라고 하니 그들도 난감했을 터다. 많은 사람이 "내가 아는 것은 하나의 파편인데, 이런 게 찔끔찔끔 보도돼도 결국 '장님 코끼리 만지기' 아니겠냐? 공식 조사가 시작되면 응하겠다"며 취재를 고사했다.

이런 분위기에서 7월 15일 오전 11시 황인식 서울시 대변인이 민관합동조사단 구성 방침을 발표했다.

다음날 오후 5시에 나온 한국여성의전화와 성폭력상담소의 '공동입장문'은 "서울시가 내놓은 대책을 통해서는 본 사건을 제대로 규명할 수도, 할 의지도 없는 것으로 보인다"며 거절 의사를 분명히 밝혔다.

송다영 여성가족정책실장은 이 사태의 유탄을 맞은 사람이다. 인천대 사회복지학과 교수였던 그는 박 시장과 여성단체의 가교 구실을 하고자 3월 30일 시청에 부임했는데, 임기 넉 달 만에 '가해자'와 '피해자' 사이에 끼인 꼴이 되어버렸다. 그의 말이다.

"피해자 측이 첫 기자회견에서 조사단 구성과 재발 방지 대책을 내놓으라고 요구해서 수용했다. 조사 방식도 민관합동으로 하려던 것을 '서울시 입김 들어간다'고 해서 관을 빼고 여성단체와 인권전문가, 변호사단체의 여성인권위 소속 변호사로 구성하기로 했다. 서울시 추천위원은 한 명도 없다. 이런 유의 조사단은 조사 끝나면 제도 개선안 권고하고 끝이지만, 이번 조사단은 필요할 경우 수사 의뢰도 하기로 했다.

이 정도면 여성단체들의 요구를 대부분 수용한 것인데 진전이 안돼 답답하다. (17일에) 성폭력상담소와 여성의전화 두 군데에 '전화로 찾아가서 설명드리겠다'고 했는데 대표님들을 만날 수 없었다. 대신 만난 팀장도 '입장을 애기할 수 없다'고 하더라."**

　더 나아가 양 단체는 역대 비서실장들이 〈오마이뉴스〉를 통해 "이상한 낌새를 채지 못했다"고 말한 부분을 문제 삼았다.

　박원순 시장실을 '일상적인 성차별로, 성희롱 및 성추행 등 성폭력이 발생하기 쉬운 업무 환경이었다'고 규정하고 몇 가지 피해 사례를 추가 공개했다.

　주말 새벽 운동에 나오도록 요구받은 피해자가 "시장이 마라톤 하는데 여성 비서가 오면 기록이 더 잘 나온다"는 말을 들어야 했고, 결재받는 공무원들이 시장의 심기를 보좌하는 '기쁨조' 같은 역할을 요청했고, 2016년 1월부터 매 반기별 인사이동을 요청했지만, 번번이 좌절됐다는 주장이다. 이에 관한 취재 결과는 후술하겠다.

　여성단체들의 요구사항 중 눈에 띄는 것이 더 있었다. "서울시 관계자들은 언론에 피해자에 대한 일방적인 코멘트를 중단하고, 언론 인터뷰 시 전·현직 직급과 부서를 밝히라."

　나는 이것을 언론과 취재원 양쪽에 대한 압박으로 받아들였다. 이 또한 나중에 밝히겠지만, 내가 만난 취재원 중에는 익명을 전제로 시장실 시절 애기를 해준 경우가 많았다.

---

* 2020년 7월 20일 전화 인터뷰

기사 신뢰성을 위해 취재원을 밝히는 것이 합당하지만, 자신을 드러냄으로써 취재원들이 볼 피해에 대해서도 생각하지 않을 수 없었다. 아마도 '신원 공개'의 어려움을 누구보다 잘 알고 있을 피해자 측이 상대방 입장을 고려하지 않고 '신원 공개'를 요구하는 것은 공정하지 않다고 생각했다. 어쨌든 이런 식의 압박은 동시다발로 밀려왔고, 나에게도 예외는 아니었다.

비서실장 반응들을 담은 기사 부제 〈"일 잘하고 밝은 친구" 증언도〉는 나중에 수정됐다.

비서실장들은 모두 피해자의 업무 능력 자체는 높이 평가했다. 피해자의 기자회견으로 자신들의 책임론이 제기되는 상황에서 원인 제공자에 대한 호평이 이례적이어서 기사에 "일 잘하고 밝았다", "가장 오랫동안 근무한 비서였고 시장실에 긍정적인 에너지를 불어넣는 존재"라는 평을 넣었다.

그런데 노조 공보위를 중심으로 일부 후배 기자들이 "피해자의 성격을 굳이 묘사할 필요가 있냐"는 문제 제기를 편집국장에게 했다고 한다. 나는 이해가 가지 않았다. 굳이 이유를 추론해보자면 ▲ 피해자의 성격을 묘사하는 것을 '2차 가해'의 범주에 들어간 것으로 이해하거나 ▲ 비서실장들의 호평 이면에 '다른 의도'가 있었던 것으로 의심했던 게 아닌가 싶다.

또한, 공보위는 7월 16일 "사건의 성격, 과거 보도 사례 등을 살펴볼 때 이번 사건 역시 '피해자'라고 호칭하는 것이 적절하다고 봤다"며 상근기자의 취재·편집 과정에서는 '피해자' 용어를 사용해달라고 권고했다.

공보위 권고가 강제성은 없었지만 내 입장도 명확했다. 구체적인 피해 사실을 가해자가 인정하거나 또는 법정에서 확정되지 않는 한 진실을 다투는 사람은 '고소인'으로 통일해야 한다는 것이다.[*]

나는 7월 17일 새벽 3시 30분 회사 내부게시판에 다음과 같은 글을 올렸다. 당시 상황에 대한 이해를 돕기 위해 전재한다.

3년 전 나는 '한국판 크루서블'을 보았다

글쓴이 손병관(patrick21)

날짜 2020-07-17 오전 3:30:00 조회 100

영화 '크루서블' 보신 분?

1692년 미국 매사추세츠주 세일럼에서 있었던 마녀사냥을 다룬 연극인데, 1996년 헐리웃 영화로도 나왔습니다.
이 사건은 마을 소녀들이 춤추며 노는 모습을 보고 마녀의 수작이라고 생각한 기성세대의 오판 또는 확신으로 시작해서 마을 성인 여성 6명이 집단교수형 당하는 것으로 끝납니다.

---

[*] 이 책에서는 호칭을 '피해자'로 통일했다.

마녀가 있었을까요? 그 시절 많은 사람들은 있다고 생각했고, 누군가는 마녀로 처벌돼야 공동체의 안정과 평화가 유지될 것이라는 믿음이 있었겠죠.

아서 밀러는 이 얘기를 1953년 1월 22일 '크루서블'이라는 연극으로 무대에 올립니다. 1년 전 조셉 매카시라는 상원의원이 미국 민주당 대선후보를 공산당 동조자라고 비난해도 아무도 반박하지 못하는 분위기를 비꼬았다고 합니다.

손석희가 한창 인기 있을 때 비교되곤 했던 에드워드 머로는 연극 초연 9개월 뒤에야 매카시 주장에 의문을 제기하는 리포트를 합니다. 머로를 포함해 당대의 미국 언론인들이 조금만 더 빨리 나섰더라도 아서 밀러는 '크루서블' 대신 다른 작품을 썼을지 모릅니다.

3년 전인 2017년 8월 저는 전북 김제, 전주를 오가며 한국판 크루서블 사건을 취재했습니다.

소녀들의 왔다 갔다 하는 진술로 인해 징계를 당하게 되자 스스로 목숨을 끊은 중학교 남자 교사의 사연이었습니다.

2박 3일간 김승환 전북교육감 포함해서 만날 사람은 다 만났습니다. 학생들 취재는 부모들을 통해 간접적으로 했습니다.

전북경찰청은 ▲ 교사와 학생의 신체 접촉 수준이 경미하고 ▲ 학생과 학부모 모두 송 교사의 처벌을 원하지 않는다는 뜻을 밝히자 사건을 내사종결 처리했지만, 교육청 판단은 달랐습니다. 최초 피해를 호소했던 학생들이 두 차례 탄원서를 내고 교육청 조사를 받겠다고 해도 교육청은 "탄원서는 어른들에 의해 오염된 것", "아이들의 목소리가 어른들에 잠겨버렸다"고 징계를 추진했습니다.

교사는 징계위에 나오지 않고 자살했습니다.
서양에서 혐의를 받는 자살자는 대우를 못 받습니다. 심지어 '죄를 인정하는 것'으로 취급받기도 합니다. 이게 어떤 상황에서도 살아서 싸우라는 '자살 방지' 캠페인 효과도 있습니다. (왕따 자살을 다룬 넷플릭스 미드 '루머의 루머의 루머'를 보면 좀 달라졌다는 느낌도 듭니다)
동양은 또 다릅니다. 케이스바이케이스겠죠.
어쨌든 교육청과 유족 양쪽의 얘기를 모두 들은 저의 잠정 결론은 '학생 인권 신장'이라는 선의가 일선 교육 현장에서는 온전히 작동하지 않아 생긴 비극이었습니다.

처음 언론이 보도할 때 구도는 '교실의 권력자인 교사가 약자인 미성년 학생을 상습 성희롱한 것'이었습니다. 취재가 끝났을 때는 약자인 학생을 보호하려는 '정의의 사도' 교육청이 교사를 일벌백계하려다 그 교사를 죽음으로 내몬 사건이 됐습니다.
이 기사는 출고되는 데 17일이 걸렸습니다. 짐작하시겠지만 기사를 쓴 저는 유족 입장을 좀 더 고려했고, 검토한 데스크와 편집부는 교육청 행정 취지를 더 들여다보려 했습니다. 당시 본부장과 편집기자에게 "이런 식으로 수정된 기사를 내 기사로 인정할 수 없다"고까지 잘라 말했지만 제 기사를 기다리는 유족을 생각해서 비겁하게도 '타협'했습니다. *http://omn.kr/o6zm*

사건은 3년 가까이 아직 진행 중입니다. 정부와 교육청이 해당 교사의 순직을 인정하지 않고 급여를 주지 않으려 했지만 유족이 지난달 19일 행정소송에서 이겼고, 그와 별도로 손해배상소송이 진행 중입니다. 최종 결과가 어떻게 날지는 모르지만, 제가 현장에서 보고 쓴 것이 진실이라는 것에 좀 더 부합된다는 게 저의 변함없는 결론입니다.

이제야 심경을 밝히지만 저는 이때 취재라는 것이 정말 지긋지긋해졌습니다. 저는 월급 깎이는 걸 감수하고라도 '온전한 언론의 자유'를 누리기 위해 직원 20명이 안 된 신생 언론사 오마이뉴스를 택했습니다. 데스크를 맡은 시절에도 취재를 마다한 적이 없습니다. 그러나 15년 이상 현장에서 단련된 사람의 글도 불신받는 상황에서 '기자' 타이틀이 무슨 의미가 있을까요?

그로부터 3년간 큰일 없이 넘어가나 싶었는데 현직 서울시장의 자살이라는 일생일대의 사건을 만났습니다. 그것도 성추문이라는 이 시대에 천인공노할 낙인과 함께.

생전의 박 시장은 저(라기보다는 우리 회사)를 좋아하는 편이었지만, 저는 그러지 못했습니다. 잘 삐치는 성격을 알면서도 "이러저러한 단점을 고치지 않으면 더 큰 성취를 이룰 수 없다"는 얘기도 했으니까요.

그동안 기자 인생에서 만난 최대 사건은 2005년 황우석 사건이었는데, 이번에 순위가 바뀔 것 같네요.

제 또래이거나 조금 더 젊은 서울시청 1진 기자들은 박원순 사건을 사건팀에 떠넘기고 좀 더 순탄한(?) 서울시정 뉴스에 매진하려고 합니다만, 저에게 그런 행운이 올지 모르겠네요.

이번 사건의 주요 이해당사자를 '피해자'로 호칭할 것을 권고하는 공보위에 대한 제 입장을 밝히려고 합니다. 이게 원래 글의 목적입니다.

권고는 고맙지만, 저는 '고소인'이라는 가치중립적인 명칭을 당분간 유지하려고 합니다. 저 역시 제 과거 기사를 찾아보면 비슷해 보이는 사건에서 '피해자'로 지칭한 사례가 있겠지만, 한번 쓰고 말 기사가 아닌 상황에서 보다 판단을 신중하게 하려고 합니다.

진보매체에서 20년 가까이 일하게 됐지만 진보가 뭘까, 나는 진보일까라는 자문을 계속하게 됩니다. 말의 성찬은 어렵지 않지만 문제는 디테일이니까요.

보다 명쾌한 가르침을 줄 수 있는 분이 있다면 고맙겠습니다.

ps. '크루서블' 꺼낸 이유는 따로 설명 않겠습니다.

이 글이 올라오자 한 후배 기자가 "고소인이라고 부르는 것에는 '순전히 피해자로 보기 어렵다'는 생각이 깔려 있고, 그 생각의 중심에는 '박원순이 가해자일 리가 없다'는 믿음이 있는 듯하다. 여러 의견은 나올 수 있지만, 그 생각의 배경은 구체적인 증거들이어야 한다"는 반론을 제기했다.

나도 "구체적인 증거 없이 피해자, 가해자를 나누는 것은 무의미하다"는 얘기를 하고 싶었는데 그 의미가 제대로 받아들여지지 않는 느낌이었다. 그러나 나는 "답답하게 비칠 수도 있겠지만, 한쪽으로 너무 빨리 결론을 내렸다가 결과적으로 낭패 본 경험이 많았다는 점을 이해해달라"는 댓글로 논쟁을 접었다.

공교롭게도 같은 날 새벽 피해자의 법률대리인 김재련이 페이스북에 "진실이란! 믿음의 영역이 아니라 사실의 영역이다. 당신이 믿고 싶지 않다고 해서 부정될 수 없는 것이 Fact!"라는 글을 남겼다. 그의 말에 백배 공감했고, 사람들 생각은 비슷비슷하다고 생각했다.

그러나 김재련은 7월 20일에는 "(13일) 기자회견에서 범죄 사실 일부를 말한 것은 '왜 피고소인이 사망에 이르렀을까'에 대한 국민의 알 권리 때문"이라며 "국민이 수사하는 것은 아니다. 수사기관을 통해서 밝혀질 부분"이라고 말했다.

그는 국민의 알 권리를 위해 범죄 사실 일부를 밝혔다고 했다. 그러나 논쟁의 전제가 되는 팩트나 증거는 무엇이고 도대체 어디서 찾으란 말이냐? 답답했지만 길이 보이지 않았다.

2020년 7월 13일 피해자의 공동변호인단(김재련, 강윤영, 서혜진, 이지은)이 구성됐다. 피해자를 지원하는 여성단체들은 이후 세를 더욱 모아 같은 해 10월 15일 오전 서울시청 앞에서 '서울시장위력성폭력사건공동행동'을 출범시켰다.

나는 출범 사흘 전 이들의 제안서를 입수해 기사로 썼는데, 여기에는 공동행동기구의 1차 활동기간이 2021년 재보궐선거로 설정되어 있었다.

여성단체들은 박원순 사건을 재보선의 쟁점으로 만들려고 했고, 나 또한 보궐선거에서 이 문제에 대한 서울시민들의 판단을 구하는 것이 지극히 합당하다고 생각했다. 다만, 그러기 위해서는 더 정확한 정보가 시민들에게 제공되어야 했다.

⑤

시장실 사람들,
말문을 열다

여성단체들의 보이콧으로 서울시 차원의 진상조사는 없던 일이 되어버렸다.

황인식 서울시 대변인은 7월 22일 오후 "민관 합동조사단 구성은 현실적으로 어려운 상황이 됐다"며 "피해자가 국가인권위원회 진정을 통해 조사를 의뢰할 경우 조사에 적극 협조하겠다"고 발표했다. 김 변호사와 피해자 지원단체들은 7월 28일 오전 서울광장에서 인권위의 직권 조사를 촉구하는 '보랏빛 우산 퍼포먼스'를 벌이며 한껏 기세를 올렸다.

서울시 발표 직전 7월 22일 오전 11시에는 피해자 지원단체의 2차 기자회견이 열렸다. 기자회견의 핵심은 피해자가 시장으로부터 당한 성폭력 피해를 알리며 도움을 구한 서울시 직원이 20명이라는 것.

"(피해자가) 정확하게 얼마나 자세히 말했냐"는 질문에 김재련 변호사는 "피해자가 (2019년) 부서 이동 전에 17명, 이동 후에 3명에게 말했다. 이 중에는 피해자보다 높은 직급, 이 문제에 대해서 더 책임 있는 사람에게 전달해야 하는 인사담당자가 포함됐다"고 부연 설명했다.

송란희 여성의전화 사무처장은 "박원순의 개인적인 문제를 넘어 권력에 의해 은폐, 비호, 지속된 조직적 범죄"라고 규정했다.

이 2차 기자회견으로 박원순 사건은 새로운 국면으로 접어들었다. 종전까지는 박 시장의 은밀한 사생활이거나 설령 그런 일이 있었다고 해도 개인의 일탈로 치부할 수 있었는데, 직원들의 피해 호소 묵살은 조직의 문제가 되기 때문이다.

이 무렵 취재를 거부하거나 '노 코멘트'로 일관하던 시장실 일부 직원들의 태도도 변하기 시작했다. 사태 초기 시장실 직원들은 '수인의 딜레마'에 빠져 있었다.

박 시장의 갑작스러운 죽음과 함께 피해자의 폭로가 이어지면서 이들은 심리적으로 큰 충격을 받았다. 피해자 주장에 반신반의하면서도 혹시 자신이 모르는 뭔가가 있을지 모른다는 생각에 이들은 극도로 말을 아꼈다. 마치 공범 혐의를 받고 별도로 격리된 두 죄수가 상대방이 무슨 말을 할지 모르는 상황에서 어떤 대처가 현명한 선택인지 몰라서 번민하는 상황이었다.

서울시장실에서 경력을 쌓거나 박 시장의 정치적 동지를 자처했던 '박원순계' 의원 10명의 상황도 마찬가지였다. 기동민(서울 성북을), 김원이(전남 목포), 남인순(서울 송파병), 민병덕(경기 안양동안갑), 박홍근(서울 중랑을), 박상혁(경기 김포을), 윤준병(전북 정읍고창), 천준호(서울 강북갑), 최종윤(경기 하남), 허영(강원 춘천철원화천양구갑)이 그들이다.

'윤준병 사태'는 이들을 더더욱 얼어붙게 했다. 윤준병 의원은 서울시에서만 30년 가까이 공무원 생활을 하다가 행정1부시장까지 오른 인물이다. 여러 가지 사업들을 의욕적으로 벌이려는 박 시장에게 '늘공' 입장에서 행정적으로 가능한 것과 불가능한 것을 설명해주는 게 그의 일이었다. 생전 박 시장은 그의 능력을 인정하면서도 "윤준병 말 대로만 하면 내가 할 수 있는 게 없어"라고 불편함을 드러냈다.

윤준병 의원은 2020년 7월 13일 오후 박 시장의 유해를 고향(경남 창녕)에 묻고 오면서 피해자의 기자회견 뉴스를 접했다.

윤준병은 페이스북에 "행정1부시장으로 근무하면서 피해자를 보아왔고 시장실 구조를 아는 입장에서 이해되지 않는 내용들이 있었다. 침실, 속옷 등 언어의 상징조작에 의한 오해 가능성에 대처하는 것은 남아 있는 사람들의 몫"이라고 썼다.

이 글을 놓고 "피해자 말을 의심하는 거냐"는 비판 기사들이 쏟아졌다. 2020년 7월 16일 오전 가로세로연구소의 강용석 변호사는 역대 비서실장들을 추행 방조 및 위계에 의한 공무집행 방해로 고발하면서 윤 의원도 끼워 넣었다.

그렇게 피해자의 '피해 호소 20명' 주장이 나오면서 시장실 사람들은 '성추행 공범' 이미지를 덮어쓰게 됐고, 이들은 더더욱 입단속을 경계하게 됐다. 나의 취재가 더욱 어려워졌음은 물론이다.

그러나 피해자 지목으로 경찰서를 다녀온 사람들이 하나둘 늘어나자 이들 사이에서 "내가 왜 이런 대우를 받아야 하나", "피해자가 해도 너무 한다"는 비판론이 부상했다.

시장실에서 1년 6개월간 근무했던 Y는 박 시장이 사망한 직후부터 피해자를 지지하는 쪽이었다. 그가 그로부터 다섯 달이 지난 뒤 해준 얘기다.

"지금 생각해보면, 가세연 강용석의 고발은 없었다면 좋았겠다는 생각이 든다. 그 일이 많은 사람을 멀어지게 만들었다. 12월 26일 '2차 가해 반대' 공동성명 건으로 잔디와 통화할 일 있었는데, 잔디가 하는 말이 '동료들에게 법적인 책임을 물을 생각은 없었다'고 한다.

사람들 기억이 100% 정확할 수 없지 않나? 피해자 말에도 사실이 아닌 게 끼어있고, 동료들 말도 마찬가지일 거다. 만약 경찰 조사가 아니라 사적으로 만나서 얘기했다면 동료들도 '네 사정이 그런 줄 몰랐다'고 넘어갈 수 있는 문제였다. 그런데 경찰을 매개체로 말이 오가면서 양쪽 모두 전면전으로 갈 수밖에 없게 됐다."

기자   가세연 고발이 피해자의 뜻과는 무관했다고 보는 거냐?

Y   그렇다.

기자   가세연 고발에 이어 김재련 변호사가 '피해 호소인 20명'을 얘기할 때 사람들은 그걸 피해자의 의지로 받아들였는데?

Y   그것도 사실이다. 다만, 돌이켜보면 피해자와 지원단체가 그렇게 안 했다면 더 좋았을 것이라는 생각을 지울 수가 없다. 그러나 당시에는 그런 것까지 생각할 수 없었을 거다. 그런 면에서 비극적이라고 본다.*

어쨌든 그동안 알고 지내던 시장실 사람들도 기자의 전화를 피하

---

* 2020년 12월 27일 전화 인터뷰

는 등 이 시기 취재가 어려웠던 것은 사실이다.

"어디 가면 취재원들을 만날 수 있을까" 고심하는 상황에서 박 시장의 3선 때 캠프 대변인을 지낸 김빈이 페이스북에 '박원순 제사' 일정을 올렸다. 조계사에서 박원순의 초재(初齋)가 열린 다음 날(7월 16일)이었다. 49재(8월 26일)까지 6번의 제사가 남았고, 나는 그중 4번을 찾았다(7월 22일 진관사, 7월 29일 봉은사, 8월 5일 법룡사, 8월 12일 구룡사).

박 시장의 부인과 딸을 제외하고는 하승창 전 청와대 사회혁신수석, 서왕진 서울연구원장, 이창현 국민대 교수, 허윤미 미디어보좌관, 정경숙 정무수석실 비서관 등이 제사 때마다 얼굴을 내비친 '고정 멤버'였다.

8월 19일 이후 두 번의 제사는 코로나19 확산 때문에 가지 못했지만, 제사 때마다 '눈도장'을 찍은 덕에 면식이 없던 시장실 직원들과도 스킨십을 형성하는 계기가 됐다. 진관사 제사 도중 박 시장의 딸이 갑자기 오열한 것도 나로서는 잊지 못할 순간이었다.

"아버지를 고향에 모시면서 보슬비를 맞으며 내려오는 길에 마치 이 세상의 모든 생명과 정령들이 너무나 기쁘게 노래하는 것을 들었던 것 같아요. 대지의 심장 박동 소리를 들으며 마치 이승이 아닌 곳에 온 느낌이었어요. 아버지, 흐흐흑. 아버지는 어떤 존재이셨나요?"

박 시장 딸은 모든 면에서 시장의 '닮은 꼴'이었다. 가정사보다는 사회 활동에 열성적이었던 아버지를 받아들이지 못했지만 최근 2~3년

사이 부녀 관계가 급속도로 가까워지는 상황이었다고 한다. '존경받는 아버지'의 이미지와 '성추행범'의 낙인 사이에서 딸의 정서적 혼란은 깊어졌다.

박원순 사건 이후 시장을 고소한 비서에 대한 위로와 연대의 메시지는 넘쳐났지만, 영문도 모르고 가장을 잃은 유족들은 그렇게 사각지대에 방치됐다. 진관사를 내려오면서 나는 "반드시 진상을 밝혀야 한다. 그래야 딸도 아버지와 흔쾌히 이별할 수 있겠다"는 생각을 굳혔다.

이 무렵 시장실 직원 한두 명은 "나도 처음에는 궁금했는데 미스터리가 풀렸다", "피해자가 봉변을 당한 터라 마음의 충격이 심한 모양"이라는 알 듯 모를 듯한 말을 내놓았다. 그리고 일부 별정직들이 사태 초기 취재에 의미 있는 팁을 하나 줬다.

"나 같은 사람 말 옮겨도 세상 사람들은 믿지 않아요. 다들 박원순 하나 보고 시청에 온 사람들 아니냐고 생각하겠죠. 잔디에 대해 알고 싶으면 별정직보다는 일반직들에게 물어보세요. 잔디가 내밀한 얘기를 했다면 별정직보다는 자기랑 같은 일반직들을 찾았을 거야."

그래서 나는 일반직과 별정직을 가리지 않고 '시장실 직원 20명'을 찾아보기로 했다. 그 결과물이 7월 31일 저녁에 출고된 〈서울시청 6층 사람들 "성추행 방조? 난 들은 적 없다"〉이다. 일단 기사 내용을 전재하겠다.

국가인권위원회가 고 박원순 전 서울시장의 성추행 의혹에 대해 직권조사를 시작한 가운데, 성추행을 방조했다는 혐의로 조사 또는 수사 대상이 될 수 있는 서울시청 '6층 사람들'이 입을 열기 시작했다. 하지만 이들은 방조 의혹에 대해 피해자의 호소를 들은 적 없다고 말했다. 관련 압수수색 영장이 기각되고 유족 측의 요청으로 박 전 시장의 휴대폰 포렌식도 중단된 상태에서 관계자들의 진술이 엇갈리는 상황이라 진상규명에 어려움이 예상된다.

<오마이뉴스>는 조사 대상이 될 수 있는 이들 입장을 듣기 위해 피해자가 시장실에 근무하기 시작한 2015년 7월부터 올해까지 5년 동안 서울시청 6층에서 근무한 공무원 20명과 접촉했다. 6층은 박 전 시장의 업무를 돕는 시장실, 행정부시장실, 정무부시장실, 정무수석실, 소통전략실, 정책보좌관실, 젠더특보실, 공보특보실 등이 모여있다.

김재련 변호사와 한국성폭력상담소 등은 13일 기자회견 이후 피해자가 박 전 시장의 성적 괴롭힘, 인사 고충을 호소했음에도 불구하고 전보 조치를 취하기 위한 노력을 하지 않았다며 '6층 사람들'의 추행 방조 혐의를 주장해왔다. 성폭력상담소는 16일 보도자료에서 "2016년 1월부터 매 반기별 인사이동을 요청함. 번번이 좌절된 끝에 2019년 7월 근무지 이동 후, 2020년 2월 다

시 비서 업무 요청이 왔다"고 전했고, 김 변호사는 지난 22일 '2차 기자회견'에서 '피해자가 기억하는 내용만 해도 부서 이동 전에 17명, 이동 후에 3명에게 말했다'고 밝혔다. 6층에서 근무하는 시장 보좌진들은 40~50명에 이른다.

〈오마이뉴스〉가 접촉했던 20명이 피해자 측이 지목한 20명인지는 확인되지 않았다. 다만 피해자와 같은 공간에서 근무했거나 시장 결재 때문에 수시로 얼굴을 볼 수 있었던 관계로, 최소한 참고인 조사가 유력한 인물들이다. 일부는 이미 경찰에서 조사를 받았다. 박 전 시장이 기용한 별정직과 공채 출신의 일반직이 모두 포함돼 있다.

사건 초기에는 취재에 잘 응하지 않던 이들은 하나둘씩 자신 입장을 밝히기 시작했다. 이들은 모두 피해자가 박 전 시장과의 관계에서 불편함을 호소하거나 그로부터 인사이동을 요청하는 얘기를 들은 바 없다고 말했다. 이에 따라 본격적인 조사 또는 수사 국면에서는 엇갈리는 진술을 넘어서는 증거가 관건이 될 것으로 보인다.

한편, 경찰이 진행 중이던 박원순 전 서울시장의 휴대전화 포렌식 절차가 중단됐다. 박 전 시장의 유족 측이 최근 분석 중단을 요구하는 준항고와 집행정지를 법원에 신청했고, 30일 서울북부지법은 "준항고에 관한 결정이 있을 때까지 그 집행을 정지하라"고 결정했다. 이에 따라 경찰은 휴대전화를 다시 봉인했다.

취재에 응한 이들의 핵심 발언을 추려서 소개하면 다음과 같다.

△ 김주명(2017년 3월~2018년 7월 비서실장)

"고소인이 불편해하는 낌새를 못 느꼈고, 심지어 (2019년 7월 시장실을) 그만두는 순간까지도 몰랐다."

- 비서실장을 그만둔 이후의 상황을 어떻게 아느냐?

"고소인과는 올해 3월까지도 통화를 하는 사이였다. 그(고소인)는 시장실 최장기 근무자였고, 내가 아는 '최고의 비서'였다. 이 정도만 얘기하겠다."

△ 오성규(2018년 7월~2020년 4월 비서실장)

"비서에게 그 정도로 심각한 문제가 있었다면 비서실의 최고책임자인 나 같은 사람에게 직접 얘기를 했겠냐. 2019년 11월 14일 안부를 묻는 텔레그램 메시지를 주고받은 이후 내가 고소인에게 연락을 한 적도, 고소인이 내게 연락을 한 적도 없다. 지난 2월 시장실 데스크 여비서 2명을 순차적으로 바꿔야 할 상황이 발생했지만, 그때도 내가 고소인을 찾을 일은 없었다."

△ 박 전 시장의 핵심 참모 A 씨(남)

"하루 한두 번은 시장실에 들어갔는데, 지금 같은 얘기가 나올 줄은 까맣게 몰랐다. 고소인이 얼굴을 찌푸리거나 스트레스를 받는다는 느낌이 없었다."

△ 고소인의 직속 상관 B 씨(남)

"고소인이 얘기를 하지 않아서 그런 사실을 몰랐다. 고소인이 근무하는 동안 데스크에서 함께 일했던 여비서 2명은 계속 바뀌었다. 당사자가 요청하면 바꿔주는데 피해자는 공식적으로 얘기한 적이 없다."

- 혹시 상사가 남자라서, 어려워서 얘기를 못 한 건 아닌가.

"다른 직원들은 나가겠다고 해서 바꿔줬는데, 왜 그 직원(고소인)만 얘기를 안 했을까? 그 친구로부터 (부서 이동을) 요청받은 게 없었다."

△ 별정직 공무원 C 씨(시장실 떠난 후에도 피해자와 가끔 연락하고 만남)

"고소인이 박 시장과의 관계에 대해 어려움을 호소한 적이 없다. 반대로 내 앞에서 자랑한 기억은 난다."

△ 일반직 공무원 D 씨

"워낙 오랫동안 근무하다 보니 박 전 시장이 고소인을 편하게 생각했던 것은 맞다. 고소인도 근무 기간에 서울시장의 비서로 일한다는 자긍심을 숨기지 않았다. 데스크는 9급이나 8급이 주로 맡아왔는데 7급으로 승진한 사람을 다시 불러들이는 것은 상식에 맞지 않는다."

△ 서울시 관계자(6급 이하 공무원 인사 담당)
"2월에 시장실로부터 (비서를 고소인으로 충원해달라는) 그런 요청을 받은 바 없다."

△ 윤준병 더불어민주당 의원(2018~2019년 서울시 행정1부시장)
"본부장 시절 박 시장의 결재를 기다리는데 대기시간이 길어지면 피해자가 시장실 안으로 얼굴을 들이밀고 '밖에서 사람이 기다리고 있다'는 사실을 알려주는 센스가 있었다. 예의 바르고 친절했다. 고소인으로부터도 불편하다는 말을 들은 적이 없다."

이 기사를 올린 것은 7월 29일 오전 9시 25분이지만, 최종 출고는 7월 31일 오후 7시 30분에 이뤄졌다. 내부 검토에만 이틀 반이 걸렸다는 얘기다.

"피해자가 20명에게 피해를 호소했다"는 주장이 처음 나왔을 때 나는 "사실이라면 적어도 내가 아는 사람 몇 명은 그 20명 중에 반드시 끼어있을 것"이라고 확신했다.

서울시청 6층에는 시장 업무를 돕는 시장실은 물론이고 행정부시장실, 정무부시장실, 정무수석실, 소통전략실, 정책보좌관실, 젠더특보실, 공보특보실 등이 모여있었다. 모두가 시장실과 밀접한 업무 연관성이 있었고, 이들은 집무실 데스크 앞에 있던 피해자의 모습을 기억하고 있었다.

그러나 모두가 "피해자로부터 박 전 시장과의 관계에서 불편함을 호소하거나 인사이동을 요청하는 얘기를 들은 바가 없다"고 답했다.

7월 한 달 내내 언론들이 피해자 주장만 대서특필하는 상황이었다. 또한, 피해자가 경찰 조사에서는 피해 사실을 알렸다고 구체적으로 지목한 사람들도 있었던 만큼 사건 초기 이들의 진술을 확보한다는 의미도 있었다.

기사 한 꼭지를 쓰려고 취재원 20명의 반응을 취합하는 것은 나로서는 전무후무한 시도였다. 7월 29일 오전 기사를 쓴 뒤 봉은사 3재에 참석했던 나를 편집국장은 광화문 회사로 불러들여 "일체의 해설 없이 직원들 얘기만 그대로 보도하자"고 제안했다.

7월 16일 가세연 강용석의 '강제추행 방조' 고발로 경찰 조사를 받게 된 오성규·김주명·윤준병의 경우 "실명으로 보도해도 좋다"는 허락을 어렵사리 받아냈는데 기자의 시각이 반영될 수 있는 일체의 해설을 지우라는 얘기였다.

예를 들어 김주명 씨에 대해서는 "반기별 인사이동을 요청했다는 피해자 주장대로라면 2017년 6월과 12월의 두 차례 인사를 앞두고 관련 보고를 받았을 인물"이라고 썼는데, 이 부분을 빼고 '날 것 그대로의 답변'만 싣게 됐다.

"이 정도 얘기는 쓸 수 있는 것 아니냐?"는 항변에도 편집국장은 요지부동이었다. 이런 식으로 이틀간의 줄다리기 끝에 기사가 나갔다. 편집국장 뜻을 내가 전적으로 수용한 결과였다.

기사가 출고된 후에는 "예상했지만 역시 내부에서 문제 제기가 나오기 시작했다"며 일부 취재원 발언 중 "피해자가 굉장히 싹싹한 성격", "성격이 활달하고 적극적이면서도" 등 노조 공보위의 지적사항 세 가지를 빼자고 제안했다.

공보위 간사는 내가 '미래의 편집국장 감'이라고 여길 만큼 아끼는 후배였다. 앞선 기사에서 피해자의 성격을 서술한 이유를 묻길래 충분히 설명해줬다고 판단했는데, 이번에는 편집국장에게 직접 요청한 것이었다.

결국 편집국장의 뜻대로 됐지만, 나도 그냥 넘어갈 순 없었다. 둘 사이에 카카오톡으로 이런 대화가 오갔다.

기자 이미 공보위 간사로부터 비슷한 문제 제기를 받았고 충분히 답변했음. 만약 기사를 고친다면 저도 페이스북 등에 '제 뜻과 상관없이 내용이 삭제됐다'고 고지하겠습니다.

편집국장 상당히 불쾌한데, 지금 저 협박하는 건가요?

기자 협박이라뇨? 이런 일 없게 하려고 이틀하고 12시간을 더 고민한 것 아닌가요? 신중한 국장답지 않군요.

이 사건은 '부분 삭제'로 종결됐지만, 나는 이날의 대화를 절대 잊지 않았다.

한편, 정치권에서는 박원순 사건과 관련한 엄청난 양의 논평들을 쏟아냈다. 이 중에서 정의당의 논평 몇 건은 기록으로 남기려고 한다.

"이런 성희롱 사안이 벌어지게 된 서울시의 '구조'를 반드시 밝혀내야 한다고 생각한다. 개인의 일탈로 넘어갈 수 있지만, 그게 아니라 조직화된 구조적 문제라는 생각이 든다. 그런 문제는 사실 광범위하게 법률적으로 의율될 수 있는 범죄가 아니라 서울시 관행의 문제이기 때문에 아주 심각할 것이다. 바로 그 문제를 정확히 조사해야 한다는 것이다."(2020년 7월 24일 배복주 여성본부장, 〈노컷뉴스〉)

"성폭력 문제는 한 개인의 일탈이 아닌 구조적인 문제인 만큼 여성가족부 장관은 부처의 취지와 목적을 똑바로 인식해 제 역할을 다하길 바란다."(2020년 8월 3일 조혜민 대변인 논평)

"서울시가 모범적으로 공들여서 성희롱, 성폭력 방지 매뉴얼을 만들었는데 이게 왜 현장에서 먹통이었는지 그 이유를 정확하게 파악해야 한다고 본다. 특히 성희롱, 성폭력 사건처리 매뉴얼이 최고 권력자 앞에서 작동이 멈췄다는 것에 대해서 서울시는 뼈아픈 반성과 보완책 마련이 필요하다고 봅니다."(이은주 의원, 2020년 10월 15일 서울시 국정감사)

나는 정의당 사람들을 만날 때마다 "서울시장실 사람들 얘기도 들어보고 판단하라"고 조언했지만, 그들은 내 말을 듣지 않았다.

해가 바뀌자 김종철 대표가 같은 당 장혜영 의원을 성추행한 것에 책임을 지고 사퇴하는 일이 발생했다. 이 사건을 조사하고 발표한 사람이 배복주였다.

정의당 주장대로 성폭력은 개인 일탈이 아니라 구조적인 문제일까? 그렇다면, 당 대표의 문제에 대해 정의당에는 어디까지 책임을 물려야 할까?

⑥

시장과 피해자

서울경찰청 여성청소년과는 7월 20일 피해자를 불러 시장실 직원들의 '박원순 성추행' 묵인·방조 혐의를 집중적으로 조사했다. 박 시장 사건과 관련해 불러야 할 시장실 참고인들이 늘어나자 조사 편의를 위해 경찰은 피해자에게 '김잔디'라는 별명을 부여했다. 시장실 직원들도 기자에게 사건을 언급할 때 "이제는 본명보다는 새 이름에 익숙해져야겠다"며 '잔디'라고 부르기 시작했다.

나는 잔디가 피해를 호소했다고 경찰에서 지목한 A와 H를 7월 20일 오후 만난 것을 시작으로 일반직 공무원들과의 접촉면을 늘려나갔다. 만나는 사람들이 늘어나면서 그동안 감이 잡히지 않던 '박원순 시장실'의 윤곽도 드러났다.

2015년 2월에 9급 공무원에 임용된 피해자는 같은 해 6월 26일 시장실 면접을 봤다고 한다. 김재련 변호사는 이런 문제를 제기했다.

"서울시가 비서를 채용하는 기준은 무엇인가? 그게 성적 괴롭힘의 밑자락을 까는 행위일 수 있다. 피해자가 시장실 면접을 본 뒤 친구와 주고받은 문자 내용을 보면 '시장 비서실 면접을 봤다, 얼굴만 보기 위해 불렀다고 하더라'는 내용이 나온다. 비서 채용 과정을 보면 근로 주체가 아닌 성적 대상화가 됐던 것으로 보인다.

국가 및 지자체, 공공기관의 비서 채용 기준이 명확해야 한다. 선출직 공무원들의 성폭력은 누가 어떤 방식으로 관리·감독 책임을 질 것인지 제도 개선이 필요하다."*

"친구가 왜 그러냐고 했더니 나는 메르스 관련해서도 읽고 인터뷰에 잘 응하기 위해서 그러고 갔는데 얼굴 보기 위해서 불렀다, 그리고 면접 끝나고 나오려고 하는데 그 당시 피해자가 근무했던 곳을 지칭하면서 거기 있을 인물이 아니다…"**

당시 피해자를 채용한 비서실장은 서정협 서울시장 권한대행이다. 서 대행은 11월 18일 서울시의회 시정질문에서 권수정 시의원(정의당 비례대표)이 피해자의 채용 과정을 묻자 "통상 시장실에 근무하는 일 자체가 전화 받고 오는 손님 응대하고 이런 것이기 때문에 기본적인 조직에 대한 이해 그다음에 태도 이런 것들을 많이 보고 뽑는다"고 말했다. 그는 "지금 여기서 말씀드리면 또 2차 가해가 되지 않을까 우려가 된다"며 말을 아꼈다.

한편, 김재련 인터뷰가 나간 뒤 시장실 인사 담당 비서관을 지낸 민경국은 9월 15일 페이스북에 이렇게 썼다.

---

* 2020년 9월 4일 〈한겨레21〉 인터뷰
** 2020년 9월 14일 KBS라디오 '김경래의 최강시사' 인터뷰

제가 목격한 부분이 아니기 때문에 일반론적인 시각에서 묻습니다. 얼굴을 본다는 것은 서류의 제한된 평가를 넘어 인격체를 만나고, 태도를 보는 것입니다. 성폭력 사건과 이혼 사건을 많이 다루는 변호사에게 '얼굴을 본다'는 문장은 늘 성적으로 해석됩니까? 비록 일반론이지만 제가 이렇게 이야기하는 것은, 당시 면접을 보신 분들의 인격과 언행을 잘 알기 때문입니다. 서울시 공무원을 모욕하는 것입니다.

피해자가 면접 준비하면서 메르스 사태 등도 공부하였다고 했습니다. 이건 피해자가 면접 제의에 적극적으로 응했고, 성실하게 준비까지 했다는 것을 말하는 것 아닌가요? 시장 비서직으로 지원하지 않았는데도 뽑혔다는데 당시 면접 대상은 2명이었고, 피해자가 좀 더 적극적인 성격이었다는 평가였습니다.

그는 9월 17일 〈오마이뉴스〉 인터뷰에서도 "시장실 인원 뽑으려고 면접을 하다 보면 일부러 안 오는 사람도 있다. 면접장에 왔다는 것은 그만큼의 의지가 있다는 의미"라며 "나중에 무슨 위험을 감수한다고 원하지 않는 사람에게 일을 맡긴단 말이냐?"고 반문했다. 피해자가 면접에 응한 것 자체가 시장실에 근무하겠다는 의지의 표명인데, 지금에 와서 "원하지 않는데 왔다"는 주장이 어불성설이라는 얘기다.

취재원 W는 "일반적으로 근무 인원이 필요하다고 시장실이 요청하면 본청 인사과에서 후보군을 추려준다. (최종 낙점은 시장이 하나?) 면접 등 실무는 비서실장이 맡고, 시장에겐 이러이러한 사람 뽑았다고 보고만 한다. 때때로 인사과가 이 사람을 보내겠다고 하면 그대로 들어줄 때도 많다"고 설명했다.

피해자와 함께 근무했던 일반직 공무원 V의 말이다.

"〈한겨레21〉 기사 보면서 하나의 상황을 이렇게도 쓸 수 있구나 생각했어요. 성적 대상화로 생각하고 한 말이 아닐 수도 있는데… '긴장하지 마라. 얼굴 한번 보자'고 했을 수도 있는 것 아닐까요?

요즘도 지원자 외모 보려고 면접하자는 사람이 있나요? 물론, 피해자가 외모에 자신 있으니 그런 프라이드도 있었겠죠. 그러나 그런 얘기를 곁들여서 서울시 동료들이 부도덕한 집단이라는 인상을 주려고 한 게 아닌가 의심스럽습니다. 내가 한겨레 좋아하는데, 그런 내용을 기사 맨 앞에 내세운 게 너무 마음이 아팠어요."*

V는 시장실 직원들에게 비친 박 시장의 모습을 이렇게 묘사했다.

"항상 바쁘게 돌아다니는 분이었죠. 시장은 시장실 직원들에게도 '셀럽'(유명인사)이었어요. 6개월에 한 번 회식 자리에서나 개인적인 이야기를 할 수 있었죠. 시장이 밖에서 시민들과는 셀카를 자주 찍었는데 같은 방 직원이라고 시장과 함께 셀카 찍을 기회가 특별히 더 많은

---

* 2020년 9월 25일 대면 인터뷰

건 아니었어요. 회식 같은 기회가 오면 저도 같이 사진을 찍었어요. 그에 반해 피해자와 시장은 상당히 스스럼없는 관계였어요. 아무래도 매일 봤으니까."

잔디와 근무 기간이 2년 가까이 겹쳤던 D(여성)의 말이다.

"시장실에 들어올 때 마음에 없이 억지로 왔다는 식으로 주장하는데, 그럴 리 없을 거예요. 시장실 근무는 특별한 경험이기 때문에 오고 싶어 하는 사람은 엄청 많아요. 따라서 오기 싫다는 사람이 들어올 수가 없다는 것은 나도 경험했죠. 피해자 또래의 시청 직원 중에 '시장실 일이 많아서 꺼림칙했지만 승진과 인사에는 도움 될 것 같아서 경험 쌓는 차원에서 왔다'고 하는 사람이 많았습니다. 일단 시장실에 들어와도 적응 못 하는 사람들은 후임자 정해지는 대로 그때그때 내보내 주곤 했어요."

D의 얘기는 계속 이어졌다.

"시장에게 결재받으러 가면 데스크 비서들과 마주칠 수밖에 없어요. 그럴 때마다 잔디는 약간 비음 섞인 목소리로 '어서 오세요, 어서 오세요' 하며 반갑게 맞아줬던 기억이 납니다. 함께 있던 비서들에 대해서는 잔디만큼의 기억이 없어요. 그래서 '비서가 성추행 고소했다'는 뉴스가 처음 나왔을 때 다들 잔디가 아니라 또 다른 친구를 떠올렸을 거예요."*

역시 시장실을 자주 드나들었던 별정직 E와 L, T는 피해자가 박 시장에게 넥타이를 매주는 모습을 기억했다. E의 얘기다.

"박 시장이 행사 때마다 넥타이를 고쳐 매야 하는데 피해자가 시장 목에 넥타이를 직접 매줬어요. (다른 사람들은 그렇게 안 했나요?) 다른 사람들은 자기 목에 넥타이 걸어서 매듭 만든 다음에 시장에게 전해주기만 했죠."

L의 기억은 이렇다.

"내가 보고하는 와중에 잔디가 시장에게 '외부행사 나가야 한다'며 넥타이를 매어주는 데 그 모습이 아내가 남편 넥타이 매주는 듯한 느낌이었어요. 또 한번은 잔디가 넥타이 매주려는 것을 시장이 '이건 내가 할 수 있다'고 뿌리치는 것을 봤어요. 그걸 보고 다른 참모들에게 '잔디가 시장실에 너무 오래 있었으니 내보낼 때가 아니냐'는 의견을 준 적이 있습니다."**

---

* 이상 2020년 10월 28일 전화 인터뷰

** 2021년 1월 5일 인터뷰

T는 "내가 지켜보는 자리에서도 잔디가 시장의 넥타이를 고쳐매 주더라. 시장 몸에 손댈 수 있는 사람이 누가 있겠나 싶었다"고 말했다.

B와 C는 시장 관련 영상 촬영 업무를 했다. C의 증언이다.

"우리 팀이 일을 하다 보면 시장의 몸에 마이크를 장착할 때가 많은데, B가 마이크를 주면 시장이 직접 장착하곤 했어요. 그런데 피해자는 밖에서 다른 일을 하다가도 그걸 보면 달려와서 본인이 시장 몸에 마이크를 채워주곤 했죠."

어쨌든 2015년 시장실 입성 이후 2016년 하반기까지 피해자가 박 시장과 관련해 특별히 문제 제기한 흔적은 드러나지 않았다.

2016년 2월 25일 피해자가 박 시장에게 보낸 손편지에는 당시 시장에게 느낀 감정이 고스란히 드러난다.

자랑스러운 박원순 시장님께 드려요.

시장님~ 생신을 진심으로 축하드립니다.
작년에 첫 발령을 받고 공무원이 된 지 4개월 만에 시장님을 모시게 되어서 얼마나 무섭고 떨리는 마음이 들었는지 몰라요!

그런데 시장님께서 늘 잘 가르쳐주시고, 웃음으로 대해주셔서 항상 감사하고 행복한 마음으로 생활하고 있답니다. 서울시 공

무원으로서, 또 한편으로는 서울시민으로서 시장님의 생각이나 정책, 사소한 행동들 모두 존경스럽고 그런 부분들을 저도 본받아 좋은 공무원, 좋은 사람이 되고싶어요.

시장님이 계시기에, 우리 서울의 미래가, 대한민국의 미래가 기대됩니다.
그러니까 꼭 건강하셔야 돼요! 비서실, 아니 서울시 통틀어서 제일 건강하시지만, 건강하실 때 관리하셔야돼요.

시장님 생신 축하드리고 사랑합니다.

시장실 막내 잔디 올림

그러나 피해자는 "2016년 1월 당시 5급 비서관에게 전보 요청을 했고 같은 해 11월 인사담당자에게 전보를 요청하는 메일을 보냈다"라고 주장하고 있다. 피해자 측은 "인권위와 경찰 등에 증거를 제출했다. 그중 일부"라면서도 구체적인 내용을 공개하진 않았다.[*]

기자는 박 시장의 수행비서관을 3년 6개월간 지낸 A를 여러 차례 만났다. 일반직 공무원이었던 A는 박 시장이 외부로 출타할 때마다

---

[*] 2020년 9월 29일 성폭력상담소 통해 〈한겨레〉에 전한 자료

'그림자'처럼 따라붙었다. 박 시장이 시장실에 머무는 동안에는 피해자가 시장의 일정을 관리하고, 밖에 있을 때는 A가 피해자가 하던 일을 맡았기 때문에 시장실 그 누구보다도 업무 연관성이 높았다. 두 사람이 함께 근무한 기간은 2년 6개월이 겹쳤다. 다음은 A와의 일문일답이다.

기자 피해자는 6개월마다 부서를 옮겨달라는 요청했다는데, 그 정도 빈도면 수행비서관도 알았을 것 같다.

A 인사 문제 상담을 자주 한 편이다. 나에게는 자기가 언제 나가는 게 좋을지, 어느 타이밍이 좋을지를 물었다.

기자 피해자가 전보를 원했다는 뜻인가?

A 본인이 남는 게 유리하다고 생각하면 남고, 그게 아니면 떠나는 것 아니냐? 나가고 싶다고 의사를 밝히면 다 내보내 줬다. 시장이 각별하게 생각했던 것은 맞다. 하지만, 아무리 시장이라도 나가겠다고 강하게 얘기하는 직원을 막을 방법이 없다. 옆자리에서 같이 일한 비서 3명은 차례로 다 나갔다. 그 친구들도 안 나갔다면 내가 이런 얘기하지도 않는다.

기자 피해자가 일 잘한다고 인정받았고, '시장실 업무를 굉장히 좋아했다'는 얘기를 많이 들었다.

A 그건 맞다. 시장실 4년 동안 9급에서 7급으로 승진해서 나갔다. 원래부터 7급 달면 나가려고 했었다. 9급, 8급으로 밖에 나가면 허드렛일 하는 부서에서 고생할 수도 있으니까.

한 가지 분명한 것은, 잔디가 시장실 직원들에게 '비서 이상의 비서'로 강렬한 인상을 줬다는 점이다.

CBS 기자 출신인 김주명 서울시평생교육진흥원장은 2017년 7월부터 박 시장의 미디어특보(8개월), 비서실장(1년 2개월)으로 잔디와 함께 일했다. 그는 8월 13일 서울시경에서 3시간 30분 동안 이어진 피의자 조사에서 잔디를 이렇게 평가했다.

"(7월 31일 자) 〈오마이뉴스〉 인터뷰에도 말했지만 '최고의 비서'였다. 굉장히 자부심도 있었고 자기 일을 즐거워하면서 했다. 따로 내가 무언가를 지시하거나 주문한 적이 없었던 것으로 기억한다. 시장이 외신 보도를 직접 챙기고 스크랩도 하는 등 자료 관리를 꼼꼼히 하는 편이었다. 시장이 그런 일을 할 때 나는 도와준 적이 없는데 잔디는 자기 일이 아닌데도 시장을 도와드리곤 했다.

잔디는 내 비서 일도 했다. 내가 '직원들 격려 좀 해야겠다'고 하면 나에게 '어느 부서가 일을 잘해서 좋은 기사가 나갔다'는 식으로 팁을 줬다. 그러면 내가 시장 명의로 (해당 부서에) 피자를 보내곤 했다. 비서실장인 내가 알아야 할 기사가 있으면 텔레그램으로 보내주기도 했다."

경찰이 '비서실에서 잔디가 하는 일은 뭐냐'고 묻자 김 전 실장은 이렇게 답했다.

"가장 핵심적인 일은 시장 일정이 원활하게 돌아가게 하는 것이다.

시장의 하루 일정이 20개가 넘는다. 10분 단위로 면담, 회의가 잡혀 있다. 그런데 면담자들은 그 10분도 짧게 느껴서 가능한 한 오래 하려고 하는데 그때 누군가 들어가서 면담을 종료시켜야 한다.* 저와 잔디, 그리고 같이 일하는 비서 3명이 그 역할을 했다. 그리고 시장 일정이 많으니까 하루에도 방문객들이 아주 많다. 그분들을 응대하는 일들이 저와 비서 2명이 주로 했던 일들이다."

"박 시장이 잔디를 대하는 태도는 어땠나?"

"신뢰감을 갖고 있었던 것 같다."

"그렇게 판단하는 이유는?"

"일정을 중간에 자르는 게 쉽지가 않다. 그런데 그 일을 잘했다. 시장은 일 잘하는 사람에 대한 평가가 좋았고, 그런 사람을 좋아했다."

2018~2020년 비서실장 오성규 씨도 "박 시장이 정치적 반대파들로부터 화살을 워낙 많이 맞다 보니 시장실로 악성 민원전화가 자주 오는데, 그런 전화 응대를 맡았던 게 데스크 비서들이었다"며 "주말에도 교대로 나와야 하고 한마디로 엄청나게 힘든 감정 노동을 했다"고 회고했다.

이런 악조건 속에서도 잔디는 만나는 사람들마다 밝은 미소로 응대해 "시장실의 비타민 같은 존재"라는 찬사를 한 몸에 받았다.

---

* 2020년 7월 22일 윤준병 의원이 서울시를 출입했던 일부 기자들과 오찬을 함께했다. 그 자리에 있던 한 신문기자는 "박 시장이 피해자의 '통제'를 잘 따르는 편이었다. 인터뷰 도중 신나게 얘기를 하다가 피해자가 '몇 분 남았다'고 알려주면 바로 알아듣더라. 그때는 누군가 싶었다"고 떠올렸다.

김재련 변호사는 9월 15일 〈중앙일보〉 등 언론 인터뷰를 통해 "잔디가 직급 승진을 한 적 있는데 (4월 성폭행 사건의) 가해자 Z가 '안방마님 승진 축하한다', '비선 실세'라는 표현을 썼다"며 "피해를 호소하는데도 가해자는 박 전 시장이 사랑하고 총애한다는 식으로 표현해 피해자가 매우 불쾌해했다"고 주장했다.

《진짜 페미니스트는 없다》의 저자 이라영 씨는 '안방마님' 호칭을 놓고 "비서 노동자를 바라보는 동료 남성의 시선을 알 수 있다. 비서들이 겪는 성적 침탈이 상사에게 총애받는 것으로 읽힌다. 비서 노동자가 호소하는 괴로움을 '여성이 성적으로 남성 상사에게 기회를 얻을 수 있는 상황'으로 뒤바꾼다"고 주장했다.[*]

그러나 시장실 사람들 생각은 달랐다. 복수의 직원들은 "4월 사건이 있기 전까지만 해도 잔디와 Z는 굉장히 친했다. 짓궂은 농담도 스스럼없이 주고받는 사이였다. 지금은 그런 표현 쓴 것을 문제 삼아도 대화 당시에는 '네가 시장실에서 그만큼 중요한 위치에 있다'는 뜻으로 한 말일 수도 있다"고 해석했다.

어쨌든 지금의 잔디가 당시 업무의 부당성을 하나하나 문제 삼는 것은 분명하다.

그는 ▲ 시장이 운동을 마친 후 샤워할 때 속옷을 가져다주고 ▲ 시장이 내실에서 낮잠을 잘 때 깨워야 하는 일을 요구받았다고 주장한다.

---

[*] 2020년 12월 17일 '서울시장위력성폭력사건공동행동' 실체 진실과 책임 촉구를 위한 토론회 자료집

9월 29일 〈한겨레〉는 2019년 한 비서관이 피해자를 보며 "오징어를 찢어 봉지에 나눠 담아 시장 간식을 만드는 일을 지시하는 것은 한심한 일이며, 그런 업무를 지시한 사람이 문제다"라고 얘기했다는 에피소드를 소개했다.

정의당 이은주 의원은 10월 15일 국정감사에서 "2017년 설날(1월 28일)과 2018년 추석(10월 4일)을 앞두고 비서가 공관에서 먹을 명절 음식을 구입한 이력이 있는데, 이게 비서가 할 공적 업무라고 생각하냐"고 서정협 권한대행에게 따지기도 했다.*

이라영 씨는 피해자 단체 토론회에서 이렇게 주장했다.

"박원순 성폭력 사건에서 중요하게 짚고 넘어갈 점은 비서의 역할에 대한 문제 제기다. 비서의 역할이 실은 여성의 성 역할이고, 더는 이러한 '관행'을 받아들이지 않겠다는 노동자의 목소리가 터져 나왔다는 점이다. (중략) 속옷만 입은 사진을 텔레그램을 통해 비서에게 은밀하게 전송하는 것보다, 어떤 면에서는 공식화된 '속옷 챙기기' 업무가 훨씬 더 문제적이다. 이 폭력은 단지 여성 비서와 남성 상사 사이에서 벌어지는 사건이 아니다. 여성 비서를 둘러싼 남성 중심 공직사회가 관행적으로 벌인 일이다."**

---

* 피해자 지원단체 측 일부 관계자들은 국정감사를 앞두고 정의당에 박 시장 관련 자료를 제보했다. 정의당 관계자는 "그 자료들을 살펴봤지만, 딱히 심각한 피해라고 볼 수 있는 내용들이 별로 없어서 고민이 많았다"고 말했다.

** 2020년 12월 17일 '서울시장위력성폭력공동행동' 실체진실과 책임촉구를 위한 토론회 자료집

수행비서관이었던 A에게 물었다.

기자 피해자 주장대로라면 박 시장은 여비서에게 속옷 심부름이나 시키는 '갑질 상사'인데…

A 갑질이라? 비서 업무가 특정할 수 있는 게 아니다. 시장이 운동 마치고 샤워할 때 속옷 챙기는 일은 나도 했다. 그런 게 갑질이라고 생각하지 않는다.

기자 남자 비서관에게도 속옷 심부름을 시켰다는 말인가?

A 6층 시장실 안에 샤워실이 있었던 것은 맞다. 그러나 시장이 시킨 게 아니라 비서인 내가 알아서 챙긴 거다. 사모님이 집에서 마련한 속옷을 싸주면 내가 갖다 드리곤 했다. 내가 속옷을 받아서 가져오면 피해자에게 시장에게 전해주라고 한 적도 있다.

기자 남자 시장이 샤워하는데 여비서가 속옷을 가져다주는 모양새가 안 좋아 보인다.

A 그냥 속옷을 갖다 놓으라고 한 건데 그걸 '성인지 감수성 부족' 운운하는 게 오버 아닌가?

김주명 비서실장은 이와 관련해 경찰에서 이렇게 진술했다.

"비서가 샤워 후 시장의 속옷 수거 등의 업무를 하는 것을 알고 있었나요?"

"시장님이 뛰고 나서 시장실로 올 때도, 공관으로 갔다가 올 때도 있었어요. 그런데 저는 이런 업무를 비서가 하는 줄 몰랐어요. 따로 지시한 적이 없구요. 저는 A가 그런 업무를 하는 것으로 생각했습니다. 여비서가 그런 일들에 수치심을 느꼈다면 남자 비서가 하는 게 맞다고 생각합니다. 당시에 문제 제기가 있었다면 못 하게 했을 겁니다."

김주명은 기자에게 이렇게 말했다.

"잔디가 시장 간식을 챙길 때 내 것도 챙기곤 해서 속으로 고마워했는데 지금 그걸 문제 삼을 줄은 생각도 못 했다. 비서에게 그런 업무를 시킨 것에 대한 책임을 묻는다면 시장이 아니라 나 같은 비서실장에게 물어야 할 것이다.

사회 조직 곳곳에 잔디와 같은 업무를 부여받은 비서들이 많다. 이번 사건이 비서 업무의 경계를 불분명하게 해서 생긴 일이라면 우리 사회가 어디까지가 비서 업무인지 디테일에 대한 논의를 해야 한다."*

서울시는 같은 해 12월 10일 성희롱 특별대책의 하나로 비서의 공적 업무 분야를 명확히 하기 위해 '비서분야 업무지침'을 마련하겠다고 발표했다.

A를 제외하고 피해자와 업무 연관성이 높은 사람은 동료 데스크

---

* 2020년 10월 15일 전화 인터뷰

직원들이다. 피해자가 시장실에 입성한 후 여비서 4명이 그와 짝을 이뤘지만, 피해자가 선임으로 올라선 뒤 만난 3명과는 갈등이 적지 않았다고 한다. 6층 동료 직원의 말이다.

"데스크 여비서들과 갈등이 있었던 것은 사실이다. 피해자 스스로 '나는 젊은 꼰대다', '완벽주의자'라는 얘기를 많이 했는데, 윗분들이 그런 스타일을 좋아해도 옆 사람은 굉장히 피곤하겠다는 생각은 들었다. 후임 비서들이 '동기끼리 잘 부탁해요'라는 식으로 편하게 다가가면 피해자는 '내가 선임인데 동기 얘기가 왜 나오냐'고 받아쳤다. 피해자가 내게 '어떻게 선임인 나에게 감히 이런 식으로 대하지'라는 식의 불평을 종종 하곤 했다."[*]

데스크 비서들을 제외하곤 박 시장은 물론이고 여타 직원들과의 관계는 비교적 원만했던 것으로 보인다. 피해자는 2016년에 이어 2017년 2월 15일에도 시장에게 '생일 축하' 편지를 보냈다.

반짝반짝 빛나는 박원순 시장님께

*시장님 안녕하세요. 저 잔디예요^^*

---

[*] 2020년 12월 6일 전화 인터뷰

시장님을 모시면서 벌써 이렇게 두 번째로 생신을 축하드리게 되었어요.

제가 2015년 7월에 처음 시장실에 왔으니, 기간은 2년이 채되지 않지만 벌써 새해째 시장님을 모시고 있네요.

시장님, 항상 정신없고 바쁘신 일정 속에 힘드실텐데도 뵐 때마다 한번이라도 더 웃어주시고, 격려해주시고, 좋은 말씀해주셔서 감사드립니다. 덕분에 얼마나 기쁘고 힘이 나는지 몰라요. 사장님을 곁에서 지켜보면 참으로 힘이 납니다. 더 열심히 살아야겠다는 생각이 들도록 만들어주시는 분이세요.

아주 짧은 시간이 주어질지라도 모든 일에 집중하시는 능력과 매순간 최선을 다하시는 모습에서 뜨거운 열정과 놀라운 능력을 느낍니다. 또 모든 사람을 똑같이 대하시는 모습에 감동을 받습니다.

식사도 거르시고 화장실도 못가시며 지키고 계신 우리 서울과 꿈이라는 꽃봉오리. 긴 겨울 지나 곧 활짝 필 때까지 응원하겠습니다. 시장님 생신 축하드려요

2017. 2. 15 잔디 올림

2018년 6월 13일 지방선거에서 김문수, 안철수 두 경쟁자를 가볍게 제압한 박 시장은 7월 7일 세계도시정상회의 참석차 3박 4일 싱가포르 출장길에 나선다.

오성규 전 비서실장이 2020년 12월 3일 국가인권위에 보낸 의견서에 싱가포르 현지의 A와 피해자가 7월 9일 오후에 주고받은 텔레그램 메시지를 공개했다.

피해자	저 한 번은 데리고 가서야 하는 것 아니예요? 팀장님이 힘써주세요…. ㅋㅋㅋㅋ 시장님은 백퍼 데려간다고 하는데… 에스파뇰 몰라~~
A	국제과에 물어보니 이렇게 준비 중이야. 스페인 어때요?
피해자	짱좋 ㅠㅠㅠㅠ 제발 플리즈
A	세뇨리따~~ 이건 아닌가? ㅋㅋ
피해자	승진이고 뭐고 순방 부심 한번 ㅋㅋㅋ

의견서 발표 다음 날 〈중앙일보〉 온라인판에 피해자 측의 반박 기사가 실렸다. 김재련은 〈중앙일보〉와의 통화에서 "피해자는 박 전 시장과 함께 해외 출장을 가게 해달라고 요청한 적이 없다"고 말했다.

그는 "이미 박 전 시장과 함께 해외 출장을 떠난 비서관 중 한 명이 출장 사진을 피해자에게 보내며 '너도 다음에 가게 해달라고 하라'라고 해 해외에 간 것에 대한 부러움을 표시했을 뿐"이라고 설명했다. 아울러 그는 이 같은 대화 내용이 들어있는 메시지 내용 앞부분을 오

실장 측이 편집했다고 주장했다.

피해자 측이 편집 의혹을 제기한 만큼 둘의 대화가 어떤 맥락에서 시작됐는지 궁금했다. 그러나 오성규는 "두 사람의 사적 대화이기 때문에 그걸 공개할 수는 없다. 둘이 다른 사람들 험담한 내용도 있는데 그런 걸 어떻게 다 보여주냐"고 반문했다. 그러면서도 그는 말했다.

"대화 내용을 다시 봐라. 부러운 마음에 그냥 한 얘기가 아니라 스페인이라는 목적지까지 구체적으로 언급하고 있잖은가? 편집이라니 황당하다. 지원단체들은 그동안 피해자 측 주장을 내보내면서 자기들이 유리한 방향으로 편집하지 않았나? 우리에게 편집 운운하는 것은 자기들이 그동안 해온 행동을 스스로 부정하는 거다."

어쨌든 A가 피해자에게 알려준 대로 박 시장은 9월 27일부터 9박 11일 동안 스페인이 포함된 해외 출장을 다녀왔다. 그러나 피해자 바람은 이뤄지지 못했다. 박 시장의 해외 출장에 여러 차례 동행했던 서울시 일반직 공무원의 말이다.

"매년 서너 차례 시장의 해외 순방 일정이 잡히지만, 시장실 늘공 중에서는 수행비서관만 같이 갔다. 해외에서는 시장 일정이 훨씬 촘촘하게 짜이고 수행원들의 업무도 그만큼 세분되는데, 시장실에 배정된 인원은 1명이기 때문이다. 해외 출장은 시장실 아무개가 따라가고 싶다고 해서 갈 수 있는 게 아니고, 시장 마음대로 결정할 수 있는 것도 아니다."*

　박 시장이 유럽 출장에 앞서 한 달간 옥탑방살이를 할 때도 피해자는 현장에 모습을 드러냈다. 당시 삼양동에서 시장 부부와 숙식을 함께하다시피 했던 L은 "2018년 8월 초순 잔디가 퇴근 후 서너 명의 직원들과 함께 작은 화분을 사 들고 찾아온 적이 있다. 삼양동이면 집도 먼 편인데 굳이 올 필요가 있나 싶었다"고 말했다.

---

* 2020년 12월 4일 전화 인터뷰

❼

100일 만에 나타난 '피해 목격자'

"박원순 시장 사건만 아니라 안희정 충남지사, 오거돈 부산시장 사건을 인권위가 봐야 한다. 사실 그 전부터 세 지자체를 직권조사하려 했다. 일단 서울시를 조사하고 나머지 두 곳을 조사할 생각이었다. 세 사건 모두 정도의 차이가 있을 뿐 피해자의 호소를 받은 사람이 있었다. 그런데 피해자한테 네가 이해하라는 식으로 묵살했다. 아주 유사하다. 이게 한 개인, 서울시만의 문제일까. 아닐 것이다."

2020년 9월 25일 〈한국일보〉 24면에 최영애 국가인권위원장 인터뷰가 실렸다. 최 위원장이 인터뷰에서 밝힌 것처럼 1993년 서울대 신 아무개 교수 성희롱 사건 당시 그와 박 시장은 '한 팀'이었다. 최영애가 피해자의 공동대책위원장, 박원순이 변호사를 각각 맡았다.

그런 그가 "박원순 사건은 우리의 삶 전체가 도전을 받는 것이었다"며 "박 전 시장과 친한 사람들 앞에서도 똑같이 말한다. 박원순을 딛고 가야 한다"고 선언한 것이다.

시장실 사람들은 "사건을 다 조사하지도 않은 상태에서 조사기관의 장이 예단과 편견을 드러냈다"며 격앙된 반응을 보였다. 두 전직 비서실장 김주명·오성규는 나흘 뒤 "이런 식으로는 인권위 조사에 응하지 않겠다"는 성명을 발표했다.

최영애의 발언 중에서 "피해자의 호소를 받은 사람이 있었는데 '네가 이해하라'는 식으로 묵살했다"는 부분이 내 눈길을 끌었다.

'페미니스트'를 자처했던 박 시장이 4년 간 비서를 성추행했다는 폭로도 놀라웠지만, "시장실 직원 20명에게 피해 사실을 얘기했다"(7월 22일 김재련 변호사 기자회견)는 추가 폭로도 충격적이었다.

내가 서울시청 6층 근무자 20명을 접촉한 결과를 7월 31일 보도한 이유도 피해자의 추가 폭로가 어느 정도 신빙성이 있는지 확인하기 위해서였다. 그러나 취재원 모두가 아니라고 부인했다.

피해자를 지원하는 여성단체들은 "6층 관계자들이 증거에 기초하지 않은 채 '알지 못했다', '듣지 못했다'는 무책임한 말로 여론을 호도한다"는 반응을 보였다.[*]

피해자는 "피해 사실을 얘기했다"고 하고, 그의 말을 들었다고 지목된 사람들은 "그런 적 없다"고 부인했다.

시장실 여직원 P의 경우 7월 31일 6시간 30분 동안 참고인 조사를 받는 동안 경찰이 "잔디가 진술인에게 셀카 찍을 때 (시장이) 접촉하는 것이 이상하다고 알린 사실이 있냐"고 묻자 격앙된 반응을 보였다.

"없습니다. 이건 적극적으로 피해자와 대질하고 싶습니다. 너무 황당한 얘기인데요. 접촉하는 게 이상하다는 얘길 했으면, 굉장히 얘기가 길어졌을 거고 심각하니까 기억했을 것이라고 생각합니다."

---

[*] 2020년 8월 17일 '서울시 전 비서실장들 입장에 대한 피해자 측 입장'

나중에 기자를 만난 P는 "내가 하지도 않았던 일을 했다고 우기니 너무 참담했다. 조사받을 때 좀 더 단호하게 얘기하지 못한 것에 울화가 치밀었다"고 말했다.

"시장이 잔디와 사진 찍을 때 몸을 밀착하는 등 이상한 스킨십이 없었냐"는 질문은 경찰 조사의 '고정 레퍼토리'였다. 훗날 피해자의 어머니가 유출에 관여한 것으로 드러난 '1차 진술서'에도 "(시장이) 본인에게 얼굴을 맞대거나 속옷 상의 끈과 허리, 엉덩이 위쪽에 손을 올렸으며 매번 거의 안는 자세로 사진을 찍었다"는 얘기가 나온다.

기자가 2020년 7월 24일 수행비서관 A를 만나 물었다.

기자 시장이 피해자와 단둘이 셀카 찍으면서 이상한 행동을 했을 가능성은 없나?

A 시장이 먼저 찍자고 한 적도 있었고, 잔디가 먼저 찍자고 한 적도 있었지만 내 앞에서 그런 행동을 보인 적이 없다.

기자 주로 어떤 상황에서 셀카를 찍었나?

A 내가 기억하는 것은, 박 시장이 3선에 성공해서 집무실 돌아왔을 때와 시장 당선 몇 주년 되던 날 그리고 연말 제야의 종 타종하려고 한복을 멋있게 차려입을 때였다. 나는 그런 모습을 옆에서 다 지켜본다. 그런 날은 시장이 셀카 찍자 하기도 하고, 잔디가 '오늘은 어떤 날이니 찍자'고 한다. 시장이 자기 임기 몇 주년 되는 것까지 신경 쓰지 못하니 비서로서 챙겨

준 거다.

기자 그때 시장이 잔디의 신체에 밀착해서 찍을 가능성은?

A 그런 상상을 하는 게 문제다. 사람들이 다 보고 있는데 시장이 그런 행동을 한다? 이상한 마음이 있었다면 단둘이 있을 때 몰래 찍었겠지. 체통을 생각할, 나이 많은 어른이 사람들 다 보는 데서 그랬겠나? 그런 행동은 (상대적으로 젊은) 나 같은 사람도 안 한다. 얼마나 이상한 모양새라는 것은 다 아는 법인데.

기자 시장이 잔디가 아닌 다른 여자, 친한 여자에게 그런 행동 하는 것을 본 적이 없나?

A 그 정도로 인간적으로 가까운 사람이 있었나 싶다. 잔디가 시장에게 먼저 사진 찍자고 하는 걸 본 사람은 나 말고도 많다. 지금 사람들이 하는 얘기는 나에게는 너무 부자연스럽게 들린다.

별정직 D도 경찰의 질문에 이렇게 답했다고 한다.

"나도 시청에서 일하기 전에 직장 생활 오래 해본 사람이라서 남성이 여성을 보는 이상한 눈빛이 어떤 것인지 잘 안다. 박 시장은 술자리에서도 그런 식의 실수나 성적 접근이 전혀 없는 사람이었다. 내가 시청에 들어온 다음 날 박 시장과 식사를 한 적이 있는데 내가 팔짱 끼고 사진 찍어도 되냐고 하니 시장이 '어어' 하며 무척이나 멋쩍어하는 모습을 보이더라. 그때 사진 한 번 찍고 난 다음에는 시장과는 한 번도 안 찍게 되더라."

잔디가 "내가 쫓겨나더라도 다음 인사 때에는 실장님, 시장님을 설득해서 다른 곳으로 전보해주겠다"고 말한 것으로 지목한 H는 사건 관련자 중 유일하게 대질신문을 받았다. 둘은 전화기를 사이에 두고 세부 정황을 따져봤지만, H는 "내가 언제 그런 말을 했냐"고 부인했다. 훗날 기자를 만난 H는 "경찰에서 있었던 일은 말하고 싶지 않다"며 말문을 닫았다.

그러던 차에 나타난 사람이 일반직 공무원 B(여성)였다. 시장실에서 2년 9개월간 일했던 B는 공무원 선배이자 인생 선배로서 잔디와는 막역한 사이였다.

시장실의 별정직들은 "우리 얘기보다는 잔디가 마음을 터놓고 얘기했던 일반직 공무원들 얘기를 들어보라"는 조언을 하곤 했다. B는 그런 조건에 부합한 사람이었고, 이번 사건과 관련해 7월 18일 경찰 조사를 마친 상태였다.

9월 11일 나는 "사건이 터지기 전 잔디가 카카오톡 프로파일에 박 시장과 함께 찍은 사진을 올렸고, 그걸 본 B가 '둘이 너무 가까이에서 찍은 사진 아니냐'는 반응을 보였다"는 얘기를 들었다.

해가 바뀌자 "박원순이 피해자에게 문자나 사진을 보낸 것이 확인됐다"는 발표가 계속 나왔다.

2021년 1월 14일 서울중앙지법 형사합의31부 조성필 부장판사가 이른바 '4월 사건' 가해자 Z에게 징역형을 선고하면서 "박원순이 서울시장 근무 1년 반 이후부터 야한 문자와 속옷 차림의 사진 등을 보냈고, (피해자는) '냄새가 맡고 싶다', '몸매가 멋있다', '사진 보내달라'는 등의 문자를 받았다"고 말했고, 같은 해 1월 25일 국가인권위도 "박 시장이 늦은 밤 피해자에게 부적절한 메시지와 사진, 이모티콘을 보낸 것은 사실로 인정 가능하다"고 발표했다. 인권위는 "피해자로부터 들었다거나 메시지를 직접 보았다는 참고인들의 진술이 있었다"고 밝혔다.

이 발표로 박원순에게 실망한 사람들이 많았을 것이다. 그렇다면, 피해자로부터 피해 사실을 인지한 동료들은 왜 아무런 조처를 취하지 않았을까? 나는 이들의 얘기가 중요하다고 보지만, 판사와 인권위 모두 이 부분은 입을 다물었다.

결론적으로 얘기하면, 목격자 B는 국가기관들의 발표가 나오기 전에 나의 의문점을 풀어준 사람이다.

2020년 10월 13일 오전 나는 B에게 전화를 걸었다. '여는 글'에서 나는 취재원 50명의 얘기를 들었다고 밝혔지만, 취재에 불응한 사람들은 뺀 수다. 그중에 여러 차례 설득 끝에 취재에 응하기로 해놓고 만나기로 한 날 인터뷰 장소에 나오지 않은 사람도 있었다. 많은 취재원이 "아직도 그 사건 생각하면 가슴이 콩닥콩닥 뛴다", "당신이 믿을 만한 기자라는 것을 내가 어찌 알겠냐"는 등의 이유를 들어 사양

했다.

다행히도 기자와 면식이 전혀 없는 B는 "시장실에 대해 억측이 많은 상황에서 관련 기사를 꾸준히 쓰는 기자"로 나를 인지하고 있었다. B는 10일 간격으로 두 차례 전화 통화에서 자신의 경험을 얘기해줬다. 다음은 B와의 문답을 정리한 내용이다.

B 박 시장이 3선 출마하려고 사퇴한다(2018년 5월 14일)는 얘기가 나와서 시장실이 어수선한 시기였던 것으로 기억한다. 시청 공무원들은 자체 행정포털망에 접속해서 사용하는 PC용 메신저와 텔레그램 둘 다 사용하는데, 피해자가 사내 메신저로 '잠깐 얘기 좀 할 수 있냐'고 말을 걸었다.

기자 잔디가 사내 메신저로 불렀을 때 특별한 얘기를 할 것이라고 생각했나?

B 그런 건 아니다. 평소에도 고민 상담을 자주 했는데, 그날은 보안을 의식한다는 느낌은 들었다. 6층 접견실에서 얘기할 수도 있지만, 왔다 갔다 하는 사람들이 많은 공간이다. 그래서 사람들이 잘 안 오는 7층의 한적한 공간, 화장실 옆 벤치로 이동했다. 피해자가 내게 텔레그램을 보여주길래 그 내용을 얼핏 봤다.

그러면서 피해자가 하는 말이 '안희정 사건으로 시끄러운데 다른 사람들이 보면 오해할까 봐 걱정된다. 시장이 나를 손녀딸처럼 예쁘게 생각한다는 것을 나는 아니까 괜찮은데'라고 말했다. 시장의 스마트폰은 다른 사람들도 업무상 볼 수 있지 않느냐는 뉘앙스였다. 당시 상황을 떠올리면, 박 시장의 3선 도전 때문에 시장이 의지하던 참모들이 하나둘 (시장실을) 떠나고 있었다. 그러니 잔디에 대한 (시장의) 의존 심리가 더 강해졌던 게 아닐까 싶다.

기자 다른 사람들이 보면 오해할 수 있는 메시지가 뭐였나?

B 제일 마음에 걸렸던 표현은 '잔디 냄새 좋아 킁킁'. 또 하나는 업무지시 등의 별다른 이유 없이 밤에 메시지를 보냈다는 점. 그 외 나머지는 친근감을 표현하는 메시지들이었다. 그러나 피해자와 시장이 허물없이 편하게 지낸다는 사실을 알고 있었기 때문에 딱히 거슬리지는 않았다. 시장이 피해자에게 보낸 다른 사진이 있을지는 모르겠지만, 내가 본 사진은 다른 지인들에게도 보낸 적 있는 러닝셔츠 입은 사진이었다.

기자 두 사람의 메시지 전송이 빈번했나?

B 그런 건 아니라고 생각했다. 피해자가 '메시지를 빈번하게 보낸 날이 있는데, 이날은 시장님이 혹시 술을 드신 게 아닌가 싶어서 아무개 비서관에게 이날 술을 많이 드셨는지 물어봤다'고 했기 때문이다. 거기에 대해 내가 뭐라고 답했는지는 정확한 기억이 없다.

답을 했다면 '시장실에 오래 근무를 하기도 했으니 부서를 이동하거나, 해외 연수 프로그램에 지원해보는 게 어떠냐'고 하지 않았나 싶다. 피해자 답변도 정확히는 기억하지 못하는데

'알겠다' 정도로 답하지 않았을까? 이런 대화가 10분 안팎으로 이어졌던 것 같다.

기자 이때의 대화 내용은 박 시장이 죽은 후 떠오른 거냐, 피해자의 지목으로 경찰 조사를 받게 돼서 떠오른 거냐?

B 그 전부터 마음 한구석에 있었던 기억이지만, 크게 담아둔 것은 아니었다.

기자 이 문제로 나중에 얘기를 더 하지 않았나?

B 그게 문제가 됐다면 피해자가 나에게 얘기를 했을 텐데 더 이상 하지 않았다. 이후에도 진로 문제 등 다른 주제로 나와 몇 차례 상담했고, 몇 번 식사도 했는데 그 일에 대해서는 더 이상 내색하지 않았다. 시장이 3선하고 돌아온 후에는 시장실이 엄청나게 바빴다. 바로 옥탑방 한 달 살이 나가셨고, 돌아온 뒤에는 후속대책 내놓느라고.

B는 시장실을 떠난 이후인 2019년 3월 28일에도 김주명, H 등과 함께 무교동에서 만찬을 한 적이 있다. B는 "우리는 떠난 상황이라 피해자가 시장실 분위기를 전해줬는데, 그때도 박 시장에 대해 안 좋은 얘기를 하지는 않았던 것으로 기억한다"고 전했다.

B는 "둘의 관계는 두 사람만 아는 거지만 언론이 너무 편향적으로 해석하는 것 같다"며 "이 사건이 권력에 의해 진실이 은폐됐다는 식으로 얘기되지 않았으면 좋겠다. 내가 한 얘기도 '잔디 냄새가 좋아 킁킁' 이런 식으로 제목을 달아주진 말아달라"고 당부했다.

전화 통화가 끝난 뒤 나는 곰곰이 생각했다. 피해자가 박 시장으로부터 성추행 피해를 당했다고 주장하는 20명을 찾아 나선 후 석 달 동안 내가 만난 시장실 직원들은 "들은 바 없다"라는 부인으로 일관했다. 그런데 처음으로 시장에게 입은 피해로 추정되는 말을 실제로 들은 사람을 찾아낸 것이다. B가 전해준 2018년 잔디의 전언에도 중요한 의미가 담겨있었다.

그해는 '미투'라는 성폭력 고발 운동이 거세게 일어나던 시기였다. 박 시장이 타운홀 미팅에서 "추석 때《82년생 김지영》책을 읽고 눈물을 쏟았다"는 기사를 본 모 시인이 "2014년 박원순 캠프에서 성추행을 당했다"고 2월 28일 페이스북에 글을 올리는 일이 있었다.

같은 해 3월 5일 안희정 충남지사의 수행비서를 지낸 김지은 씨가 JTBC 인터뷰에서 안 지사의 성폭력을 고발해 큰 파문이 일었다. 3월 10일 박 시장은 시인을 시장실로 불러 위로했고, 그는 이틀 뒤 페이스북에 "시장님을 뵙고 오니 그간 마음고생으로 얻은 상처가 많이 치유됐다"는 글을 올렸다.

2018년 시장실 직원들 모두가 안희정 사건과 이 사건을 지켜봤고, 이 사건들이 지방선거에 미칠 영향을 예의주시했다. 만약 박 시장이 잔디에게 심각한 성폭력을 저질렀다면 그로서도 용기를 낼 수 있는 타이밍이었다. 그러나 잔디는 B에게 이렇게 말했다.

"안희정 사건으로 시끄러운데 다른 사람들이 보면 오해할까 봐 걱정된다. 시장이 나를 손녀딸처럼 예쁘게 생각한다는 것을 나는 아니까 괜찮은데."

박 시장과 잔디 사이에 어떤 일이 있었는지는 당사자들만이 안다. 그러나 당시 잔디가 시장이 자신에게 한 행동이 안희정의 그것과는 다르다, 손녀딸처럼 생각한다고 인식했다는 점은 분명히 드러난다.

그해 5월 14일은 박 시장의 직무가 정지되고 3선에 도전하기 위해 서울시장 예비후보를 등록한 날이었다. 잔디는 이날 시장에게 이런 편지를 건넸다.

존경하고 사랑하는 박원순 시장님께!

시장님~~ 오랜만에 편지를 드리네요. 오늘은 정말 특별한 날이니까 시장님께 작게나마 제 마음을 전하고 싶어서요~

사징님, 순방 기간이 길어봐야 8~9일 정도였는데... 이렇게 한달 동안이나 못 뵌다는 생각을 하니 참 마음이 뻥 뚫린 것같고 가끔은 울컥하는 느낌까지 드네요. 더 나은 서울, 더 나은 미래를 위해 준비하러 나가시는데 개인적인 마음으로는 시장님 몸과 마음의 건강을 가까이서 챙겨드리지 못하고, 또 시장님께서 재미있는 농담을 해주시는 것과 셀카 찍는 일들을 한달 동안 못한다고 생각하니 너무너무 아쉽고 슬퍼요. ㅜ.ㅜ

그래도 시장님! 저는 소원이 있어요. 제 소원을 꼭 들어주셨으면 좋겠어요. 시장님께서 작년 초에 대선을 준비하실 때 하셨던 말씀이 참 기억에 남아요. 그때 말씀하시길 '5년 후 손주 손을 잡고 광화문광장을 거니는 삶을 살고싶다. 그런 대통령을 꿈꾼다'고 하셨거든요.

시장님, 저는 정말로 제 삶에 있어서 박원순이라는 '시대의 리더'와 함께 했다는 그 사실 하나로 너무 기쁘고 행복하고 감사해요. 그렇지만 제 소원은 여기가 끝이 아니라, 이 시대에 다시 없을 소중한 박원순이라는 존재가 이 세상을 바꾸고, 사람의 마음을 움직이고, 우리 모두가 행복한 시간을 누린 그 이후에... 정말 역사에 길이 남을, 마지막까지 훌륭한 리더로 인정받고 모두가 존경하는 지도자로 칭송받는 그날을 꿈꿔요.

시장님은 너무도 현명하고 지혜로우시며 새로운 생각과 놀라운 추진력으로 이미 저명하시잖아요~!! 꼭 반드시 그렇게 되리라 믿습니다!!

더불어 시장님~ 제 소원 이뤄주시려면 건강도 잘 챙기셔야되는 거 아시지요??? 약 잘 드시고요. 차에서 잠깐씩 쪽잠 꼭 주무시고~ 전화는 너무 많이 하지마세요 ㅋㅋㅋ

시장님, 한달 뒤 옥수수랑 수박 잘 길러놓을께요. 힘내시고! 사랑합니다!

2018. 5. 14. 시장실 잔디 드림

민경국이 12월 23일 오후 2시 13분 이 편지를 공개하자 여성단체와 일부 언론은 피해자 이름을 공개했다며 '2차 가해' 공세를 가했다. 민경국은 같은 날 2시 14분에 나를 비롯한 몇몇 기자에게 카카오톡으로 자기 페이스북을 봐달라고 요청했고, 나는 공개된 편지에 이름이 없는 것을 확인했다.

민경국이 "언론이 기초적인 확인도 하지 않은 채 사실과 다르게 내가 피해자의 실명을 노출한 것처럼 기사화하였고, 본질을 훼손하고 있다"고 항의하자 〈한겨레〉의 경우 다음날 "피해자 지원단체의 문제제기에 타당한 점이 있다고 판단해 이를 반영했지만 사실관계에 틀린 점이 있었다"며 사과했다.

이 편지가 논란이 되자 이런 반응도 나왔다.

"최근 박원순 전 서울시장의 생일을 앞두고 만들었던 롤링페이퍼와 편지가 사회관계망서비스(SNS)에 올라왔다. 모두가 똑같은 종이에 편지를 써서 고리로 한데 묶은 카드 모음, 그 뻔한 모양의 생일 축하

메시지조차 누군가에게는 특별해 보였나 보다."*

나는 시장실의 몇몇 직원들에게 "박 시장에게 보내는 롤링페이퍼를 쓴 적이 있냐"고 물었다.

별정직 D는 "박 시장만이 아니라 시장실 떠나는 직원에게 남아 있는 사람들이 돌아가면서 이별의 말을 적어주는 경우는 종종 있었다"고 말했고, 같은 별정직 M도 "2018년 말에서 2019년 새해로 넘어가는 시기에 한 번은 써 본 것 같다. 돌아가면서 한 줄 쓰는 거라서 큰 부담은 없었다"고 말했다.

반면, 같은 시기 근무했던 R은 "연말연시엔 신년사 작업하느라 그런 것에 응할 짬이 없었고, 시장 생일에는 써 본 기억이 없다"고 말했다.

이들 중 일부는 "누군가 시장 생일 축하 동영상을 찍자고 제안해서 카메라 앞에서 덕담을 건넨 기억은 있다"고 말했다. 그러나 피해자처럼 박 시장에게 손편지를 써서 전했다는 직원은 나타나지 않았다.

〈중앙일보〉는 '2018년 편지'와 관련해 2개의 기사를 보도했다. 12월 23일 온라인 기사에는 "나머지 한 장은 스승의 날(5월 15일)을 하루 앞둔 2018년 5월 14일 작성됐다"고 적었고, 12월 25일 지면 기사에는 "2018년엔 해외 순방을 떠나기 전 아쉬움 등을 담아 썼다"고 전

---

* [시선] 박원순 생일 편지. 김민지 풀뿌리 여성주의 활동가. 경향신문 2020년 12월 26일 자 22면.

했다. 둘 다 같은 기자가 썼다.

나는 이 기자가 급한 마음에 편지의 맥락을 이해하지 못하고 쓴 것으로 판단한다. 2018년 5월 14일은 3선에 도전하는 박 시장의 직무가 정지되고 예비후보로 등록한 날이었다. 선거운동 때문에 시장실을 비우게 된 시장과 비서실장에게 느껴온 소회를 담은 편지들이었던 셈이다. 김주명은 2017년 스승의 날에도 비서실장이었지만, 그때는 그런 편지를 받지 않았다.

피해자가 김주명에게 5월 14일에 보낸 편지 전문을 소개한다.

존경하는 김주명 비서실장님께

실장님, 이제 또 새로운 시작을 앞둔 기분이 어떠세요?

실장님께서는 늘 핵심을 꿰뚫어 보시고 신속하고 정확한 결정을 하시는 분이지만, 오늘은 참 마음이 복잡하실 것 같아요.(좋은 의미에서요^^)

훌륭한, 준비된 이 시대의 리더 원순씨와 실장님의 콤비는 정말 환상적이었어요. 그간 각각의 시기마다 필요한 부분에 집중하실 수 있는 비서실장 분들을 모셔왔는데 어찌보면 정말 많은 일들 속에서도 큰 어려움 없다고 회상할 수 있는 그 자체가... 비서실장님의 참된 노고로 이뤄질 것이라는 것을 모두 아실거에요. 정말, 단연 최고의 비서실장님이십니다.

실장님! 비서실의 아버지로서, 때로는 어머니같은 모습으로 저희 모두를 아끼시고, 서울이 잘 굴러가는 도시가 되도록 힘써주셔서 너무 감사드려요. 개인적으로는 미디어특보 때부터 저를 너무 많이 챙겨주시고 가르쳐주셔서 온마음 다해 감사합니다.

매번 짓궂게(ㅋㅋ) 저를 놀리시지만, 저를 향한 실장님의 관심과 애정을 느껴서 돌아보면 울컥할 때가 많아요. 한달 뒤에는 꼭 좋은 소식 들려드릴 수 있겠죠? ㅋㅋ

실장님, 저는 시장님 곁에 실장님이 반드시 계셔야 한다고 생각해요. 섬세하고 꼼꼼한 원순씨와 결이 비슷하면서도 매순간 전체를 아우르는 시선을 놓지 않으시기 때문이예요!!! 시장님의 속도를 맞추시는 유일한 분이기도 하고요^^

이제 더 나은 서울, 더 나은 세상을 꿈꾸고 만들어감에 있어 비서실장님의 총괄디렉팅이 빛을 발할 때입니다^^
서울시라는 아주 거대한 조직을 관리하고, 그 이해관계자들을 중재하셨던 능력으로, 더 나은 민선 7기를 준비해주세요^^ 믿습니다!!! 파이팅♡

약 2년 동안 몸도 많이 못챙기셨는데... 앞으로 긴 호흡으로 건강도 잘 챙기시고요. 곧 다시 만나지만, 늘 응원하고 감사하는 마음으로 기다릴게요.

감사합니다.

2018. 5. 14. 존경과 감사의 마음을 담아 잔디 올림

미사여구로 가득 찬 편지들을 쓸 때 피해자는 어떤 심정이었을까? 이 부분은 독자들의 판단에 맡기겠다.

다시 같은 날 박 시장에게 보낸 편지로 돌아가면, 기자는 "셀카 찍는 일들을 한 달 동안 못한다고 생각하니 너무너무 아쉽고 슬퍼요"라는 표현에 주목했다.

김재련 변호사는 첫 기자회견에서 "(시장이) 피해자에게 '즐겁게 일하기 위해 둘이 셀카를 찍자'며 집무실에서 셀카를 촬영하곤 했다. 그리고 그런 셀카를 촬영할 때 신체적인 밀착을 했다"고 주장했다. 그런데 2018년 피해자의 자필 편지는 거꾸로 시장과 셀카를 찍지 못하게 된 것이 아쉽고 슬프다고 얘기했다. 피해자가 셀카를 찍은 시장이 그에게 어떤 존재였을까?

김혜정 성폭력상담소 부소장은 〈중앙일보〉(12월 25일 자 12면)에 "(박 전 시장에 대한) 심기 보좌도 없었고, 성추행도 없었고, '아무도 안 쓰는 시장 생일 카드를 피해자 혼자 써서 애초부터 의아했다'고 (전 비서관들이) 스스로 입증하라"고 말했다.

김재련 변호사에게 12월 24일 전화로 물었다. 그는 "이번 크리스마스는 잘 보낼 수 없게 되어 버렸다"고 말했다.

기자 변호사도 편지를 봤을 텐데 이 편지도 '업무의 일환'이었다고 보는가?

김재련 두 사람이 사적인 공간에서 개인적으로 만난 게 아니지 않나? 기관장과 소속 직원의 관계이고, 근무 중에 보낸 편지다. 지금 공개된 다른 동영상을 보면, 다른 남자 직원들도 시장님 생일에 '사랑한다' 말하고 하트 뿅뿅 날리지 않나? 그런 일환으로 보면 되고, 이 편지에 의미를 부여하는 것 자체가 인식 부족에 기반하는 것이라고 본다.

기자 어떤 인식의 부족인가?

김재련 장기간 성폭력 피해자들이 법정에서 다툴 때 피고인들이 가장 많이 제출하는 게 뭔지 아나?

기자 모른다.

김재련 합의 하의 관계라면서 피고인들이 가장 많이 제출하는 게 피해자가 보낸 이메일, 편지 같은 것들이다. 거기에는 '존경한다', '사랑한다', '잘되셨으면 좋겠다' 같은 표현들이 대부분이다. 피고는 그것을 무죄를 증명하는 중요 증거인 것처럼 말하는데 내 경험으로는 피고가 깨지는 게 대부분이다.

기자　실체적 진실을 호도하는 내용의 편지라고 판단하는 거군요.

김재련　이 편지와 피해자가 주장하는 성적 괴롭힘은 양립 불가능한 게 아니다. 이 편지는 추행이나 성희롱, 통신매체 이용 음란행위와 상관없는 거다.

　박 시장 측과 피해자 입장 차는 분명했다. 어쨌든 B의 증언과 피해자의 손편지를 본 나는 피해자가 박 시장에게 원했던 게 무엇이었을까 궁금해졌다. 그러나 나는 B의 증언을 보도하지 못했다. 그 이유는 후술하겠다.

⑧

"무릎에 입술 맞추고..."
그리고 목격자들의 딜레마

"(박 시장이) 피해자 무릎의 멍을 보고 '호' 해주겠다 하고, 무릎에 입술 접촉하는 행위를 했다."

7월 13일 여성단체 기자회견에서 김재련이 밝힌 '범행 사실 개요' 일부다. 시장실에서 2년간 계약직 공무원으로 일했던 C(여성)는 언론 보도를 보고 "내가 아는 상황은 이게 아닌데…"라는 생각을 지울 수 없었고, 급기야 스스로 국가인권위에 나가 자신의 경험을 진술했다.

기자는 2020년 10월 23일 오후 C와 30분간 전화 통화로 당시 상황을 들었다. 내가 취재 요청을 하자 C는 시장실의 옛 동료에게 '〈오마이뉴스〉 손 기자는 어떤 사람이냐'고 탐문하기도 했다. C와의 문답 내용은 다음과 같다.

기자 이른바 '무릎 호' 사건에 대해 아는 대로 얘기해주세요.

C 언론에 보도된 것과 비슷한 상황을 들었지만, 깊이 기억나는 것은 아니어서 그동안 얘기하지 않았다. 평소 잔디가 박 시장에게 워낙 사분사분하게 접근하는 스타일이었기 때문에 그때도 그냥 넘어갔다.

나는 시장의 영상축사를 만드는 일을 했다. 영상 촬영을 준비하려면 10~20분 정도 시간이 필요한데, 데스크 비서 2명이 간단한 보고를 하기 위해 집무실에 들락거리곤 했다. 잔디가 시장에게 뭔가 보고하면서 '저 다쳤어요'라고 먼저 말했더니 시장은 '왜 그래요? 어쩌다가 다쳤어요?'라고 답했고, 잔디가 '여기 호 해달라'고 말했던 것으로 나는 기억한다. 그때는 이게 의미 있는 일이었다고 생각하지 않았는데 시장 사망 후 기자회견 기사들을 보고 '어, 이건 분명히 잔디가 먼저 해달라고 한 건데 왜 피해를 입었다고 주장할까'라는 의문이 들었다.

기자 목격한 게 아니라 청취한 거였다?

C 시장의 영상축사를 준비하는 팀이 나까지 3명이다. 한 사람은 카메라를 잡고 있고, 또 한 사람은 프롬프터를 잡고 있었다. 나는 시장과 잔디를 등지고 있었지만, 이 모든 상황을 관리하는 위치였기 때문에 둘의 대화를 나머지 두 사람보다 더 잘 들을 수 있었다.

평소에도 영상축사 녹화 전에 분위기를 편안하게 하려고 잔디가 일상적인 대화 주제로 말을 꺼낸 적이 많았다. 그때도 그 연장선에서 잔디가 먼저 말을 꺼낸 것으로 나는 기억한다. 그 말을 들었을 때는 마치 할아버지와 손녀 사이 같다는 느낌을 받았다.

기자 김재련 변호사가 이걸 '범죄 사실 개요'에 포함시키니까 마치 성적인 의미가 담긴 행동으로 비쳤는데…

C   아니다. 그런 것은 전혀 아니었다. 나에겐 일상적인 얘기를 주고받다가 자연스럽게 나온 행동으로 들렸다. 더구나 이런 행동을 한 장소가 다른 사람들도 드나드는 집무실 아니었나? 안타깝게도 내가 정확한 날짜는 기억하지 못한다.

기자   누구에게 보내는 영상축사였는지 떠올리면 알 수 있지 않을까?

C   시장이 영상축사를 주 2~3회씩 찍었고, 내가 작업 때마다 들어간 것도 아니다. 한 번 일정을 잡으면 찍어야 할 영상축사가 10건이 넘었다.

기자   현장에 있던 직원 셋이 나중에라도 그날의 기억을 공유할 기회가 없었나?

C   안 그래도 카메라 잡은 사람에게 '나는 이런 기억이 있는데 당신도 기억나지 않느냐'고 물었더니 그는 '카메라 정리하고 있어서 잘 모르겠다'고 답하더라. 또 한 사람은 잔디와 굉장히 친한 사이라서 물어보기가 부담스러웠다. 처음에도 얘기했지만, 현장에 있던 사람들에게 자세한 기억이 나올 만한 상황은 아니었다.

그로부터 일주일 뒤(10월 30일) 국회의 인권위 국정감사에서 국민의힘 김정재 의원(경북 포항시 북구)이 "박 시장이 (비서의) 무릎에 입술을 맞추고 침실에서 신체적 접촉한 사실을 조사해야 한다"고 목소리를 높였다가 여당 의원들의 항의를 받았다.

내가 언론 기사를 링크해 메신저로 보여주자 C는 "어이가 없네요. 정말"이라는 반응을 보였다.

이 책이 인쇄되기 직전 나는 '무릎 호' 사건과 거의 흡사한 에피소드를 들었다. 서울시청을 오랫동안 출입했던 한 신문기자의 증언이다.[*]

"2017년 3월경 인터뷰 또는 면담을 하러 나 포함 기자 3명이 시장실에 들어갔을 때로 기억한다. 어떤 여비서가 자기 손톱에 네일아트를 했다고 자랑을 했다. 박 시장이 처음에는 그 말을 듣고 별로 신경을 쓰지 않았다.

그러자 여비서가 손을 들어 시장 면전에서 손톱을 보여주면서 재차 자랑했고, 동료 기자 한 명이 '요즘은 저런 거 갖고 뭐라고 하면 안 된다. 다 개성이고 일하는 데 더 도움이 된다'고 말하자 시장도 그제야 '예쁘네요. 어떻게 이런 모양을 내요? 요즘은 참 기술이 좋은 것 같아요'라고 칭찬했다.

그렇게 말하면서 시장이 여비서 손을 잡았다. 그러나 쓰다듬거나 하지는 않았다. 당연히 성희롱이나 성추행 같은 부정적인 느낌도 없었다. 다만 '왜 여비서가 저런 것까지 자기 보스에게 자랑을 하지? 박 시장이 많이 자상하게 대해주나 보다'라는 생각은 들었다. '네일아트' 사건은 당시 동행했던 후배 기자도 기억하고 있다. 그 후에도 시장실에서 인터뷰할 기회가 더 있었는데, 그때마다 다음 일정을 이유로 인터

---

[*] 2021년 2월 25일 만찬

뷰 종료를 재촉하는 역할을 맡았던 게 그 비서였다.”

시장실 사람들의 말을 종합하면, 잔디는 2016년 7월부터 데스크 비서 중 선임으로 올라선 뒤 시장실 손님들을 안내하고 정해진 시간에 내보내는 일을 맡았다.

박원순이 “피해자 손의 네일아트가 예쁘다며 손을 만지는 경우가 많았다”는 주장은 피해자 어머니가 유출한 1차 피해 진술서에 처음 언급됐다. 국가인권위는 피해자 주장을 사실로 인정한 뒤 성희롱으로 규정했지만, 판단 근거나 정황을 설명하지는 않았다.

박원순이 피해자 동의를 받지 않고 네일아트한 손을 만졌을 수 있지만, 보는 이의 시각에 따라서는 성추행이나 성희롱으로 인지되지 않은 사례가 나온 셈이다.

D는 서울시장실에서 2년 7개월간 일한 별정직 공무원이었다. 시장이 죽자 경찰은 그를 참고인으로 불러 조사했다(7월 24일). 서울시경 조사실로 가던 그의 머릿속에 의문이 떠나지 않았다. ‘시장실 떠난 지 3년이 넘었는데 이제 와서 경찰이 나를 왜 부를까?’

조사실에 들어가서야 그는 자신이 피해자가 이틀 전 기자회견에서 지목한 ‘피해 호소 20인’ 중 한 명이라는 것을 알아차렸다. 그는 10월 28일 전화 인터뷰로 당시 상황을 얘기했다.

“경찰에 ‘잔디가 호소했다는 20명에 내가 들어간 거냐’고 물으니

'네'라고 답하더라. 잔디가 나에게 '힘들다. 시장실 나가고 싶다'고 얘기했더니 내가 '안돼. 네가 나가면 시장님이 너무 힘드니 더 있으라'고 만류한 사람으로 지목했다는 거다. 그 순간 '그렇게 사람이 없었나? 나까지 집어넣다니, 이건 정말 오버'라고 생각했다."

경찰과 D의 문답은 계속 이어진다.

"나는 그런 기억이 전혀 없는데 잔디가 그 얘기를 전화로 했다고 하던가요?"
"2017년 7월 어느 날엔가 문자나 카카오톡으로 그랬다는데요?"

D는 속으로 기가 막혔다. 그래서 답했다.

"경관님, 저는 2017년 5월에 시장실을 나왔고, 퇴직 전에 휴가를 쓰느라고 그 무렵부터 시장실에 한동안 나가지도 않았어요. 7월에는 국내외 여행 다니고 다른 회사 면접을 다니느라 시청 사람들로부터 전화 받은 기억도 없어요."
"전화가 아니라 문자로 했다고 합니다."
"그 문자를 보고 싶네요. 가입 통신사에도 허락해놓을 테니 보여주세요."
"오래된 일이라서 자기에겐 없고, 참고인의 휴대폰에 있을 거라고 하는데요?"

"2019년에 내 휴대폰이 부서져서 한 번 바꿨어요."

"그럼 아무도 안 가지고 있는 거네요."

"이런 식으로 끝나는 건 말도 안 되죠. 나는 잔디가 나에게 무슨 메시지를 보냈는지 봐야겠어요."

D는 인터뷰에서 이렇게 말했다.

"나도 시장실 일이 힘들다고 느껴질 때는 가족이나 친구에게 '이 일 그만하고 싶다'는 얘기를 자주 했다. 주변에서는 '또 그 소리'라고 대수롭지 않게 넘겼다. 잔디가 나에게 뭔가 호소했다면 나도 그런 식으로 받아들였을 거다. 하지만 그 친구가 내게 '제가 정말 힘든 일이 있으니 만나서 얘기해달라'고 얘기했다면 나는 그냥 넘어가지 않았을 거다.

잔디가 왜 시장실을 떠난 나에게 피해 호소를 했다는 주장을 경찰에 했는지는 알 수가 없다. 가능성은 둘 중 하나다. 그 친구가 실제로 문자를 보냈거나 아니면 내가 시장실 떠난 걸 미처 기억하지 못하고 지금 그렇게 주장하거나. 분명한 것은, 내 기억에는 존재하지 않는다는 거다."

시장실 근무자 B, C, D의 증언 모두 보도할 가치가 있었다. 그러나 나는 기사를 쓰지 못했다.

B에게는 기사 초안을 미리 보내서 "이러이러한 내용으로 보도하려고 한다"고 의향을 물었고, 그는 몇 군데 수정을 요구했다. 그러나 막

상 보도 시점이 되자 B는 곤혹스러워했다. 2020년 10월 24일 B가 나에게 보낸 카카오톡 메시지 일부다.

"기자님⋯ 보내주신 내용 보면서 계속 생각해봤는데요. 일대일 인터뷰는 너무 부담스럽네요ㅜㅜ"

"저는 사실관계가 정확히 밝혀지길 바라는 마음으로 소극적으로 인터뷰를 응한 것이지, 지금의 보도 내용을 바로잡기 위해 적극적으로 인터뷰에 임한 것이 아닙니다."

"시장님의 표현 중 몇몇 부분에 대해 문제의식을 가지고 있었고, 이를 경찰이나 인권위 조사에서도 진술한 바 있습니다. 이 외의 제가 보지 못한 부분에 대해서는 제가 알 수 없고, 제가 이야기하거나 판단하는 것은 적절치 않다는 생각입니다. 다만 시장실 관계자들이 피해자 성고충 호소를 무시하고 전보 요청을 묵살했다는 주장은, 제가 알고 있는 사실과는 다른 부분이 있으니 말씀드릴 수 있습니다."

나는 B의 요구대로 기사를 손질하고 몇 차례 "이대로 나가면 되겠냐"고 의향을 확인했다. 10월 25일 오전 11시 28분 이런 메시지가 왔다.

"기자님… 정말 죄송합니다. 아무리 생각해도 지금 시점에 이런 내용의 기사 나가는 게 너무 부담입니다. ㅠㅠ 저 역시도 생각 정리가 되지 않은 상태에서 일대일 인터뷰 형식의 기사가 나간 다는 게 적절치 않은 것 같습니다. 많이 애써주시고 고생 많으신데 죄송합니다. ㅠㅠ 기사는 내지 않도록 부탁드립니다."

그날 오후 5시 나는 B를 경기도 신도시의 한 커피숍에서 만나 '마지막 의견 조정'을 시도했다. 45분간 설득해봤지만, B는 "사건에 대해 여러 가지 복잡한 감정들이 있어서 기사가 나가는 깃은 부담스럽다"고 말했다. 편집국장에게 여러 차례 기사를 보고한 내 처지가 난감했지만, 취재원 입장도 고려하지 않을 수 없었다.

11월 11일 B는 다음과 같은 메시지를 보내왔다.

"기자님. 제가 그동안 너무 나이브했던 것 같습니다ㅠㅠ (중략) 지난번 당부드렸던 것처럼 제가 드렸던 말씀은 기사화하지 말아주세요. 지금 제가 해야 할 일은 조사 결과가 나올 때까지 기다리는 것뿐인 것 같습니다. 기자님께 뭔가 도움이 돼 드리고 싶었는데. 제 코가 석자였네요. 오히려 기자님께 혼란만 드린것 같아 죄송한 마음입니다. 여러모로 죄송합니다."

나는 B에게 "저 하나 봉인을 막는다고 해서 언제까지 막을 수 있을지는 솔직히 모르겠다"고 답했다. 결국 B의 허락을 받지 못하고 그의 증언을 책에 쓰게 됐다. 국가기관들이 발표를 내놓을 때마다 "부적절한 문자와 사진 전송이 있었다"는 내용이 빠짐없이 들어간 만큼 그 맥락을 알리기 위해서는 불가피한 결정이었다.

'무릎 호' 사건의 증인 C를 만난 것은 공교롭게도 B를 만난 다음 날(10월 26일)이었다. 내비게이션 맵으로 측정해보니 둘을 만난 장소가 3km 이내에 붙어있었다.

나는 그동안 박원순 시장실 사람들을 '늘공'(일반직)과 '어공'(별정직)으로 분류했다. 시장의 정치적 성향과 상관없이 직업 안정성이 보장되는 늘공은 승진·인사에 유독 민감한 집단이었다. 반대로, 박 시장이 직접 픽업한 '어공'은 몇 년 후를 내다보는 승진·인사에 관심을 가질 이유가 없었다. 시장의 정치적 부침은 곧 자신들의 운명을 좌우했기에 시장에 대한 충성심도 높은 집단이었다.

C는 어느 쪽에도 속하지 않는 '생계형'이었다. 박 시장 사망 후 자동 퇴직한 어공 27명의 명단에도 C는 포함되지 않았다. C는 "7월과 9월 일부 종편사가 계속 전화를 했지만 응하지 않았다"고 말했다.

"시청에 오기 전에 여러 가지 일을 했는데 경력 단절이 걱정돼서 시청에 계약직으로 지원했는데 뽑혔다. 이곳에 오기 전에 박 시장과 면식도 없었다. 사실 잔디에게는 개인적으로 고마운 감정을 느낀다. 누가 늘공이고 어공인지도 구분하지 못하는 나에게 '시장은 이런 걸 좋아한다'는 식으로 업무에 도움 되는 팁을 많이 줬던 친구이기 때문이다. 우리 팀 하는 일이 시장의 업무 중간중간에 비는 시간을 활용할 때가 많기 때문에 잔디가 비는 시간을 알려주면 팀이 움직이곤 했다."

박 시장 사건이 논란이 된 후 박 시장과 잔디의 생전 모습이 담긴 동영상들이 잇달아 올라왔다. 9월 17일 〈열린공감TV〉가 유튜브 채널에 올린 '생일 동영상 1', 9월 18일 〈고발뉴스TV〉가 올린 '생일 동영상 2'와 '재래시장 동영상'이 그것이다.

'생일 동영상 1'에는 2019년 3월 26일 잔디가 시장실에서 박 시장과 함께 생일 케이크를 자르는 모습이 담겼다. 이때 시장 옆에 자리 잡은 잔디가 오성규 비서실장 등 다른 직원들에게도 같이 사진을 찍자고 요청하면서 박 시장의 어깨에 손을 올리는 모습이 화제가 됐다. 20여 명이 이 모습을 지켜봤다. 김우영 정무부시장은 이와 관련해 "내가 구청장을 8년 했지만, 부하 직원이 내 어깨에 손 올린 적이 한 번도 없다. 내가 아무리 편하게 대해도 대부분의 구청 직원들은 나와 거리를 뒀다"고 말했다.

'생일 동영상 2'에서 잔디는 시장실 동료들과 함께 "저희는 시장님을 위해 태어난 사람들이에요. 언제나 힘내시구요. 지금처럼 밝고 건강하게 행복하시길 바랍니다"라고 축하 인사를 건넸다.

'재래시장 동영상'에는 야외공간에 나란히 앉은 박 시장과 잔디가 카메라를 보며 포즈를 취한 모습이 담겨있다.

C는 이날 현장에 우연히 동행했던 사람이다. 동영상이 촬영된 2018년 10월 29일은 국회 국토교통위원회 국정감사 마지막 날이었다.

"올해 국감 잘 마무리됐으니 남은 직원들끼리 오랜만에 밥이나 먹자는 얘기가 나왔어요. 우리 방에서는 나만 남아 있다가 시장 일행을 따라갔죠. 그날은 데스크 비서 두 명 포함해서 6~7명이 같이 움직였는데, 박 시장이 시장으로 걸어가면서 '일전에 고쳐놓으라고 했던 보도블록 아직도 안 해놨다'고 한마디 한 기억이 나요."

C는 틈나는 대로 시장의 일상적인 모습을 사진 또는 동영상으로 찍어서 소셜미디어에 업로드하는 일을 맡았다. 여느 때와 같은 회식 자리였지만, 박 시장을 알아보는 시민들이 많았기 때문에 C는 긴장의 끈을 늦출 수 없었다.

"지나가던 시민들이 시장에게 계속 인사를 걸었고, 나도 스마트폰을 손에서 뗄 수 없었어요. 그런데 잔디가 갑자기 '시장님, 저희 사진 찍어요'라면서 자연스럽게 시장에게 안기는 포즈를 취했어요. 시장은 30분 정도 우리와 함께 있다가 다른 일정을 이유로 헤어졌습니다."

전술한 바와 같이 그는 '무릎 호' 사건의 증인이었다. 그러나 내가 기사로 쓰겠다고 하자 그는 난색을 표했다.

"박 시장이 너무 억울하게 매도당한다는 생각에 국가인권위 조사에도 응했지만, 지금 생각해보니 '무릎 호' 사건의 주인공이 잔디인지 또 다른 비서인지가 분명하지 않아요. 현장에 있던 나머지 두 사람은 아마 모른다고 할 것이고. 인권위 조사관도 '무릎 호 해달라고 한 게 누구였냐'고 딱 집어서 묻지는 않았어요."

11월 10일 잔디와 함께 일했던 데스크 비서 N에게 전화를 걸었다. N은 "시장실 근무하는 동안 있었던 일에 대해서는 얘기하지 않겠다"고 선을 그은 상태였지만, 나는 "한 가지만 꼭 확인해달라"고 요청했다.

"시장실 근무할 때 무릎을 다친 적이 있었나요?"
"아뇨."
"혹시 무릎을 다쳐서 박 시장이 '호' 해준 적이 있나요?"
"(웃으며) 없습니다."

무릎을 다친 적이 없다고 했으니 두 번째 질문은 하나 마나 한 것이었지만, 나로서는 확인 질문을 철저히 할 필요가 있었다. C에게 다시 물었다.

"데스크 비서 N에게 물어보니 본인은 그런 적 없다고 한다. 이 정도면 잔디가 한 행동으로 특정할 수 있는 거 아닌가요?"
"(길게 한숨을 쉰 뒤) 사실 이 일에 더 이상 얽히고 싶지 않은 마음이 강해졌어요. 사실을 밝혀야 한다는 마음도 있지만, 내가 그걸 해야 하냐는 부담감도 커요. 최악의 경우 내 증언이 나가더라도 잔디는 '그때가 아니라 다른 때 그런 일 있었다'고 얘기할 수도 있고. 좀 더 고민해 보고 다시 말씀드리겠습니다."

다음날 C는 "떠밀리듯 증언하는 것은 아닌 것 같다. 이 일로 다시 연락주시지 않으셨음 합니다"라는 문자를 보내왔다. 그러나 내 예상대로 '무릎 호' 사건은 조용히 묻히지 않았다.

오성규가 12월 3일 국가인권위에 보낸 공개의견서에 "집무실에 박원순 시장, 피해자, 3명의 시장실 직원들이 있었고, 피해자가 '시장님 저 무릎 다쳤어요, 호 해 주세요'라고 말함. 직접 상황을 목격한 동료가 인권위 조사에서 진술"이라고 공개했기 때문이다.

C는 "오성규 발언 이외에 저에 대한 신상이 알려질 수 있는 구체적인 내용은 기사에 절대 적시하지 말아달라"고 요구했다.

2020년 12월 4일 나는 사건 발생 후 처음으로 김재련 변호사에게 전화를 걸었다. 김 변호사의 답은 이랬다.

"오성규 의견서에 그걸 본 사람이 3명 있다고 했는데 그 사람들이 누구인지 밝혀야 한다. 그 내용이 나온다면 피해자는 법적 조치를 취해야 할 것이다. 박 시장에게 호 해달라고 했다는 것은 전혀 사실이 아니다. 피해자가 동료에게 그 부분에 대해 불편함을 호소한 텔레그램도 있는데 왜 그런 주장을 하는지 모르겠다."

기자 목격자가 인권위에서 그런 취지의 진술을 했다는데?

김재련 우리도 낸 증거자료도 있으니 인권위가 그걸 토대로 사실은 사실대로 잘 판단해줄 것이라고 본다.* (목격자가) 인권위에 진술한 것을 명예훼손이라고 할 순 없겠지만, 언론에 의견서를 공개했다면 들은 직원이 있다고만 해서는 안 되고 누가 그걸 목격했는지를 밝혀야 한다. 그걸 밝히면 우리는 사실 무근 주장을 하는 것에 대해서 책임을 물을 수밖에 없다. 오성규 실장 주장인지, 그걸 정말 본 사람이 있는지는 모른다. 그 사람이 본 게 사실인지, 피해자 주장이 사실인지는 명예훼손으로 고소하면 수사기관에서 판단이 가능할 거다.

기자 피해자가 변호사에게 '무릎 호'에 대해 구체적으로 얘기를 한 거냐?

김재련 그렇다. 집무실에 들어갔을 때 박 시장이 피해자 무릎에 입술 접촉한 부분은 1차 기자회견에서 말한 그대로다. 그것은 피해자가 시장을 추행으로 고소하면서 수사기관에 상세하게 진술한 내용이다.

나는 오성규 의견서와 김재련의 반론을 종합해 그날 〈전 비서실장,

---

* 인권위가 박원순의 성희롱으로 인정한 행위에는 '무릎 호'가 포함되지 않았다.

박원순 '무릎 호' 자리에 다른 직원 3명 있었다〉라는 제목의 기사를 출고했다.

편집국장은 기사 중에 "〈오마이뉴스〉는 오 전 실장이 아닌 다른 경로를 통해서 수개월 전 인권위 조사에서 위와 같은 내용의 목격자 진술이 있었다는 점을 확인했다"고 가필했다. 내가 이유를 물으니 "일부 후배 기자가 '시장실 직원들의 일방적 의혹 제기 아니냐'고 해서 자체적인 확인 과정을 거쳤음을 보여줄 필요가 있다"고 설명했다. 나는 가필에 수긍했다.

D의 경우 자신의 진술이 보도될 경우 주변에 미칠 피해를 걱정했다. "메시지를 반박할 수 없을 때는 메신저를 공격하라"는 정치권의 오래된 격언이다. D는 "사람들은 자신에게 불리한 논거가 나오면 어떻게든 다른 연결고리를 만들어서 논점을 흐리려고 한다. 내가 원하든 원하지 않든 내가 한 말도 그런 취급을 받을 것"이라고 말했다.

법정 증언의 내용에 따라서는 살인 위협도 감수해야 하는 미국에는 '증인 보호 프로그램'을 다룬 영화나 드라마가 많다. 그런 영화를 볼 때마다 본 대로, 들은 대로 말 한마디 했다가 남은 평생을 새로운 아이디로 살아야 하는 증인들의 상황이 실감이 가지 않았다. 그러나 B, C, D의 상황을 돌아보며 평범한 사람들이 의도와는 다른 상황에 휘말려서 겪게 되는 어려움에 대해서도 생각해보게 됐다.

노무현 대통령은 2007년 6월 16일 노사모 총회에 보낸 영상메시지로 유명한 말을 남겼다.

"민주주의 최후의 보루는 깨어있는 시민의 조직된 힘입니다."

곱씹어봐도 명언이라고 생각한다. 하지만, 그의 말대로 민주주의를 지키기 위해서는 시민이 깨어있고, 조직화되어야 한다. 내가 만난 '박원순 시장실 사람들'은 정도의 차이는 있지만 깨어있는 시민들이었다. 한편으로는 나날이 값이 뛰는 서울의 집은 언제 살 것이고, 자녀 교육은 어떻게 시킬 것이며, 이민 가서 살기 좋은 나라가 어디일까를 꿈꾸는 '소시민들'이었다.

이들 모두는 "박원순 사건에 대해 부풀려진 얘기들을 바로잡고 싶다"는 대의명분과 "그러한 행동이 나에게 작게나마 불이익으로 돌아오지 않을까? 나 대신 누가 해줬으면…"이라는 도피심리 사이에서 번민했다.

왜 말과 행동이 따로 노느냐고 그들을 책망할 수도 없다. '20년 기자질'을 하는 동안 나는 수많은 유형의 취재원들을 만났다. 각자에게 '소우주'라고 할 만한 사연들이 있었고, 나는 잘잘못을 가리는 판관이 아니었다. 다만, 그들을 관찰하고 기록을 남긴다는 소명을 거스르진 않았다.

이것이 B, C, D의 최종 동의를 구하지 않고 이들의 증언을 책에 옮긴 이유다. 이 책으로 인해 그들의 소시민으로 사는 삶이 흐트러질 수도 있겠지만, 나 역시 3~4개월간 증인들의 결심을 기다렸고 그들의 신원이 드러나지 않도록 세심함을 다했다는 것은 이해해주길 바란다.

⑨

시장과 마라톤

"시장이 마라톤을 하는데 여성 비서가 오면 기록이 더 잘 나온다", "평소 1시간 넘게 뛰는데 여성 비서가 함께 뛰면 50분 안에 들어온다"며 주말 새벽에 나오도록 요구(7월 16일 오후 5시경 발표된 한국여성의 전화-한국성폭력상담소의 공동입장문 〈'그분'의 기분을 좋게 만드는 것이 '그분들'의 이익이었다'〉)

피해자와 여성단체들은 7월과 8월에 2차례의 기자회견과 2건의 보도자료(입장문)를 통해 박 시장과 참모들의 잘못을 적시했다.

두 차례 기자회견 사이에서 '징검다리' 역할을 했던 공동입장문에도 그런 내용이 많다. 공동입장문은 박 시장의 아침 마라톤 에피소드를 소개했다. 언론매체에서도 이미 자주 보도된 사항이므로 '마라톤의 이면'이 공개되자 반응은 더 뜨거웠다.

박 시장이 마라톤을 시작한 것은 2017년 7월부터다. 남산 산책길 5km를 40~50분에 달리는 조깅을 마라톤이라고 부를 수 있을지는 의문이지만 이 사건이 '박원순 마라톤'으로 널리 명명된 만큼 이 책에서도 마라톤으로 통칭하려고 한다.

시장 참모들에게 수소문해보니 '박원순 마라톤'을 기획한 비서관이 있었다. 7월 23일 밤늦게 전직 비서관 G에게 전화를 걸었다. 그의 반응은 이랬다.

"박 시장을 고소한 사람이 누군지 잘 알죠. 제가 시장실 나온 후에도 가끔 연락하고 지냈는데… 하지만 49재(8월 26일)가 끝날 때까지는 아무 얘기도 안 하려고요. 시간이 좀 더 흐른 후에 얘기하면 안 될까요? 지금은 잔디나 시장님 모두에게 예의가 아닌 것 같아요. 저도 답답한 게 많지만, 지금 얘기하면 두 사람 다 다치는 일이 생길까 봐 그래요."

'뭔가 있구나'라는 감이 왔지만, G를 더는 채근할 수 없었다. 기자가 G를 만난 것은 2020년 10월 8일 오후였고, 그는 1시간 30분 동안 자신의 기억을 토해냈다. G는 2017년 3월 15일 비서관에 임용돼 이듬해 5월 박 시장이 3선 도전을 위해 시장실을 떠날 때까지 1년 2개월간 잔디와 함께 근무했다.

사람 챙기는 걸 좋아했던 피해자는 2018년 6월 G의 결혼식에 참석했고, 그가 신혼여행을 다녀온 후에는 '이직하지 말고 시장실 들어올 생각하라'는 문자를 보낸 적도 있다. 잔디는 1년 뒤에도 G에게 모바일 메신저로 생일 축하 인사를 건네면서 자신이 다른 부처로 옮긴다는 사실을 알렸다. G는 "시장실에서 일반직 공무원끼리 회식하는 자리에 몇 번 간 적이 있다. 그런 식으로 잔디와는 3~4번 정도 어울렸던 것 같다"고 회고했다.

"아나운서가 되는 꿈이 있던 친구라서 사람들 앞에 서는 걸 좋아했다. 서울시청 내부 행사에서 사회를 보기도 했다."

G가 본론을 꺼냈다.

"돌아다니는 이야기 중에 제일 속상했던 게 마라톤이에요. 시장실 안에서 그거 하자고 제안한 사람이 저였거든요."

박 시장에게 이 무렵 고혈압 증세가 나타났다. 잔디는 여성단체 공동입장문을 통해 "시장의 건강 체크를 위해 아침, 저녁으로 혈압을 잼. 가족이나 의료진이 하는 것이 맞다고 의견을 냈으나 여성 비서의 업무로 부여됐다"고 불만을 토로했다. 그러면서 박 시장으로부터 "자기(잔디)가 재면 내가 혈압이 높게 나와서 기록에 안 좋아" 등의 성희롱적 발언을 들으면서도 이 업무를 했다고 주장했다. 기자가 만난 시장실 직원 중에서 이런 얘기를 들었다는 사람은 아직 나오지 않았다.
수행비서관 A에게 물었다.

"여비서들이 '이런 업무는 남자가 했으면 좋겠다'고 한 적은 없나요?"
"그런 적 없어요. 21세기에 성 평등 시대에 그런 게 어디 있어요? 성별에 관계없이 업무를 공유하고, 급하면 아무나 하는 거죠. 여성단체에서 '혈압 체크는 의료진을 시켰어야 했다'고 하는데 혈압 재는 게 간호사 불러야 할 정도로 전문적인 일인가요? 시장의 건강이 안 좋아서 혈압은 거의 매일 쟀어요. 더 높은 직급의 여성 비서관이 그런 일을 하기도 했고. 시장이 병원에 갈 일 있으면 나랑 여성 비서관이 같이 갔어요."

다시 마라톤 얘기로 돌아가면, 시장실 참모들은 환갑을 넘어선 박 시장의 이미지메이킹도 고민하고 있었다. 아침 운동으로 박 시장의 건강을 회복하고, 젊고 역동적인 이미지를 만든다는 공감대가 형성됐다.

"처음에는 서울시청 지하 피트니스센터를 이용했는데 직원들이 불편해하고, 시장도 실내 운동을 답답해하더라. 마침 시장과 친한 마라톤동호회 회원들이 시장에게 남산 마라톤을 대안으로 제의했다. 쇼로 한두 번 뛰는 게 아니라 매일매일 뛰어서 축적된 결과를 보여주려고 했다. 그렇게 시작된 거다."

아침 마라톤의 고정 멤버는 수행비서관, 경찰청 파견 경감, 석락희 서울메트로환경 대표였고 G도 자주 나왔다고 한다.

마라톤의 페이스메이커 역할을 했던 석락희 대표는 기자와 인터뷰에서 "일주일에 평균 2회, 많으면 최대 3회까지 뛰었다. 나는 그걸로는 부족하다고 생각했고, 시장이 도봉산에서 휴가를 보낼 때도 숙소로 찾아가 둘레길을 함께 뛰기도 했다"고 회고했다.

석 대표는 운동 틈틈이 자신을 뒤쫓아오는 시장과 참가자들의 모습을 사진이나 동영상으로 촬영했다. 2017년 7월 22일(토) 사진과 동영상에서 핑크색 상의를 입은 피해자가 박 시장의 마라톤에 동행한 것이 확인됐다.

G는 "잔디가 2018년 3월 18일(일) 포함해서 최소한 두 번은 나왔던 것 같다"고 말했다. 그리고 마라톤을 뛴 잔디에 관해 몇 가지 기억이 있었다.

"한번은 여자친구(지금의 아내)가 남산 마라톤 현장에 놀러 온 적이 있다. 아내의 기억으로는 잔디가 자신에게 '사람들이 많이 오니까 시장이 좋아한다. 그러니 앞으로 자주 와달라'고 말했다는 거다. 아내는 이번 일을 언론 보도로 접하고 의아했다고 했다.

또 한 번은 운동 마친 후 내가 피해자를 차로 바래다준 적이 있다. 그 자리에서 '비서관님이 부럽다. 나도 늘공(일반직) 말고 어공(별정직)으로 시장님 일을 했으면 좋겠다'고 말해서 '주임님 같은 사람이 온다면 모두 반길 것'이라고 답한 기억이 있다. 그때는 일 때문이 아니라 진심으로 시장을 생각하는 사람이라는 인상을 받았다."

G는 "박 시장을 성추행으로 고소한 사람이 잔디"라는 말을 처음 들었을 때 그 말을 믿지 않았다고 한다. 그가 시장실에서 만난 일반직 공무원들은 시장에 대한 정치적 호불호와 상관없이 소임을 다하는 전형적인 공무원들이었다. 잔디는 그중에서도 박 시장에 대한 호감(충성심)이 높아서 '믿을 수 있는 사람'이라고 판단했기 때문이다. 그랬던 잔디가 박 시장을 고소한 것을 G는 믿을 수 없었다.

"잔디가 자기 살려고 마음에 없는 말을 했는지, 아니면 지금 와서 거짓을 얘기하는지는 모르겠어요. 그게 어느 쪽이든 저에게 멘붕이 왔고. 그래서 기자들 전화도 피했는데, 요즘은 뭐가 진실인지 모르겠어요."

이른바 '마라톤 강요'에 대해서도 그의 생각은 다르다.

"박 시장이 농담조로 'G가 마라톤 코스 힘들게 짜놔서 너무 힘들다. 나만 힘들 순 없으니 다른 사람들도 나오라'는 말을 한 건 사실이죠. 하지만 고압적인 분위기에서 나온 말은 아니었어요. 일례로, 내가 속한 방의 직원 6명 중 3명은 한 번도 안 나왔어요. 물론, 잔디가 강압으로 느꼈다면 어쩔 수 없는 거죠. 시장을 매일 보는 직원이 마라톤 안 나가서 눈 밖에 나면 공무원으로서 미래가 불투명하다고 느낄 수 있으니까. 그러고 보니 잔디와 함께 근무했던 데스크 비서도 한두 차례 나왔던 것 같아요."

G는 마라톤 현장에서 성희롱성 발언을 몇 차례 들은 적이 있다고 밝혔다. 그러나 그것을 시장의 책임으로 돌릴 수 있을지는 생각해 볼 문제다.

"주말에는 팬클럽이나 마라톤동호회 회원 등 시장과 같이 뛰려는 분들이 많았어요. 마라톤 끝나고 나면 물이나 과일 먹는 시간이 있었는데 그 자리에서 남자인 내가 듣기에도 불편한 발언들이 몇 번 있었던 건 맞아요. 문제는 박 시장의 반응인데, 시장은 '여성이 있으면 기록이 잘 나온다' 같은 말에 맞장구치는 사람이 아니에요. 본인 스스로 다른 사람들에게 그런 말조심하라고 당부하고 다녔기 때문에 누구보다 위험성을 잘 알고 있었을 겁니다."

G는 "잔디로부터 시장 관련 성 고충 얘기를 들은 적이 없다. 다만, 내가 시장실 떠난 후 '일이 힘들다'는 얘기를 한 적이 있지만, 그건 공무원들이 항상 하는 얘기로 넘겼다"며 인터뷰를 마쳤다.

G는 잔디로부터 피해 호소를 들었다고 지목당한 사람이 아니다. 그래서 경찰이나 인권위 조사를 받지도 않았다.

'마라톤 기획자'의 증언과 달리 박 시장이 아침 마라톤에 부하 직원들을 동원했을 것으로 보는 시각도 여전하다. 이 같은 의구심을 불러일으킨 데에는 박 시장과 참모들의 책임도 크다. 박 시장의 TV 예능 프로그램 출연이 그런 화를 일으켰다.

박 시장은 2019년 2월 5일과 6일 양일 동안 KBS2가 설날 연휴 동안 방송한 '사장님 귀는 당나귀 귀'에 출연했다.

프로그램은 동 시간대 시청률 1위를 차지할 정도로 성공을 거뒀지만, 박 시장은 ▲ 다리 통증을 느끼는 수행비서관에게 마라톤을 함께 뛰게 하고 ▲ 수행비서관 가족의 외식 자리까지 쫓아가는 '꼰대' 보스의 이미지만 남았다. 온라인에서 비난 여론이 비등하자 박 시장이 2월 8일 유튜브에 평소의 행동을 반성하는 동영상을 올렸다.

2월 11일 나는 시청 근처에서 시장실 참모 Q와 저녁을 먹었다. 그 자리에서 "무플보다는 악플이 나은 것 아니냐"고 애써 위로하는 나에게 Q는 뜻밖의 답을 했다.

"그거 다 방송사랑 짜고 한 거예요."

나는 한 대 얻어맞은 것 같은 충격을 느꼈다. 방송사 예능프로그램 일부가 재미를 위해 연출된다는 얘기를 들었지만, 그것은 연기에 능한 연예인들의 얘기로만 알고 있었다. Q가 결정타를 날렸다.

"시장이 바보입니까? 수행비서관 가족 식사 자리까지 눈치 없이 따라가게."

이때 일을 기억하고 있던 기자는 시장이 죽은 후 수행비서관 A에게 그때 일을 물어봤다.

"2019년 KBS 예능프로그램 출연이 논란된 적이 있죠?"
"답답하게 느꼈죠. 사람들은 예능을 다큐로 받아들이더라구요. 남산 마라톤 등 외부일정은 사실인데, 그 안에 나오는 에피소드는 다 픽션이에요."
"퇴근하던 시장이 갑자기 수행비서관 가족들과 밥 먹으러 간 것도 연출된 거라구요?"

"그럼요. 시청 1층에 내 가족들이 미리 와 있을 이유가 뭐가 있나요? 그게 더 이상한 거죠. 방송국이 시키는 대로 한 거예요."

"엄청나게 말이 많았고 나중에 박 시장이 유튜브에 사과 동영상까지 올렸는데?"

"이건 예능이고 다 거짓이라고, 비서인 내가 일일이 다 해명할 수도 없는 것 아니에요?"

후일담이지만, 박 시장의 예능 출연을 놓고 시장실 안에서는 적잖은 풍파가 있었다. 박양숙 정무수석은 "시장의 이미지메이킹이 걸린 중대사안을 정무라인과 협의도 없이 밀어붙였다가 이미지만 깎였다"고 항의했고, 오성규 비서실장은 "그 정도 망가지는 걸 감수하지 않고 대선 캠페인을 어떻게 하려고 하냐?"고 맞섰다.

박 시장이 대선 도전을 염두에 두지 않았다면 방송국의 무리한 연출에 응할 이유가 없었고, 이 프로그램에서 보여준 이미지는 그가 죽은 후 "꼰대 시장이 눈치 없이 부하 직원들을 괴롭혔다"는 세간의 인식을 굳게 했다.

이 사건에서 알 수 있듯이 박 시장과 참모들은 정치적으로 서툴고 영민하지 못했다. 그렇다고 해서 시장이 자신의 지위를 이용해 부하 직원들을 찍어누르는 권위주의형 리더였냐고 묻는다면 나의 대답은 '노'다. 박원순의 치부가 될 수 있는 '흑역사'를 굳이 공개한 이유다.

⑩

비서실장과 피해자

'박원순 성추행 논란'의 핵심 쟁점 중의 하나는 "피해자가 2016년 1월부터 매 반기별 인사이동을 요청했지만, 번번이 좌절됐다"(7월 16일 한국여성의전화 · 성폭력상담소 공동입장문)는 주장이다.

피해자가 2019년 7월 시장실을 떠나기 전까지 총 7차례의 전보 요청이 무시당했다는 얘기다. 피해자는 2017년 1월 인사에서 9급에서 8급으로 승진했다.

당시 비서실장이던 허영 의원은 경찰 조사에서 "그때 피해자가 하도 승진시켜달라고 해서 내가 인사과에 요청해서 본인 요구대로 해줬다. 지금은 시장의 성추행 때문에 힘들어서 전보 요청한 것처럼 얘기하지만, 실제로는 승진 요청이었다"고 말했다.

경찰은 이때 피해자가 "비서실장이 승진을 강력히 요청했고, 승진 안 되면 실장 그만두겠다"고 얘기했다며 동료에게 보낸 카카오톡 메시지를 보여줬다. 허영은 "피해자가 원한 건 승진 아니냐? 어디에 전보를 원했다는 얘기가 나오냐?"고 맞받아쳤다. 그는 기자에게 "비서 일이 힘들었기 때문에 예정보다 빨리 승진을 시켜줬다. 그때 잔디가 간곡히 요청했던 것은 전보가 아니라 승진이었다"고 말했다.

수행비서관 A도 이와 관련해 "나가고 싶다고 의사를 밝힌 사람은 다 보내줬다. 옆자리에서 같이 일한 비서 3명은 차례로 다 나갔다"고 반박했다.

기자는 2016년 1월부터 3년간 시장실에서 일했던 일반직 공무원 H를 두 차례 만났다. H는 시장실 일반직 공무원의 관리감독자이자 잔디에게 인사고과를 주는 상사였다. 다음은 김주명 비서실장의 경찰 진술 내용이다.

"H가 1차적으로 인사고과를 짜서 올렸고, 내가 그것을 따로 고치거나 하진 않았다. 누구 점수를 올려라 내려라 지시한 적은 없었고, 가능한 일반직 공무원들의 점수를 높게 주라고 했던 적은 있는 것 같다"고 진술했다. 관련 업무를 하는 별정직들도 "우리는 서울시 공직사회를 잘 모르는 외부인이었기 때문에 일반직 공무원의 인사 고충을 다루는 업무는 H가 도맡아 했다"고 말했다.

김주명은 경찰 조사 과정에서 이런 질문을 받았다.

"잔디가 H에게 2017년 6월 15일 정식으로 상담을 요청했고, 처음으로 '대선 이후에 제가 모시던 분이 심리적으로 저에게 의지하는 게 부담이 크고 가깝게 생각하고 편하게 생각하다 보니 제 손을 잡거나 밤늦게 메시지를 보내는 면이 있다. 그런 부분이 많이 힘이 들고 이번에는 꼭 인사이동을 해주셨으면 좋겠다'고 정식으로 피해 사실과 인사이동 요청을 했다고 한다."

10월 15일 서울시 국정감사를 끝내고 다소 홀가분해진 H를 만나서 이 일을 묻자 그는 이렇게 답했다.

  "전보 얘기는 몇 차례 있었다. 그러나 성 문제가 있어서 나온 얘기가 아니라 일상적인 상담이었다. 비서 일 자체가 새벽에, 주말에 나오는 경우가 많으니까 다른 곳에 가고 싶다는 얘기였다. 데스크 비서가 두 명이었는데, 잔디가 일을 굉장히 잘해왔고 한 명은 계속 교체됐다. 그래서 '둘을 동시에 바꿀 수 없으니 네가 좀 더 있으라'고 얘기했다."

  "피해자가 나는 시장실을 꼭 나가야겠다고 절실하게 얘기하지 않았나?"

  "그렇지 않았고, 공식적인 요청을 한 것도 아니었다. 다른 부서로 가고 싶은 의향이 있다는 정도였고, 얘기하는 과정에서 본인이 남겠다는 의사를 분명히 밝혔다. 다른 직원들도 그 정도의 얘기는 다 했고, 인사이동을 절실히 원하는 직원은 어떻게든 보내줬다."

  김주명에 대한 경찰의 질문은 계속 이어진다.

  "같은 날(2017년 6월 15일) 피해자와 수행비서관 A의 카카오톡 대화를 보면, 피해자가 A에게 '저 (2018년) 1월에 나가기로 했어요. H가 '여름 인사보다는 1월이 낫다고 했다'며 H로부터 (인사에 대한) 답변을 들었다는 것을 A에게 알리고 있거든요. 계속해서 피해자는 A에게 H가 자신에게 "본인이 쫓겨나더라도 무조건 인력개발과 보내주고 간대요",

"시장님이랑 비서실장님 설득해서"라고 해요. 그렇다면 H가 실장에게 보고를 했다고 보이는데?"

김주명은 "그런 얘기를 전혀 못 들었다"고 부인했고, H도 기자에게 사실이 아니라고 반박했다.

"그건 일방적인 주장일 뿐이다. 내가 한 얘기도 아니고, 내게 그런 말 들었다고 A에게 얘기했다는데, 정작 나와는 그런 대화를 나눈 기록이 없다. 그리고 그 친구 보내는 문제를 내가 윗사람들에게 어떻게 설득한다는 말이냐? 본인이 업무상 어려워하는 부분을 상의한 적은 있지만, 공식적인 인사 요청은 없었다."

H는 이 건과 관련해 피해자와 대질신문까지 벌였지만, 양측 입장은 팽팽히 엇갈렸다. 이쯤 되자 피해자가 H의 얘기를 전했다는 A의 반응이 궁금했다. 그러나 A는 "피해자 쪽에서 대화를 삭제해서 지금은 알 수 없다. 다른 대화들도 많이 없앴다"고 답했다.

2018년 3월 14일은 '화이트데이'였다. 피해자는 시장실 직원들과의 만찬에서 H에게 "시장님께서 저에게 감정적으로 의지를 많이 하고 편하게 대하시는 게 위험하다고 생각한다. 손을 아무렇지 않게 만지시는 부분이 어떻게 해야 할지 모르겠다"고 경찰에 진술했다.

그러나 H는 "밥 먹은 날짜는 얼마든지 특정할 수 있지만, 무슨 얘기를 했는지는 본인의 진술만이 있을 뿐이다. 그 자리에 여러 명이 있었지만 내가 알기로는 그런 말 들은 사람이 없을 것"이라고 말했다.

피해자가 전보 요청을 했다고 지목한 사람은 더 있다. 2017년 9월 8일 시장실은 경기도 남양주시의 축령산 자연휴양림으로 1박 2일 워크숍을 다녀왔다. 김주명은 경찰 조사에서 이런 질문을 받았다.

"노래방 가는 길 또는 숙소로 돌아오는 길에 피해자에게 '잔디, 나가고 싶다며?'라는 말을 했고, 이에 (피해자가) '오래되었고'라는 답변을 했다고 하는데요. 이런 대화한 사실이 있나요?

김 실장이 '어디로 가고 싶냐'고 물었고 피해자는 '인사과나 인력개발과로 가고 싶어요'라고 했다는데 사실인가요? 김 실장은 '시장님 3선이 얼마 남지 않았는데 잔디가 일을 잘하니까 남아서 좀 도와주면 어떻겠냐'며 만류했다고 하는데 사실인가요?"

김주명은 이 모든 질문에 "전혀 기억이 없다"고 답했다. 시장실 인사 담당 민경국 비서관은 당시 상황을 이렇게 기억하고 있다.

"그날 저녁 식사 후 노래방으로 이동한 시간이 밤 9~10시 사이였던 것 같다. 워크숍에 30명 안팎이 왔는데 일부는 숙소로 올라가고, 나머지는 노래방으로 갔다. 노래방에 갔을 때 김주명은 이미 술에 취해 소파에 누워있었다."

워크숍 이틀 뒤인 9월 10일 피해자는 텔레그램으로 김주명이 노래

부르는 사진과 동영상을 보내줬다. 김주명은 그걸 보고서야 "내가 노래방에 가서 노래를 불렀나"라고 기억을 더듬었다. 피해자는 이런 메시지도 함께 보냈다.

"XX(피해자 고향) 부모님 댁에 잘 도착했습니다. 좋은 시간 만들어줘서 감사드려요."

김주명은 2020년 10월 7일 기자와 인터뷰에서 "잔디에게 전보가 중요한 사안이었다면 나중에라도 메시지를 보냈을 때 '제가 한 얘기 잘 헤아려달라'는 식으로 언질을 줬을 텐데 그런 말이 하나도 없다"고 말했다.

피해자가 전보 요청을 강조하는 과정에서 자신의 불분명한 기억을 끼어맞춘 흔적도 있다. 김주명의 참고인 조사 도중 경찰은 이런 질문들을 던졌다.

"(2017년 워크숍에서) 위와 같은 대화가 있고 난 후 9월 26일 피해자가 교통사고가 있었다고 했어요. 아는가요?

교통사고 난 후 10월 중순경 피의자는 피해자에게 '치료 잘 받고 있냐'고 물었고 피해자가 '교통사고도 있었고 몸이 안 좋아서 비서실에서 더 근무하기 어렵겠다'고 하자 피의자가 '병원 치료 잘 다닐 수 있게 배려해주겠다. 치료 잘 받아라'는 말을 했다고 해요. 그 말을 듣고 피해자가 '그렇게까지 말씀해주시니까 남아 있겠다. 시장님껜 제가 나가고 싶다고 했던 것은 말씀드리지 말아달라'고 말했다고 해요. 사실인가요?"

경찰은 "지금 피해자 진술을 그대로 알려드렸다. 문장이 4~5개 정도 된다. 일부라도 들은 게 있냐"고 물었지만, 김주명은 "기억이 전혀 없다. 잔디와의 텔레그램 대화를 찾아봐도 전혀 없다"고 답했다.

이 해에 피해자가 교통사고를 당한 것은 사실이었고, 피해자는 같은 해 10월 30일부터 12월 12일 사이에 4차례 '병원 진료' 사유로 조퇴나 병가를 냈다.

그런데 문제의 교통사고는 9월 26일이 아니라 10월 28일에 발생했다. 당시 교통사고 차량에 동승한 비서관 K의 증언이다.

"그날이 토요일이었는데 나와 잔디, 강아무개 비서관 그리고 또 한 명이 함께 근무하고 있었다. 시장실 의전팀장을 맡았던 오아무개씨가 모친상을 당해서 인천으로 조문을 함께 다녀왔다. 서울로 돌아오는 길에 다른 차와 부딪혀서 차량이 일부 파손됐다. 나는 별로 다치지 않았는데 잔디가 통원 치료를 다닌다는 얘기를 나중에 전해 들었다."

피해자는 자신이 당한 교통사고 날짜를 9월 26일로 기억하고, 그래서 경찰에도 김주명과 자신의 대화가 10월 중순에 이뤄졌다고 주장했다. 실제 교통사고는 10월 28일이기 때문에 두 사람의 대화는 시장실 한 주 일과가 시작된 월요일(10월 30일) 이후 이뤄졌을 가능성이 크다. 박 시장을 고소하기 전에는 피해자가 중요하게 생각하지 않았던 기억을 사후에 재구성하려다 보니 생긴 오류로 보인다.

서울시청을 출입하기 전까지는 전혀 면식이 없는 사이였지만, 나는 취재 과정에서 김주명에게서 여타의 비서실장과 다른 면모를 느꼈다.

앞서 서술한 바와 같이 그는 박 시장의 장례식날 피해자와 장문의 텔레그램을 주고받았다. 어느 조직에서든 장(長)의 비서실장은 관리 책임자이기 때문에 인사대상이 되는 직원들이 마음을 열기가 쉽지 않다.

그러나 피해자와 김주명이 시장실에서 정서적으로 매우 가까운 유대 관계를 맺었다고 생각하게 만드는 단서들이 계속 나왔다. 김주명은 기자와 인터뷰에서 새해를 앞둔 2017년 12월 29일 잔디가 자신에게 보낸 텔레그램 메시지를 보여줬다. 그 일부를 공개한다.

올 한해 돌아보면 실장님처럼 훌륭한 분을 만나고 모시게 된 게 얼마나 큰 행운인지 몰라요! 마음깊이, 진심으로 감사드려요! 새해에도 잘 부탁드립니다^^ 저도 더 많이 배우고 성장해서 실장님 시장님 두 분 큰 뜻에 조금이나마 도움이 되고싶어요.
새해 복많이 받으시고~ 새해에는 더더 행복하시길 기도합니다! 감사해요!

김주명은 "잔디가 이 글에서 2018년 새해에도 최선을 다하겠다는 다짐을 하고 있다. 전보 요청이 받아들여지지 않았다면 다음에 꼭 보내달라는 식으로 아쉬움이나 원망 등의 표현이 담았을 텐데 그런 게 하나도 없다"고 지적했다.

김주명은 "지금은 위계, 위력이 있었다고 주장하지만 나는 잔디가 비서실장에 보낸 손편지에 진심이 담겨있다고 본다"고 기자에게 말했다.

김주명과 B, H는 2019년 3월 28일에도 무교동의 한 식당에서 잔디를 만나 저녁 식사 자리를 가졌다. 김주명이 아직 서울시평생교육원장으로 임명되기 전이었고, B와 H도 시장실을 떠난 상태였다. 전직 시장실 직원들이 시장실에 남은 잔디에게 '요즘 시장실 어때'라고 분위기를 묻는 자리였고, 식사 도중 잔디가 부른 남자친구가 합석했다. 이날 헤어질 때 잔디의 남친이 이들의 단체 사진을 찍어줬다.

그해 7월 5일 김주명은 서울시평생교육진흥원장 임명장을 받으러 시장실에 들렀다. 잔디도 이때 시장실을 떠나 타 부서로 가는 것이 확정된 상태였다.

김주명은 "내가 임명장 받으러 가니 잔디가 축하 인사를 건넸고, 조만간 모임을 소집하겠다고 하더라"고 말했다.

잔디는 7월 22일 '어게인 2018, 뉴 2019'라는 이름의 텔레그램방을 개설해 김주명의 원장 취임을 축하하며 시장실 전·현직 직원들의 친목 모임을 하자고 제안했다.

7월 24일 오후 7시 시장실 OB모임이 열렸다. 공교롭게도 '잔디의 부름'을 받고 이 자리에 온 9명 중 김주명과 A, H, P 등 5명이 시장이 죽은 뒤 경찰 조사를 받았다. 경찰의 공통 질문은 "잔디로부터 시장의 성추행 피해에 대한 호소를 들은 적 없냐"였다.

　김주명은 2020년 3월 15일에도 잔디와 만나 오찬을 했다. 그는 이 자리에서도 별다른 이상 기류를 느끼지 못했다고 했다.

⑪

시장이 막아서 시장실 못 나갔다?
전보 논란을 파헤치다

"본인은 시장실을 나가길 원했지만, 박 시장과 직원들이 막아서 못 나갔다"는 잔디 주장은 성추행 사건에서 중요한 쟁점이었다. 사실이라면 시장의 성적 괴롭힘도 문제지만, 인사권을 무기로 피해자를 옴짝 달싹 못 하게 한 시장의 '두 얼굴'이 드러나는 것이기 때문이다.

김재련 변호사도 2차 기자회견에서 "▲ 성 고충, 인사 고충을 호소하였음에도 불구하고 피해자 전보 조치를 취하기 위한 노력을 하지 않은 점 ▲ 피해자에게 시장에게 인사이동 관련 직접 허락을 받으라며 책임을 회피하고, 피해자가 계속 근무하도록 함으로써 결과적으로 추행의 피해에 계속 노출되도록 한 점 등이 인정된다면 (시장실 직원들에게) 추행 방조 혐의가 가능할 것"이라는 판단을 내놓았다.

피해자 말대로 2016년 1월부터 시장실을 떠난 2019년 7월까지 매년 두 번 인사이동을 요청했다면 총 7차례의 전보 요청이 있었다는 얘기다.

훗날 피해자 지원단체는 "피해자가 전보 요청을 누구에게 몇 월에 몇 번 했는지 일일이 부인하고 반박하기 위한 분절적 짜깁기를 하기 전에 어떻게 한 근무자가 4년을 일해야 했는지를 먼저 책임 있게 답해

야 한다"고 주장했다.[*]

그러나 기자가 만난 인사 담당 직원들은 "그런 요청을 받은 적이 없다"고 하나같이 고개를 저었다. 한쪽은 '있었다'고 주장하고, 또 한쪽은 '없었다'는 주장이 부딪힐 때 진위는 무엇으로 입증할 수 있을까? 머리가 복잡해졌다. 그때 나타난 사람이 K였다.

2020년 8월 3일 자 〈서울신문〉은 "(2018년) 인사 담당 비서관이 잔디에게 '지금 자리에 6개월만 있으면 7급 승진이 명백하다. 하지만 8급으로라도 전보를 원하면 실무부서에 보내 주겠다'며 의사를 물었고, 잔디가 '승진 후 이동하는 것이 더 낫겠다'는 뜻을 밝혔다는 진술이 나왔다"고 보도했다.

그 당시 비서관이 누구인지 수소문해보니 시장실 사람들은 K를 지목했다. 시장의 인사 담당 비서관은 둘이었는데 별정직 담당이 민경국이었고, 일반직 담당이 K였다.

취재에 응해달라고 메시지를 보내도 응답이 없어서 처음에는 내가 잘못 짚었나 하는 생각이 들었다. K가 마음을 여는 데는 한 달 반 정도의 시간이 더 필요했다. 기자가 서울시청 인근 커피숍에서 K를 만난 것은 9월 24일. 그날 인터뷰의 결과물이 10월 6일 보도한 〈서울시 전 인사 담당 비서관이 밝힌 '2019년 1월 전보 무산'의 전말〉이다. 기사 전문은 이렇다. 기사에서 나는 K를 '김 변호사'로 지칭했다.

---

[*] 2020년 12월 17일 '서울시장위력성폭력공동행동' 실체 진실과 책임 촉구를 위한 토론회 자료집

"박원순 시장, 고소인 의사 확인하고 전보 승인"

2018년 11월 박원순 전 서울시장이 시장실에서 3년 동안 근무했던 비서(성추행 고소인)를 다른 부서로 보내는 걸 승인했다는 증언이 나왔다. 이는 지난 7월 박 전 시장을 성추행 혐의로 고소하면서 '부서 이동을 여러 차례 요청했지만 박 전 시장이 승인하지 않았다'는 고소인 측 주장과는 배치된다.

〈오마이뉴스〉는 박원순 시장 시절 서울시 인사 담당 비서관을 지낸 김아무개 변호사의 경찰 진술조서(7월 말) 및 서면 진술서(9월 중순), 김 변호사와 인터뷰를 통해 이 같은 증언을 확인했다.

김 변호사는 2014년 7월부터 2020년 4월까지 시장실에서 근무했다. 김 변호사의 근무 기간은 고소인(이 기사에서는 김 변호사의 진술서 등의 용어를 살려 피해자를 고소인으로 표기한다)의 시장실 근무 기간과 완전히 겹친다. 인사를 담당했던 두 명 가운데 한 명이었던 김 변호사는 주로 일반직 공무원 인사를 맡았다. 〈오마이뉴스〉는 지난 9월 24일 오전 김 변호사를 만났다. 그는 자신의 실명 공개를 원치는 않았지만, 고소인 측이 주장하는 '문제의 2019년 1월 인사 무산 전말'에 대해 그 일을 추진했던 담당자로서 자세하게 밝혔다.

고소인 측은 그동안 여러 차례 이렇게 주장했다.

"고소인은 부서 이동을 요청했지만 (박원순) 시장이 이를 승인하지 않는 한 불가능했다." (이미경 한국성폭력상담소 소장, 7월 13일 고소인 지원단체 기자회견)

"박원순 전 시장은 승진을 하면 다른 부서로 이동하는 원칙을 조직문화 변화를 위해 천명했음에도 불구, 피해자가 원칙에 따라 전보 요청을 한 것에 대해 '그런 걸 누가 만들었냐', '비서실에는 해당 사항이 없다'며 고소인의 전보 요청 만류와 불승인." (성폭력상담소와 한국여성의전화 공동입장문, 7월 16일)

"피해자는 성 고충을 인사담당자에게 언급하기도 했다. (중략) 시장에게 인사이동 관련 직접 허락을 받으라며 책임을 회피했다." (7월 22일 김재련 변호사 기자회견)

여기서 언급되는 '부서를 이동하지 못한' 인사는 여러 정황상 2019년 1월 정기인사로 보인다. 당시 전보 인사가 나지 않은 고소인은 6개월 후인 그해 7월 정기인사 때 승진 후 다른 부서로 발령받아 비서실을 떠나게 된다. 하지만 고소인 측 주장에 대해 김 변호사의 이야기는 전혀 다르다.

〈오마이뉴스〉가 입수한, 김 변호사가 경찰에 제출한 진술서에는 2018년 7월경 고소인을 다른 부서로 보내겠다고 결심한 계기가 나온다. 이 시기는 박 전 시장이 3선에 성공한 직후다.

"일반직 공무원이 비서실에 오래 근무하게 되면 일종의 권력과도 같은 것이 형성되어 다른 공무원들에게 '문고리 권력'처럼 비칠 뿐만 아니라, 그 공무원을 통해서 실무부서가 시장님 보고를 무리하게 잡는다든지 하는 청탁 관계가 생길 수도 있습니다. 또한 고소인의 경우는 임용 후에 실무부서 경험이 전혀 없어서, 비서실에 계속 있다가는 향후 고소인의 공무원 생활에도 도움이 되지 않을 것이라는 판단도 있었습니다."

이 진술의 의미는, 고소인의 전보 추진은 인사 업무를 담당한 김 변호사가 필요하다고 판단해서 진행한 것이지, 고소인의 요청으로 한 게 아니라는 뜻이다.

김 변호사는 진술서에서 "(2018년) 9월경부터 고소인에게 '7급으로 승진하게 되면 타 부서로 인사 이동해야 할 것'이라는 뉘앙스의 얘기를 자주 했던 것으로 기억한다"고 밝혔다. 김 변호사는 평소 업무는 물론 개인 일정도 구글 스프레드시트와 캘린더에 꼼꼼히 기록해뒀다. 2018년 10월 26일에는 고소인과 신사동 이탈리안 식당에서 저녁 식사를 한 것으로 적혀 있다.

김 변호사는 지난 7월 말 경찰 참고인 조사에서 이 만남에 대해 "고소인에게 '고생이 많다, 힘든 게 없냐'고 묻자 (고소인이) '2019년 상반기에 승진하게 되면 인사과로 전입하고 싶다'고 답했다"고 말했다.

기록에 의하면, 김 변호사는 2018년 11월 2일 오후 1시 10분경 시장 집무실에서 박원순 시장에게 고소인과 관련한 첫 번째 인사 보고를 했다.

"8급 직원에 관해 인사보고서를 작성한 건 이례적이라는 주장이 있는 것으로 아는데, 그 당시 상대적으로 높은 직급인 4급 직원이 2년 4개월째 시장실에 파견 근무하고 있었다. 그분을 타 부서에 전보 요청하는 보고를 하려고 했다. 그런데 그 한 사람에 대해서만 보고서를 쓰면 분량이 너무 얄팍해서 고소인(8급)과 또 다른 5급 승진 예정자를 함께 인사보고서에 포함시킨 것이다. 당시 박 시장은 4·5급 직원의 인사 전보는 오케이 했는데 고소인에 대한 판단은 유보했다."

경찰 진술조서에는 당시 상황이 이렇게 기록돼 있다.

"그때 제가 시장님에게 고소인에 대해서는 '시장실에서 오래 근무도 하였고, 7급으로 승진 시 전보 조치를 해야 되고, 공직생활 경력에 비춰 실무부서 근무가 필요하다'는 이유로 전출을 시켜야 한다고 보고를 드렸는데, 시장님께서는 '일을 잘하는 친구니까 좀 더 생각을 해보자'고 말씀을 하셨습니다. (중략) 일단 시장님께는 '알겠습니다'라고 말씀드리고 나와서 고소인에게 '시장님께는 말씀을 드렸는데 좀 더 생각을 해보자고 하셨는데, 몇 번 더 말씀드리면 가능할 것 같다'고 말해주었습니다."

고소인 측은 지난 8월 17일 발표한 공동입장문을 통해 2018년 1차 보고 당시 상황과 관련해 이렇게 주장했다.

"오성규 당시 비서실장은 (고소인 전보) 검토보고서를 박 시장에게 보고했으나, 시장이 고소인에 대한 전보 요청만 불승인했고, 이에 오 실장이 시장실 밖으로 나와 인사 담당 직원에게 '시장님 의중이 무엇인지 곰곰이 생각해보란 말이야'라는 말까지 했다."

이에 대해 김 변호사는 1차 보고 당시 오 실장이 있었고, 보고 후 나와서 그런 발언을 한 사실은 인정했다. 하지만 "전혀 다른 맥락에서 나온 것"이라고 주장했다.

"그날 인사 관련 보고가 10건이었는데, 주요 논의사항은 시정고문단과 민간자문관 인사였다. 박 시장은 이 부분에서 '좀 더 뛰어난 분들로 채웠으면 좋겠다'며 내게 많은 질책을 했다. (시장)방에서 나오면서 오 실장이 그걸 언급하며 한 말이었다. 그러나 내가 고소인에게 인사이동 보고를 드린다고 미리 귀띔해주어서 고소인은 오 실장이 자신에 관한 얘기를 한 것으로 착각한 것 같은데, 지나친 자기중심적 해석으로 보인다."

김 변호사는 고소인 전보와 관련해 박 시장에게 지속적인 보고를 했다고 한다. 기록에 의하면 2차 보고는 2018년 11월 21일 오전 10시 25분경이었고, 고소인과 수행비서 두 사람의 전보 필요성을 보고했다. 다음은 진술서의 관련 내용이다.

"이 자리에서 시장님은 고소인의 인사 이동과 관련해 '본인이 가고 싶어 하느냐? 본인 의사를 확실히 물어보라'고 하셨는데, 진술인(김 변호사)이 '본인도 이동하고 싶어 한다'고 대답하자 '다시 한번 물어보라'고 하셔서 재차 판단을 유보하긴 했으나, 그 뉘앙스가 '본인의 의사만 있으면 인사이동을 시켜주라'는 취지였기 때문에 한 번만 더 보고하면 최종 결재를 받을 수 있겠다는 확신을 가지게 됐습니다."

김 변호사는 박 시장의 거듭된 유보적 입장에 대해 "평소 박원순 서울시장은 어떤 사안이든 숙고하여 신중하게 판단하는 스타일"이라며 "처음에 흔쾌히 결정했던 인사도 수차례 바뀌는 경우가 허다했다"라고 말했다.
그로부터 8일 후인 2018년 11월 29일 오후 5시 10분경 이뤄진 3차 보고에서 김 변호사 확신대로 박 시장의 승인이 떨어졌다고 한다. 진술서 내용이다.

"시장에게 인사 현안 관련 보고를 하면서 '고소인을 인사이동 하겠다'고 최종 보고를 드렸고, 박원순 서울시장은 고소인의 인사이동을 승낙하였습니다."

이 보고 직후 김 변호사는 인사과장을 만나 "(고소인에 대한) 전출이 최종 결정되었으니, 인사과로 전입할 수 있도록 해달라"고 요청했고, 인사과장도 승낙했다고 한다.

김아무개 변호사(전 서울시장실 인사 담당 비서관)와 박원순 전 서울시장의 전직 비서가 2018년 10월 26일 저녁 식사에 앞서 주고받은 모바일 메신저 대화 내용. 김 변호사는 2020년 7월 29일 오후 경찰 참고인 조사에서 "이날 고소인에게 '고생이 많다. 힘든 게 없냐'고 묻자 '2019년 상반기에 승진하게 되면 인사과로 전입하고 싶다'고 답했다"고 진술했다.

하지만 결국 고소인의 2019년 1월 전보 발령은 이뤄지지 않았다. 김 변호사는 승진과 관련된 문제 때문이었다고 말했다.
고소인은 2019년 2월이 돼야 7급 승진의 최소 근무연한을 채울 수 있는 조건이었다. 이에 승진한 뒤 부서 이동을 하려면 2019년 1월이 아닌 7월 정기인사 이후여야 했다고 한다. 김 변호사는 2018년 12월 3일 승진 대상자 현황을 정리하다가 고소인이 이듬해인 2019년 1월 인사 때 승진 대상이 아니라는 사실을 파악

했다고 한다. 그는 "(고소인이) 1월 인사 예정일로부터 며칠이 더 지나야 승진에 필요한 2년을 다 채울 수 있었다"면서 "그렇다고 한 사람을 승진시켜려고 전체 인사를 2월로 미룰 수는 없었다"고 밝혔다.

당시 상황에 대해 김 변호사 진술서에는 이렇게 나와 있다.

"2018년 12월 5일 오후 6시 20분경 고소인에게 찾아가 '이번 인사에서 7급으로 승진하지 못하게 되었다. 6개월만 있으면 7급으로 승진하는데, 하지만 지금이라도 인사과로 가고 싶으면 보내주겠다'고 하여 고소인의 의사를 물었습니다. 이에 고소인은 스스로가 '그렇다면 승진을 하고 인사이동을 하겠다'고 하여 유임을 선택하였습니다."

여기까지가 김 변호사가 밝힌 2019년 1월 인사에서 고소인의 전보가 추진됐다가 무산된 자초지종이다. 하지만 이후에도 전보는 계속 추진됐다.

2019년 2월 고소인이 7급 승진 연한을 채웠고, 김 변호사는 그해 5월 9일 사직동 인근에서 고소인과 저녁 식사를 하며 인사 문제를 다시 논의했다고 한다. 김 변호사는 "처음에 인사과로 가고 싶다던 고소인과 어느 순간 지금 일하는 근무지도 (희망한다고) 얘기했다"면서 "5월 9일 만찬 때도 두 곳 중 어디로 가고 싶냐고 물었지만, 고소인은 그때까지도 희망부서를 결정하지 못하고 있었다"고 밝혔다.

2019년 5월 30일 김 변호사가 박 시장에게 고소인의 전보에 대해 보고했고, 이어 7월 정기인사 때 승진과 함께 전보는 이루어졌다. 김 변호사는 "이 모든 과정에서 고소인으로부터 박 시장 관련한 성 고충이나 관련 인사 요청을 들은 적이 없다"면서 "고소인이 시장실을 떠난 후에도 남은 직원들과 교류가 잦았던 것으로 아는데, 이런 사건으로 그 이름을 듣게 될 줄은 생각지도 못했다"며 인터뷰를 마쳤다.

인터뷰 기사를 작성하는 도중인 9월 30일 〈한겨레〉 보도를 통해 고소인 측의 새로운 입장이 나왔다. 고소인 측은 "피해자가 2016년 1월 당시 5급 비서관에게 전보 요청을 했고 2016년 11월 인사담당자에게 전보를 요청하는 메일을 보냈다"고 밝혔다. 또한 "2018년 3월 행정보좌관에게 전보 지원을 약속받고, 2018년 10월엔 인사 담당 비서관과 전보를 상담했다"고 주장했다. 이에 대해 김 변호사는 전화 통화에서 "2016년 나의 업무는 인사가 아니었다, 인사 담당은 따로 있었고 나는 리스크 관리였다"라며 기사에 언급된 2016년 관련자(5급 비서관 등)는 자신이 아니라고 말했다. 이어 김 변호사는 "기사에 언급된 사항 중 나와 관련된 건 '2018년 10월 인사 담당 비서관과 전보 상담'일 것"이라고 말했다. 이는 위에서 서술한 2018년 10월 26일 신사동 이

탈리안 식당 저녁 식사를 가리킨다. 김 변호사는 "하지만 그 만남의 전후 맥락은 이미 다 설명했다"고 말했다.

나는 9월 23일 K와 처음 전화 통화를 한 뒤 그다음 날 인터뷰하고 9월 28일 기사를 회사에 송고했다. 기사는 10월 6일 보도됐다. 긴 추석 연휴(9월 30일~10월 4일)를 빼더라도 3일의 '숙고'를 거친 셈이다.

기사 출고가 늦어진 데에는 추석 연휴가 시작된 날(9월 30일) 〈한겨레〉에 보도된 피해자 측의 새로운 주장에 대한 반론 반영이 크게 작용했다.

▲ 2016년 1월 당시 5급 비서관에게 전보 요청을 했고 2016년 11월 인사담당자에게 전보를 요청하는 메일을 보냈고 ▲ 2018년 3월 행정보좌관에게 전보 지원을 약속받고, 2018년 10월엔 인사 담당 비서관과 전보를 상담했다는 게 피해자 주장이다.

그러나 K는 2016년 12월부터 시장실 인사 업무를 맡았다고 했기 때문에 그해 11월까지의 '전보 요청' 당사자가 아니었다. 기사에 나온 '2018년 10월 전보 상담'도 K가 기자와 인터뷰에서 이미 밝힌 내용이었다.

타 매체에서 '새로운 내용'이 나왔더라도 그것이 내가 쓴 기사와 무관하거나 모순되지 않다면 굳이 반론으로 반영할 필요가 없다는 게 내 생각이었지만, 편집국장 생각은 달랐다. 이런 식의 반론 반영은 억지라는 느낌을 지울 수 없었지만, 기사가 출고되려면 어쩔 수 없었다.

K는 나를 만나기 전에 또 다른 시청 출입기자에게 동일한 자료를 넘겼기 때문에 머뭇거리다간 자칫 '낙종'할 수도 있겠다는 생각에 나는 편집국장의 요구를 선선히 수용했다.

기사를 읽어보면 알 수 있겠지만, K는 2년 전 잔디의 전보 추진 과정을 매우 상세하게 설명했다. 물론, 그의 시각이 반영된 것이지만 진술이 '현장의 재구성' 수준이었다.

이것은 그가 시장실에 있는 동안 피해자와 주고받은 메시지들과 같은 기간 작성한 구글 캘린더를 꼼꼼하게 정리하고, 이를 경찰 진술조서와 의견서에도 반영한 덕이었다.

기사에 일일이 밝히지는 않았지만, 그는 주말에 빨래하고 영화(보헤미안 랩소디)를 본 날짜까지 기록해놓았다. 그의 '정리벽'에 소름이 돋기도 했지만, 취재에 큰 도움이 된 것은 분명하다.

기사는 "시장실을 떠나고 싶었지만, 시장이 허락하지 않았다"는 피해자 주장과 달리 2019년 1월 인사를 앞두고는 스스로 잔류를 택했다는 내용을 담고 있었기 때문에 피해자에게는 매우 치명적이었다.

그래서 피해자의 반응이 궁금했는데, 나는 두 달이 지난 후에야 잔디 입장을 알 수 있었다. 오성규가 2020년 12월 3일 국가인권위에 보낸 의견서에서 K의 진술을 다시 소개하자 나는 처음으로 김재련 변호사에게 전화를 걸었다.

기자   (2019년) 인사 전보 관련해서 박 시장은 결국 승인했다고 하는데…

김재련   전혀 그렇지 않다. K가 2018년 11월 2일 인사보고서에 피해자를 전보하겠다고 썼는데도 시장이 허락을 안 해주니까 K는 피해자에게 '네가 직접 허락을 받으라'고 했다. 그래서 피해자가 시장에게 말했는데 시장이 동그라미를 안 쳐주더라는 거다. 시장이 허락 안 해줘서 피해자가 잔류하게 된 거다. 이 시기 피해자가 동료들에게 보낸 텔레그램으로 '정신병 걸릴 것 같다', '여기 더 있으면 죽을 것 같다'고 호소했다.

피해자가 (K에게) '나는 너무 나가고 싶은데 시장이 못 가게 한다'는 말을 할 수 없잖은가? 그래서 못 갈 바에는 그냥 여기서 승진하고 가겠다고 답한 거다. 그런 상황을 거꾸로 뒤집어서 자기들은 피해자를 보내려고 했는데 피해자가 승진하고 가겠다고 해서 남은 거? 만약 그게 사실이라면 피해자가 뭐하러 그 얘기를 하겠는가?

기자   K는 자기가 시장의 승인을 결국 받아냈는데 피해자가 최소 근무 연한을 충족하지 못해서 2019년 1월에 보내지 못한 걸 7월에야 보냈다고 하더라.

김재련   아이고, 피해자가 최종적으로 인사 이동하게 되자 사람들이 탈출을 축하한다고 말하지 않나? 피해자가 더 남아 있을 마

음이 있다면 누가 그런 표현을 썼겠나? 그리고 안 보내주겠
다고 했던 시장이 나중에는 왜 보내주겠다고 마음을 바꿨
는지가 궁금하다.

기자 그 부분은, K가 시장에게 굉장히 집요하게 인사이동을 얘기
했다고 하더라.

김재련 K는 왜 그랬을까? 피해자가 승진 전보하는 데 필요한 기간
을 피해자보다 K가 더 잘 아나? 그렇게 집요하게 요청한 것
은, 피해자가 그만큼 절박하게 요구했기 때문이 아닌가?

기자 K는 자기가 보기에 피해자가 시장실 근무를 너무 오래 해서
보낼 때가 됐다고 판단했다고 한다.

김재련 피해자는 시장실에 있고 싶어 하는데 너무 오래 있는 것 같
아서 그랬다? 말이 안 되는 소리다.

그다음 날(12월 5일) 〈중앙일보〉 온라인 기사에서도 김재련은 "(피
해자의 전보에 관한) 검토보고서가 작성됐지만, 박 전 시장이 받아들이
지 않아 인사담당자가 '시장과 직접 면담하라'고 했다"고 말했다. 그는
"결국 박원순이 승인하지 않아 어쩔 수 없이 잔류할 수밖에 없는 상
황에서 '승진하고 가겠다'고 한 것"이라고 기존 주장을 되풀이했다.

12월 7일 나는 마지막으로 한 번 더 김재련에게 확인 질문을 던졌다.

"피해자 입장은 변함이 없나요? 혹시 피해자가 그해 11월 29일부
터 12월 5일까지 '상황 변화가 있었다'는 얘기는 하지 않던가요?"

김재련은 나에게 2018년 6월 15일부터 2019년 6월 19일 사이에 잔디가 시장실 동료 및 친구와 주고받은 메시지 일부를 보내줬다.

18. 8. 3. "저 진짜로 나가려고 했는데, 우울증이나 정신병 걸릴 것 같아요"라는 문자를 000비서관에게 보냄

18. 11. 5. 이런 체력으로 지내는거 저도 더 이상 힘들것 같아 최대한 전보예정이니 두달만 힘내주시고(동료에게 보낸 문자)

18. 12. 11. 울며 겨자 먹기로… K님이 자꾸 우겨서…괜한 탈출기대를 했죠(동료에게 보낸 문자)

19. 6. 17. '저 이번엔 꼭…전보할 것 같은데 시장님 조금 불편해 하시는 것 같아서 마음이 무거워요'(비서관에게 보낸 문자)

19. 6. 19. "이번에 옮기려고 인사과로, 4년이나 했으니, 근데도 붙잡아서 좀… 맘이 무겁지만"(친구에게 보낸 문자)

피해자가 2018년 하반기부터 K를 포함해 불특정 다수의 시장실 직원들에게 전보 의사를 밝힌 것은 분명하다. 문제는 피해자의 전보 동기가 박원순의 성추행 때문인지 장기근무에 따른 염증 때문인지가 불분명하다는 점이다.

이 사건을 6개월간 조사한 국가인권위도 "피해자가 비서실 근무 초기부터 비서실 업무가 힘들다며 전보 요청을 한 사실 및 상급자들

이 잔류를 권유한 것은 사실로 보이지만, 동료 및 상급자들이 피해자의 전보 요청을 박 시장의 성희롱 때문이라고 인지하였다는 정황은 파악되지 않는다"고 밝혔다.

그나마 눈길을 끄는 것은 2018년 12월 11일 피해자가 동료에게 "울며 겨자 먹기로… K가 자꾸 우겨서… 괜한 탈출기대를 했죠"라고 보냈다는 문자다. K는 이 부분에 대해 "내가 최소 근무 연한을 잘못 계산해서 2019년 1월에 시장실 나갈 수 있다고 얘기해준 것은 맞다. 하지만 나는 '승진 안 되더라도 본인이 원하면 인사과를 보내주겠다'고 했고, 본인이 시장실 남아서 승진하는 길을 택했다"고 반박했다.

사실 나에게는 김재련에게 확인 전화를 걸 수밖에 없는 이유가 있었다. 12월 4일과 7일 사이에 K 주장을 뒷받침하는 증언들을 추가 확보했기 때문이다. 편의상 이들을 I와 U로 지칭하겠다.

I는 시장실이 있던 6층에서 2년 6개월간 근무한 일반직 공무원이다. 공교롭게도 피해자와 서울시청 입사 연월이 똑같았다. 만날 때마다 둘의 화제는 자연스럽게 자신들의 승진·전보 얘기로 연결되곤 했다. 그래서 K도 "시장실 인사를 하게 되면 피해자와 I를 동시에 내보낼 계획이었다"고 말한다. 다음은 I와의 문답이다.

기자 잔디는 박 시장이 자기를 안 놔줘서 2019년 1월 인사 때 못
　　　　나갔다고 얘기한다.

I　　　그건 전혀 아닌데? 그건 K의 설명이 맞고, 나도 그렇게 알고

있다. K가 인사를 하기 전에 나와 피해자의 의견을 많이 물어봤다. 잔디가 나에게 얘기하기로는 '시장실에서 가야 하는데 갈 곳이 애매하다. 어쨌든 승진해서 나갈 거다'라고 말했다. 지금 와서는 왜 다른 얘기를 하는지 모르겠다. 잔디가 메신저로 '이번에 우리 승진된대. 나는 인사과로 갈 거야'라고 얘기했고, 나는 '규정 찾아보니까 안 될 수도 있을 것 같아'라고 답하니 잔디가 '아냐, 된다고 들었어'라는 답이 왔다. 나중에 잔디가 '얘기해준 사람이 잘못 알았대'라고 알려줬다.

기자   잔디에게 승진과 전보 중 어느 것이 더 중요했나?

I   어디까지나 사견으로 들어달라. 내 생각에는 승진이 더 중요했던 것 같다. 한곳에 오래 있으면 지겨우니까. '나가고는 싶은데 승진하면 나가겠다'는 얘기는 자주 했다.

기자   시장으로부터 괴롭힘당했다는 얘기를 들은 적 있나?

I   전혀 없다. 항상 '우리 시장님은~'이라고 대화를 시작해서 지금 나오는 얘기가 안 믿긴다. 시장실에 일하는 것을 자랑스러워했다. 하지만 사건의 실체는 두 사람만 아는 거니까.

I는 "국가인권위가 서울시청에 현장 조사를 왔을 때 조사에 응한 적이 있다"며 "내 얘기를 익명으로 보도해도 좋지만, 왜곡만은 하지 말아달라. 어쨌든 나는 진실이 밝혀지길 원한다"고 말했다.

또 다른 증인 U도 일반직 공무원이다. 2018년에 그는 시장실에서 인사실무자로서 K와 호흡을 맞췄다.

"10월에 쓴 기사는 잘 봤다. 승진 앞둔 공무원 입장에서는 근무하던 부서에서 평점 받은 뒤 부서를 옮기는 게 유리하기 때문에 K의 설명이 맞다.

나는 K로부터 '잔디가 6개월 더 있다가 승진해서 나가는 것으로 정리됐다'고 들었다. 기사에 쓴 얘기를 2018년에 이미 들었던 거다. 그러나 인사 업무는 보안이 중요하기 때문에 인사대상자와 직접 얘기해본 적은 없다. 박 시장이 처음에 주저한 것이 지금 논란이 되는데, 시장은 어떠한 인사든 단번에 결정한 경우가 거의 없었다. 그때는 '시장이 굉장히 신중한 스타일이구나'라고 생각하고 넘어갔다."

U는 K와 같은 방에서 일했기 때문에 2년이 흐른 시점에서도 '옛정'으로 기울었을 가능성이 있다. 하지만, 피해자와 같은 인사대상자였던 I의 증언은 어떻게 해석해야 할까?

I의 진술은 2019년 전보 논란에서 피해자에게 불리한 내용이었지만, 인권위는 1월 25일 조사 발표문에 이에 관한 내용을 담지 않았다. 국가기관의 힘은 자신이 가진 정보 중 무엇을 공개할지 말지에 따라 좌우된다는 말이 실감이 났다.

"시장이 아니라 근무연한 문제로 전보가 미뤄졌다는 설명을 들은 근무자들이 나왔다"고 재차 물었지만, 김재련은 "피해자가 지속적으로 전보 요청을 했던 것은 사실이다. K는 그 내막을 누구보다 잘 알고 있다"고 기존 견해를 굽히지 않았다. 김 변호사는 "기회가 되면 한 번 뵙고 상세 말씀 나누면 좋겠다"는 말을 덧붙였다.

비록 2019년 1월 전보는 무산됐지만, 피해자가 시장실을 나가는 것은 시간문제였다. 그는 2019년 3월 26일 오후 촬영한 '생일 동영상'에 모습을 드러냈고, 같은 해 5월 9일에는 사직동의 한 프랑스요리점에서 K와 인사 문제를 협의했다. K는 경찰 진술서에서 "그날도 인사과 포함 두 곳 중 어느 곳을 가고 싶냐고 물었지만, 피해자는 결정하지 못했다"고 회고했다. 그해 7월 인사에서 승진은 이뤄졌고, 피해자는 7월 17일 새로운 근무지로 옮겼다.

　박원순 사건이 불거진 후 피해자는 동료가 같은 해 6월 28일에 보낸 "이번엔 꼭 탈출하실 수 있기를"이라는 텔레그램 메시지를 공개했다. 이 동료는 '탈출' 메시지 전후로 "승진 축하해요. 앞으로도 좋은 일 바란다", "축하주 너무 많이 드시지 말라"는 메시지를 보냈다. 이것만으로는 그가 어떤 맥락에서 '탈출'이라는 말을 했는지를 알 수 없지만, 그는 기자의 취재를 거부했다.

　시장실을 떠난 후에도 피해자와 동료들의 '끈'은 끊어지지 않았다.
　2019년 8월 9일 오성규 당시 비서실장과 민경국 비서관 그리고 '4월 사건 가해자' Z가 피해자가 옮긴 부서로 찾아가 상사들에게 "잔디를 잘 부탁한다"며 '격려 방문'을 했다.
　별정직 R은 2019년 10월 중순 피해자와 술을 먹었던 기억이 있다.

　"전국체전 폐막과 장애인체전 개막 사이였던 것 같은데, 피해자가 전에 일하던 시장실 직원 소개해준다고 해서 셋이서 소주 한 잔 먹었다. 내가 먼저 '네가 시장실 나와서 분위기가 좀 그렇다'고 하니까 피해자 왈 '안 그래도 박 시장이 나에게 잘 지내냐고 하더라. 그래도 나만한 비서가 없는데 요즘 비서들이 뭔가 부족한가 봐요?'라고 하더라."

기자 시장실 떠났지만 옛날 보스가 여전히 자기에게 잘해준다는 뜻인가?

R 자랑하려고 한 말이죠.*

2020년 해가 바뀐 후에도 피해자는 P와 만찬(1월 17일), 김주명 원장과 오찬(3월 15일)을 하는 등 시장실 전직 직원들과의 인연을 이어갔다. 이 시기 피해자를 만난 사람들도 '이상징후'를 느끼지 못했다. 그러나 '운명의 날' 4월 14일이 성큼성큼 다가오고 있었다.

---

* 2020년 7월 15일 청계천 광교 다리 밑에서 대면 인터뷰

⑫

수면 위로 올라온
'4월 사건'

박원순 사건은 우리 사회에 큰 충격을 던졌다. 박 시장을 매스컴으로 접했던 사람들이 그의 '이중성'에 놀랐다면, 시장실 사람들이 느낀 충격은 또 다른 성격을 지니고 있었다. 그들에겐 시장을 고소한 사람이 잔디라는 것을 알았을 때의 놀라움이 더 컸다. 시장실 직원 X의 말이다.

"시장이 죽은 직후에만 해도 장례식장에선 다들 쉬쉬했다. 그런데 몇몇 사람 입에서 잔디 이름이 나왔다. 내가 '이런 분위기에서 장난하는 게 아냐'라고 일갈했다. 그러자 듣던 사람들도 '아무렴, 아니겠지'라며 잔디랑 같이 일했던 또 다른 비서를 언급하곤 했다."

그러나 2020년 7월 13일 여성단체 기자회견에서 잔디의 메시지가 발표되자 분위기는 급변했다. 하나하나의 단서들이 피해자가 잔디라는 것을 지목했다.

7월 14일 오후 서울시의회 후반기 개회식을 앞두고 X로부터 "그동안 이 사건에 의문이 많았는데 나는 미스터리를 풀었다"는 말을 들었다.

기자   그게 뭐냐?

X   나는 말하고 싶지만, 그걸 말하는 순간 2차 가해가 되어버린다. 손 기자에게 당부하고 싶은 게 하나 있다. 그 친구가 과거에 이러이러한 일을 당했다고 주장하는 부분은 언론이 쓸 수도 있지만, 그때 내 마음이 어땠다는 부분은 지양해달라. 항시 바뀌는 게 사람 마음 아닌가?

그날 오후 인터넷매체 〈UPI뉴스〉 김당 기자가 "전 비서가 지난 4월 회식 때 시장의 또 다른 비서관(별정직 7급)에게 성폭행을 당했다는 증언이 나왔다. 박 시장 성추행 피해자와 4월 성폭행 피해자가 같은 인물이었다는 말"이라고 보도했다.

박 시장 밑에서 고위직을 지낸 S에게 물었다.

기자   〈UPI뉴스〉 보도 맞아요?

S   맞다. 나는 4월 사건 때문에 이번 사건도 벌어졌다고 생각한다. 이제야 말해주지만, 잔디가 근무할 때는 4년간 성추행당한 사람의 표정이 아니었다. 오히려 박 시장과 함께 일하는 게 매우 즐겁다는 자세였다는 얘기를 나중에 들었다. 하여튼 지금 돌아다니는 얘기와 같은 관계는 아니었다고 생각한다.

박원순이 죽은 후 묵묵부답이었던 오성규 전 비서실장도 모처럼 내 전화를 받았다. 〈UPI뉴스〉가 4월 사건의 책임자로 자신을 거론한 것에 그는 화가 나 있었다.

오성규 기사를 쓴 김당 기자, 〈오마이뉴스〉 소속 아닌가요?

기자 정년퇴직하고 〈UPI 뉴스〉로 옮겼어요.

오 안 그래도 전화해서 기사 삭제해달라고 요청했다.

기자 잔디가 총선 전날 술자리 갔다가 봉변당한 건 맞지 않나요?

오 그건 4월에 뉴스로 다 나온 거다.* 나는 4월 3일까지만 비서실장이었기 때문에 그 이후 상황은 잘 모른다.

기자 작년 7월 타 부서로 전보한 것도 잔디와 박 시장의 관계를 고려한 조치였나?

오 그런 건 아니었다. 비서가 한곳에 오래 있을 수 없으니 전보할 때 돼서 보낸 거다. 일 잘하고 성격 밝은 친구였던 것은 맞다. 그 외의 사적인 문제를 비서실장인 나에게까지 얘기하지 않은 건 당연하다.

나는 취재원들 얘기를 종합해서 "박원순을 고소한 시장실 직원이 지난 4월 시장실에서 발생한 성폭행 사건의 피해자와 동일인이라는 증언들이 나왔다"는 기사를 준비했다.

그러나 이 기사는 빛을 보지 못했다. 기사를 편집하는 도중 〈UPI 뉴스〉 기사가 삭제됐다는 얘기가 들려왔다. 기사를 쓴 김당 기자는

---

* '시장실 성폭행'은 2020년 4월에도 보도됐지만, 잔디가 피해자라는 사실은 그동안 알려지지 않았다.

"사실관계에는 틀림이 없지만, 피해자 측에서 2차 가해 우려 등의 의견을 전해와서 기사를 내렸다"고 설명했고, 우리 회사도 피해자 입장을 배려해야 한다며 출고를 보류했다.

당시에는 가늠할 수 없었지만 '4월 사건'은 잔디가 박원순을 고소한 동기를 유추할 수 있는 중요 사건이었다.

사건 초기 김재련 변호사가 경찰에 고소장을 제출하기 전날(2020년 7월 7일) 유현정 서울중앙지검 여성아동범죄조사부장에게 면담을 요청한 것을 놓고 억측이 있었는데, 여성아동범죄조사부가 '4월 사건'을 수사하고 있었다. 피해자가 박원순 사건을 '4월 사건'의 연장선에서 생각했음을 알 수 있는 대목이었지만, 당시엔 이를 보도할 수 없었다.

이처럼 박원순 사건을 온전히 이해하려면 어떤 식으로든 '4월 사건'을 거론할 수밖에 없는데, 피해자가 스스로 밝히지 않는 한 아무도 입 밖으로 얘기할 수 없는 상황이 한동안 이어졌다. 시장실 사람들은 "박 시장과 자신들을 대하는 잔디의 태도가 4월 사건을 기점으로 완전히 달라졌다"고 입을 모아 얘기했는데, 그 사건을 언급하는 것이 피해자의 또 다른 상처를 건드리는 꼴이 됐다.

피해자 측 여성단체들은 '4월 사건'에 대해서는 전혀 언급하지 않고 오로지 박원순 사건에 대해서만 진상을 밝히라는 퍼포먼스를 계속 이어갔다.

답답하던 차에 2020년 9월 11일 오전 〈한겨레〉를 보고 내 눈이 번쩍 뜨였다. 김재련 변호사가 이 신문이 발행하는 주간지 〈한겨레21〉

인터뷰에서 "4월 서울시 비서실 직원에 의한 성폭력 사건(4월 사건)이 있었다. (박원순 사건의) 피해자는 그 사건의 피해자이기도 하다"고 밝힌 것이다.

모두가 쉬쉬해온 사건을 피해자의 변호사가 인정한 마당에 보도를 더 늦출 이유가 없었다. 그날 오후 나는 〈"박원순 성추행 고소 직원은 4월 성폭행 사건 피해자"〉라는 제목의 기사를 썼다.

지금부터는 내가 아는 범위 내에서 4월 사건과 그 이후 처리 과정을 재구성하려고 한다. 계속 강조하지만, 4월 사건은 박원순 사건의 전체 그림을 이해하기 위해 그냥 넘길 수 없는 '큰 퍼즐'이었다.

4월 사건은 2020년 4월 14일 잔디가 시장실 직원 3명과 술자리를 겸한 만찬 모임을 한 것에서 시작된다.

술자리에는 잔디와 가해자 Z 그리고 6층 근무자 2명이 동석했다. 잔디를 제외한 3명 모두 남성이었고, 다음날이 휴일(총선 투표일)이어서 참석자 모두 느긋한 마음이었다고 한다.

잔디가 술에 취한 기색을 보이자 남자 3명이 "누군가 집에 바래다 줘야 하지 않냐"고 의견을 모았다. 두 사람이 Z를 지목했고, Z와 잔디는 택시로 이동했다.

둘은 밤 11시를 넘은 시각 서초구의 한 모텔에 들어갔는데, 나중에 Z는 "모텔에서 자연스럽게 스킨십을 가진 것은 사실이나 여직원이 거부 의사를 밝혀 오전 2시경 자고 있는 여직원만 둔 채 자신은 집으로 갔다"고 주장했다.*

2020년 10월 22일 이 사건의 첫 번째 공판에서 Z의 변호사는 "(피고인이) 피해자의 몸을 만지고 자신의 몸을 만지게 한 사실은 인정하지만, 둘의 성관계는 없었다"고 부인했다.

4월 15일 오전 모텔에서 잠을 깬 피해자는 서초경찰서에 Z를 신고했다. 경찰은 4월 17일 "고소가 접수됐으니 19일에 조사받으러 오라"고 Z에게 통보했다. 그날 오후 1시경 Z는 시장실의 직속 상관 V에게 사건을 털어놓았다. V의 말이다.

"그때까지는 Z가 아무 일 없는 것처럼 일했는데 경찰 전화를 받고 나니 마음이 급해졌나 봐요. 얼굴이 하얗게 질려서 내게 상황을 얘기했어요. Z가 사건 직후 잔디와 한 번 통화한 것 같은데 그 뒤에 전화를 안 받으니 잔디랑 통화될 만한 사람들에게는 자기 사정을 얘기한 것 같아요.

나로서도 처음 겪는 일이라서 그날은 '경찰 조사를 받고 얘기하자'고 마무리했습니다. 그 계통에 알 만한 분에게 익명으로 자문을 구해보니 '잡아떼지 말고 있는 그대로 얘기해야 한다', '제삼자는 절대 전화하면 안 된다'는 조언을 해줬어요."**

---

* 2020년 4월 23일 〈헤럴드경제〉 속보
** 2020년 9월 25일 인터뷰

시장실 내부에서 이를 인지한 사람이 또 있었다. 당시 인사 담당 기획비서관 민경국은 기자와 인터뷰에서 "(사건 발생 닷새 후인) 4월 20일 출근한 후 조금 있다가 인사과장이 이런 내용의 지라시(사설정보지)가 돈다고 알려줘서 내용을 처음 접했다. 그 내용대로라면 큰일이라고 생각했다"고 말했다.

박원순 사건의 전개 과정에서 중요한 역할을 한 민경국은 7월 22일 경찰 조사를 받았지만, 나를 비롯한 언론 취재에 응하지 않고 있었다. 그런데 그가 내 인터뷰에 응하기로 한 계기가 생겼다.

김재련 변호사가 '4월 사건'을 언급한 인터뷰에서 사건 당시 서울시의 '미흡한 조치'를 질타하며 "피해자가 4월 22일 인사기획비서관과 통화하고 가해자에 대한 징계 조치를 요구했지만 '두 사람과의 인연이 모두 소중해서 어떻게 할지 모르겠다'는 취지의 답을 들었다"고 말했기 때문이다. 나는 문제의 비서관이 민경국이라는 것을 직감하고 그에게 확인 전화를 걸었다.

"시장님 49재까지는 얘기 안 하려고 했는데, 안 그래도 〈한겨레21〉 나오기 전에 어제 기자랑 55분간 전화 통화를 했다. 내 딴에는 앞뒤 맥락을 다 설명했는데 기사는 거두절미하고 나오더라. 독자들이 보면 오해하기 딱 좋은 내용으로."

나는 "4월 20일 오전에야 사건을 인지하게 됐고, 이튿날 피고소 직원을 다른 부서로 전보했다"는 그의 얘기를 기사에 반영했다. 물론, 그것으로는 충분하지 않았다.

김재련은 9월 14일 KBS '김경래의 최강시사' 인터뷰에서 민경국의 행동을 '책임 회피'라고 비난하는 등 공세를 이어갔다. 민경국도 가만 있지 않고 9월 15일 페이스북에 자기의 생각을 썼다.

> 김재련 변호사는 〈한겨레21〉 인터뷰에서 '피해자가 박 전 시장으로 인한 피해를 증명하기 위해 드러내고 싶지 않았던 4월 사건조차 언급하는 것'이라고 했다. 도저히 이해할 수가 없다. 당사자가 동일인이라는 것 이외에 (박원순 사건과) 어떤 인과관계-연결고리가 있는가?

민경국은 글 말미에 "언론에 설명해도 기사에 반영되지 않는다"고 답답함을 토로했다. 나는 이제 그를 만날 때가 됐다고 생각했다.

그는 9월 17일 오전 〈오마이뉴스〉 사무실에서 박원순 시장실 직원 중 처음으로 실명으로 인터뷰했다.

"일단 고한석 비서실장에게 4월 20일 상황을 보고했다. Z는 시장실에서 영수증 처리나 장소 예약 등의 업무를 맡았는데, 성범죄 피소 상태에서 시장실에 계속 두는 것이 부적절하다는 의견이 모아졌고,

타 부서로 전보가 결정됐다."

2020년 4월 21일 Z는 복지정책과로 전보됐는데, 부서장이 공교롭게도 2019년 1월까지 시장실 늘공들의 수장이었던 H였다. 민경국은 "원래는 Z를 원래 근무하던 총무과로 보내려고 했는데 인사과장이 '갑자기 돌려보내면 내가 이유를 설명하기 곤란하다'고 하더라. 그래서 급한 대로 복지정책과에서 한 명 받고 Z를 교대로 보낸 거였다. H가 먼저 요청한 것도 아니었다"고 설명했다.

4월 22일 민경국이 잔디에게 전화를 걸었다. 이때까지도 시장실 내에서 4월 사건을 공유한 사람은 고한석 비서실장, 임순영 젠더특보, 나미라 기획비서관 그리고 V 정도였다. 이 중에서 고한석과 나미라는 4월에 시장실에 왔고, 임 특보는 잔디와 별다른 면식이 없었다.

"아무도 피해자에게 연락을 안 하길래 옛 동료로서 걱정돼서 내가 전화했다. 그때 시장실 사람들이 한창 바뀌는 바람에 피해자에게 정서적 위로를 해줄 사람도 없었다. 여성 비서관 몇 분이 계셨지만, 동네방네 알릴 수도 없고. 내가 피해자와 술자리를 몇 차례 가진 적이 있고, 마침 담당 업무도 인사였으니 2차 가해 논란 감수하고 전화를 한 거다. 통화하면서 나도 울고 그 친구도 울었던 기억이 난다."

민경국은 일단 "경찰 신고 뒤 지원을 잘 받고 있다"는 잔디의 말에 안도했다고 한다. 그는 "피해자가 울면서 '시장님도 (이 일을) 아시냐',

'시장님과 서울시에 너무 죄송해요'라고 얘기했고, 나도 '네 잘못 아니다'고 말했던 것으로 기억한다"고 말했다. 그러나 어느 순간 대화가 묘한 방향으로 흘러갔다.

민경국 왜 서울시에 알리지 않았냐?
잔디 시에 누가 될 것 같아서 Z하고도 시에는 얘기하지 않기로 했다.

민경국은 기자에게 "누가 먼저 했는지는 모르지만, 피해자와 Z 사이에 4월 15일 전화 통화가 있었다. 그때 피해자가 '내가 너를 고소할 수도 있다, 이건 서울시에 알리지 말자'고 했다고 한다"고 말했다.

민경국은 잔디에게 "신고 안 하면 서울시에서 해줄 게 없다"고 말했다.*

피해자는 이 대목에서 "그렇다면 왜 Z를 복지정책과로 보냈냐?"고 따졌다. 그때까지도 민경국은 Z가 전보된 복지정책과와 잔디가 일하는 부서가 업무상 부딪힐 일이 없을 것으로 판단했다. 그러나 그는 코로나19 변수를 미처 생각하지 못했다. 시에서 추진하던 재난지원금

---

* 기자는 '4월 사건' 처리의 지침서가 된 2018년 판 서울시 성폭력 처리 매뉴얼을 펼쳐봤다. 11쪽 '사건처리 세부절차'에는 "성희롱·성폭력 고충 사건의 처리를 원하는 피해자, 대리인, 목격자 등은 고충상담원, 인권담당관(시민인권보호관)에 전화, 온라인, 서면, 방문 등으로 상담 신청, 신고, 제보를 할 수 있다"고 적혀있다. 그러나 당사자가 외부기관(경찰 등)에 신고할 경우 시에서 할 수 있는 일은 명시되어 있지 않았다.

주무 부서가 복지정책과였고, 잔디의 사업소는 코로나19 확진자를 위한 생활치료센터 후보로 지정되어 있었다.

〈한겨레21〉과 〈중앙일보〉(9월 13일)에는 민경국이 피해자에게 "두 사람(가해자와 피해자)과의 인연이 모두 소중해서 어떻게 할지 모르겠다"는 취지의 답을 보냈다고 나온다. 민경국이 말한 뉘앙스는 전혀 다르다.

"그 말 뒤에 분명히 'Z보다는 너와의 인연이 더 길지 않냐'고 덧붙였다. 피해자는 2017년부터, Z는 2018년 이후에야 알았으니까. 기자들에게도 그 부분을 분명히 설명해줬는데 기사에는 반영되지 않았다."

어쨌든 이후의 전개 과정을 보면 민경국과 잔디의 이날 통화가 불유쾌한 분위기에서 끝난 것은 분명하다. 잔디가 서울시에 무엇을 요구했는지는 통화 후 민경국에게 보낸 장문의 메시지를 통해서도 확인할수 있다.

"저에 대한 범행 사실 유무 및 형사처벌은 사법부가 집행할 것이나, 강간 혐의로 조사를 받는다는 것만으로 공무원 품위 유지 의무 위반이 명백하며, 품행에 더욱 조심하여야 마땅한 자리에서 이런 일을 야기한 것은 조직 명예 실추에 상당한 영향을 미쳤다고 생각합니다. 이번 사건은 일반 범죄가 아니고 성범죄입니다. 조용히 넘어가고 싶었으나 어쩌면 당연하게도 결국 이렇게 알려지게 되었다면 내부징계 또한 확실히 검토하여 주시기 바랍니다. 증언이 필요하다면 진술하도록 하겠습니다. 초기의 안일한 대응은 저에게 더 큰 상처가 되고, 정무적으로도 리스크가 클 것이라고 생각합니다."

민경국은 일단 서울시 성폭력 매뉴얼을 잔디에게 메일로 보내줬다. 서울시 공무원인 만큼 시의 대응 매뉴얼을 읽어보면 자신의 처지를 이해하리라 생각했지만, 그건 오산이었다.

훗날 서울시 대화 채널을 맡았던 임순영은 기자와의 전화 인터뷰에서 "잔디를 만났는데 '민경국이 나에게 뭔가 보냈는데 내가 그걸 볼 상황은 아니다'라고 하더라. 그래도 읽어보라고 안내한 기억이 있다"고 말했다.[*]

박원순이 죽자 서울시가 4월 사건 당시 가해자에게 인사 조치를 내리지 않은 것을 놓고 갑론을박이 오갔다. 시장실 내부에서도 임순영은 가해자에 대한 즉시 대기발령 및 직위해제를 주장했지만, 민경국은 반대했다. 민경국은 지금도 자신의 판단이 맞는다고 주장한다.

"시에 공식적으로 피해가 접수된 게 아니었기 때문에 Z를 징계할 근거가 없었다. 박 시장이 죽은 후 개정됐지만, 당시 서울시의 성폭력 매뉴얼은 피해자가 시 인권보호담당관에게 신고하거나 경찰의 수사

---

[*] 2020년 9월 11일 전화 인터뷰

개시 통보가 있어야 가해자에 대한 대기발령 또는 직위해제 등의 인사 조치를 할 수 있었다. 거듭 말하지만, 나와 피해자가 전화 통화를 했다고 해서 '신고'가 성립되는 것이 아니다.

이미 가장 강력한 고소가 이루어졌고, 곧 경찰의 수사 개시 통보가 올 텐데 공식적인 근거 없이 인사 조치를 하는 것은 말이 안 된다는 게 나의 생각이었다. 시장실 입장에서는 수사 개시 통보라는 최소한의 조건이라도 충족되어야 할 것 같아서 경찰에 통보서를 빨리 보내 달라고 독촉하기도 했다.

2차 피해 우려가 있는 피해자를 시로 불러서 조사할 수 없고, 법원 판결이 나오기 전에 인사위원회에서 징계를 결정했다가 뒤집히는 경우도 생각해야 했다."

국가공무원법(제83조 3항)은 "감사원과 검찰·경찰, 그 밖의 수사기관은 (공무원에 대한) 조사나 수사를 시작한 때와 이를 마친 때에는 10일 내에 소속 기관의 장에게 그 사실을 통보하여야 한다"고 되어 있다. 이는 성범죄만이 아니라 모든 범죄에 적용되는 규정이다. 왜 '즉시'가 아니라 '10일 이내'라고 적시했을까? 수사기관도 공무원 조직인데, 일이 밀릴 경우도 있으니 사무 처리의 시간적 여유를 충분히 주자는 취지로 보인다. 결론적으로, 서울시장실이 Z의 경찰 조사 직후 사건을 인지하고 경찰에 수사 개시 통보를 재촉하지 않았다면, 수사 통보와 인사 조치가 모두 더 늦춰졌을 것이다.

서울시 취재원 X의 말이다.

"2014년 박 시장이 금품수수, 음주운전 등에 연루된 공무원들에게 무관용 원칙에 따라 '원스트라이크 아웃'으로 강하게 처벌하겠다고 천명한 적이 있다. 언론들도 '박원순법'이라고 엄청나게 호평했다. 문제는 시에서 아무리 강하게 징계를 내려도 소청심사위원회나 법원으로 넘어간 후에는 징계가 경감돼서 내려오는 거다. 시 입장에서도 무리한 징계 추진하다가 연달아 패소했다는 뒷말이 나오니 기운이 안 빠졌겠나? 그다음부터는 아무리 중대한 혐의가 제기되더라도 소청 심사나 행정소송을 통과할 수 있는지를 먼저 따지게 되더라."

어쨌든 민경국으로서는 잔디의 '징계 요구'에 대한 시 입장을 설명할 수밖에 없었다. 그러나 그 이후 그는 전화를 받지 않았다. 민경국은 "잔디가 병원에 있다는 등의 이유를 댔다"고 말했다.

한편으로, 잔디는 언론사 6곳에 사건을 제보했고 4월 23일 오후부터 언론 보도가 시작됐다. 김재련은 "피해자가 항의했는데도 조치가 제대로 이뤄지지 않아 당시 언론 제보를 하게 됐다. 언론 보도 후에야 서울시 관계자들의 전화가 피해자에게 빗발쳤다"고 말했다.

서울시가 경찰의 수사 개시 통보서를 접수한 것은 4월 24일이었다. 김태균 행정국장이 그날 오후 2시 브리핑을 통해 성폭행 사건을 사과하고 Z를 직위해제하기로 했다고 발표했다.

한편, 사건을 정식보고 받은 박원순도 같은 날 오전 자영업자 생존

자금 지원 정책을 설명하기 위해 마련한 라디오 인터뷰 일정을 취소했다. 박 시장은 임순영 젠더특보에게 "시장실에서 일하던 비서가 힘든 일을 겪고 있으니 가족 일처럼 생각하고 처리해달라"고 당부했고, 잔디에게도 임순영이 연락할 것이라고 전화로 알려줬다고 한다.

더불어민주당 남인순 의원(서울 송파병)의 보좌관을 지낸 임순영은 2019년 1월 16일 서울시청에 들어왔다. 박 시장이 자신의 여성 정책을 보좌할 특별보좌관, 즉 젠더특보로 그를 임명했다. 나는 2019년 임순영의 서울시 입성을 알리는 기사에 이렇게 썼다.

> 임 특보의 기용은 최근 페미니즘 운동의 확산 과정에서 20대를 중심으로 갖가지 논란이 일고 있는 상황에서 서울시의 여성 정책을 보다 정교하게 다듬겠다는 박 시장의 포석으로 풀이된다 (중략) 임 특보는 〈오마이뉴스〉 전화 통화에서 '성평등은 거스를 수 없는 대세'라고 하면서도 '남녀를 막론하고 청년들이 겪고 있는 어려움들의 원인이 모두 젠더 갈등 때문은 아닌데, 그런 쪽으로 갈등이 치환되는 느낌이다. 박 시장의 정책 결정에 도움이 될 수 있도록 보좌하겠다'고 말했다.

2020년 9월 11일 〈"박원순 성추행 고소 직원은 4월 성폭행 사건 피해자"〉의 끝에는 이렇게 썼다.

박 전 시장의 핵심 참모는 이와 관련해 "임 특보가 피해자와 만나는 채널이었다. '비서실 출신 피해자가 나왔으니 잘 보살피라'는 시장의 지시가 떨어졌다. 임 특보가 그 일을 챙겼는데 어느 자리에선가 시장에게 '(피해자에게) 전화를 시도했지만 연결이 잘 안 된다'는 얘기를 한 기억이 난다"고 말했다.

기사에 자신의 이름이 거론되자 임순영은 기자에게 전화를 걸어 몇 가지 추가 설명을 해줬다.

"내가 피해자를 처음 만난 것은 4월 27일이었다. 그리고 박 시장과 고한석 비서실장, 나 사이에 이 문제는 회의 석상에서는 거론하지 않는다는 원칙에 따라 일을 처리했다."

2020년 5월 1일경 피해자는 임순영의 소개로 강남구의 한 정신과 의원으로부터 상담 치료를 받기 시작했다.

피해자는 한국성폭력위기센터를 찾아 지원을 요청했는데, 그곳에서 성폭력위기센터 이사이자 법률자문위원으로 일하던 김재련 변호사를 소개받았다고 한다.* 공교롭게도 피해자를 상담한 정신과 의사도 이 센터에서 자문역을 맡았다. 김재련은 〈한겨레21〉 인터뷰에서 이

---

* 2020년 7월 22일 〈중앙일보〉 12면

렇게 말했다.

한겨레21 5월 12일 피해자를 처음 만난 날에 관해 먼저 묻고 싶다.

김재련 피해자가 처음 사무실에 찾아온 날, 얼굴을 볼 수 없었다. 지금처럼 코로나19가 심각하지는 않았는데, 마스크를 쓴 채 얼굴을 전혀 드러내지 않았다. 굉장히 경계하고 있었다.

한겨레21 어떤 경위로 피해자가 김 변호사의 사무실을 찾아온 건가?

김재련 지난 4월 서울시 비서실 직원에 의한 성폭력 사건(이하 4월 성폭력 사건)이 있었다. 피해자는 그 사건의 피해자이기도 하다. 이 사건에 대한 서울시의 미흡한 조처에 관해 털어놨고, 그 이야기를 들은 저는 서울시도 관리·감독 책임으로부터 자유로울 수 없다고 얘기했다. 상담 시간 한 시간이 거의 끝나갈 무렵, 피해자가 박 시장 이야기를 꺼냈다.

한겨레21 피해자는 김 변호사를 누구로부터 소개를 받은 건가?

김재련 서울시 젠더특보가 소개해준 정신과 전문의로부터 상담을 받다가 그 선생님이 서지현 검사를 대리했던 저를 소개해줬다고 한다. 피해자는 저에 관한 기사, 그에 달린 댓글까지 모두 검토하고 저를 찾아왔다고 말했다.

'4월 사건' 1심 재판부는 피해자가 정신과 의사에게 박원순의 성추행 사례에 대한 진술을 시작한 시점을 2020년 5월 15일경으로 파악했다.

지금까지 나온 얘기들을 종합하면, 피해자는 2020년 4월 27일 이후 5월 12일 사이의 어느 시점에서 서울시와 대화 대신 소송으로 박원순에게 책임을 묻기로 마음먹은 것으로 보인다.

기자가 "피해자가 임 특보의 사건처리가 매끄럽지 못했다고 판단한 것 아니냐"고 묻자 임순영은 이렇게 답했다.

"원하지 않는 피해자에게 접근하는 것도 2차 가해로 비칠 수 있으니 내가 아예 접근할 수 없었다. 물론, 접촉이 아예 없었던 것은 아니다. 그러나 이 사건은 '사고 후 서울시의 처리 절차'를 거치지 않았다. 피해자가 원하지 않는데 내가 접촉할 수 없었다. 이 사건을 계기로 서울시 절차를 거치지 않는 사건들에 대한 매뉴얼을 고치는 단계에서 또 다른 사건(박원순 사건)이 터져버린 거다."

기자 피해자가 서울시에 바랐던 것은 무엇인가?

임순영 그가 무엇을 원했고, 시가 무엇을 안 들어줬다고 생각하는지는 나도 물어보고 싶다. 박 시장의 일부 참모들은 내가 피해자를 김 변호사에게 소개한 것으로 오해하는데 절대 아니다. 마음 같아서는 내 전화기를 포렌식 해서 통화기록이든 뭐든 다 보이고 싶다.*

----

* 2020년 8월 6일 전화 인터뷰

2020년 3월에 잔디와 점심을 하는 등 친분을 계속 유지했던 김주명도 4월 이후에야 이상한 기운을 감지했다.

"4월 말 서울시의회로 참석하는 길에 시장실 사람으로부터 Z가 큰 일을 저질렀다는 얘기는 들었다. 그때 피해자가 누구인지는 나에게 말하지 말라고 당부했다. 그러다가 5월 13일(김재련 변호사 접견 다음 날) 잔디에게 안부 전화를 하는데 이 친구가 안 받는 거다. 내가 전화하면 답신을 안 한 적이 없는데 처음 있는 일이라서 '잔디가 혹시 피해자가 아닌가' 하고 생각했다. 나중에 잔디가 맞다는 걸 확인하고는 더 이상 전화하지 않기로 했다."

2020년 5월 26일에는 잔디와 김재련의 2차 면담이 있었다. 공교롭게도 이날 서울중앙지법이 Z에 대한 구속영장을 기각했다. 법원의 결정이 나오자 경찰은 '불구속 기소' 의견으로 검찰에 사건을 송치했다. 엄벌을 원했던 Z가 불구속 상태로 재판을 받게 된 것이 잔디가 원래 기대한 '상황 전개'가 아닌 것은 분명했다.

이듬해 1월 14일 열린 1심 선고 공판에서 Z는 징역 3년 6개월(법정구속)과 성폭력 치료 프로그램 40시간 이수 명령이라는 중형을 받았다. 이 사건의 성폭력 증거 채취를 위한 정액 검사 결과는 '음성'이었지만, 재판부는 피해자가 사건 당일 깨어나 30분 동안 샤워를 한 점 등을 들어 "Z가 피해자와 강제로 성관계를 하지 않았다고 단정할 수 없다"고 결론 내렸다. Z는 재판 결과에 불복해 항소했다.

많은 사람이 박원순 사건의 최대 미스터리를 '그가 죽음을 택한 이유'로 꼽았다. 나도 처음에는 그렇게 생각했다. 그러나 취재를 거듭할수록 우선순위가 바뀌었다.

박원순 고소 전에 잔디에게 가장 절실한 과제는 '4월 사건'의 처리였다. 4년 동안 시장실에 있었던 잔디가 박원순에게 이에 대한 의견을 직접 전했을 가능성도 있다.[*]

피해자가 박원순에게 원했던 것은 무엇일까? 나는 이게 풀리면 박원순 사건의 전체 퍼즐이 완성된다고 본다.

---

* 2020년 4월 22일 민경국이 피해자에게 전화했을 때, 피해자는 "시장님도 (이 일을) 아시냐"고 물었다고 한다. 이 말이 맞다면, 이때까지는 둘이 이 문제를 얘기하지 않았다는 얘기가 된다.

박원순 사건과 언론

2020년 8월 6일 나는 박 시장의 핵심 참모였던 서왕진 서울연구원장과 점심을 먹었다.

서 원장 서울신문 곽병찬 논설고문이 쓴 칼럼 봤나요?

기자 그런 글이 신문에 실렸어요? 저는 못 봤는데요?

박 시장이 죽은 후 나는 매일 아침 눈을 뜨자마자 '박원순' 이름이 들어간 기사와 칼럼을 포털 사이트에서 검색해서 빠짐없이 읽었다. 서 원장이 신문 지면에 실린 칼럼을 보여줬지만, 포털에서는 찾아볼 수가 없었다.

먼저 칼럼 전문을 읽어보자. 글을 싣기 전에 곽 고문의 허락을 얻었다.

광기, 미투를 조롱에 가두고 있다

"피해자를 의심하는 건 책임 전가이자 2차 가해다."

7월 22일 2차 기자회견에서 대리인 김재련 변호사가 "증거를 더 공개할 계획이 없다"며 한 말이다. 그는 전날 회견을 예고하면서 "궁금한 건 다 말하겠다"고 했었다.

의심해서도 안 되고, 문제 제기해서도 안 되며, 그저 믿고 따르라니, 어처구니없었다. 1970년대 긴급조치가 부활했나?

실제로 피해자가 작성해 후임 비서에게 건넨 인수인계서 내용이 공개되자 여성계는 2차 가해라며 분노했다. 인계서엔 피해자의 이런 평가와 충고가 있었다.

"인생에서 다시 없을 특별한 경험." "장관급, 차기 대선주자, 인품도 능력도 훌륭한 분이라 배울 것이 많음." 일반적으로 생각할 때 도저히 쓰기 힘든 내용이라고 판단된다. 그러나 여성계의 서슬 때문인지 대개 매체는 사실 보도, 의문 제기보다는 '분노'를 비중 있게 전했다.

박정희의 긴급조치는 '남한판 수령제'인 유신체제를 부정하거나 비판하는 모든 행위에 재갈을 물리는 것이었다. 완결판인 9호는 심지어 긴급조치에 대한 비판까지 영장 없이 체포, 구속해 1년 이상 유기징역형에 처하도록 했다. '유언비어' 금지 조항도 두어 정권에 위험한 사실이나 생각을 단지 말만 해도 15년 이하의 징역에 처하도록 했다. 의심도 할 수 없고, 문제 제기도 할 수 없는 폭정이었다.

앞서 대리인은 7월 16일 "2차 가해 발언을 하는 사람들에 대해 침묵하는 것도 2차 가해"라고 말했다.

족벌언론과 야당은 대통령이나 여성가족부 장관, 서지현·임은정 검사에게까지 '왜 침묵하느냐'고 비판했다. 긴급조치와 함께 '남한 판 수령체제'를 옹위하던 국가보안법에도 그런 조항이 있었다. 부모 나 자식, 배우자나 형제에 대해서까지 고발하도록 한 불고지죄다.

광기다. 불고지나 침묵의 죄처럼 양심의 자유를 유린하는 것은 없다. 정파적 광기, 증오의 광기는 지금 수십 년 동안 거대한 희 생을 통해 쌓아 올린 민주적 제도와 헌법적 가치, 이성적 판단을 뿌리째 흔들고 있다.

중세 암흑기나 신정체제의 지배자는 신의 대리인이었다. 제사장, 교부, 예언자, 목사 등 대리인은 신을 내세워 면죄부를 팔아 치부 하고, 마녀사냥으로 권력을 유지했다. 하지만 그런 신은 없었다. 대리인의 탐욕만 있었다. 오늘날에도 벌어지는 일이다.

'미투'란 '나도 당했다'고 당사자가 자신의 삶을 걸고 고발하는 일이다. 증거가 부실해도 시민사회와 사법부가 그 진정성을 수 용하려는 것은 거기에 걸린 삶의 무게 때문이다.

반증이 오히려 설득력 있었음에도 재판부가 피해자 주장을 받 아들인 박재동 화백이나 고은 시인 사건은 그 좋은 경우일 것이 다. 전 서울시향 대표 박현정, 영화배우 곽도원 등에 대한 기획 혹은 가짜 미투도 있었지만, 미투에 대한 이런 특별한 예우는 바 뀌지 않는다.

이른바 '박원순 전 시장 위력 성범죄' 사건에는 대리인만 있다. 그는 성폭력 범죄의 가장 중요한 원칙인 피해자 중심주의 원칙을 저버렸던 인물이다. 일본군 위안부 할머니들의 양심을 돈으로 바꾼 화해치유재단 이사였다. 나는 그 대리인을 의심한다.

그래서 피해자에게 묻는다. 우선 인터넷에 떠돌던 이른바 '고소장'에 관한 것이다. 누가 구술·정리·전달했고, 누가 인터넷에 올렸는가. 대리인이 공개한 성추행 증거는 대부분 이 문건에 나온다. 경찰이 조사한다지만, 피해자의 진정성을 지키려면 기획의 가능성이나 정치적 의도에 대한 의문을 해명해야 한다. 문건 유포는 피피해자에 대한 심각한 명예훼손이었다.

대리인은 박 전 시장 핸드폰의 포렌식을 중단하도록 한 법원의 결정에 격렬히 항의했다. 상대의 핸드폰에 있는 성추행 증거라면 피해자의 핸드폰에도 있어야 한다.

신속한 진상규명을 원한다면 피해자의 핸드폰을 수사기관에서 포렌식해 증거를 찾도록 하면 된다. 지름길은 놔두고 법원 결정이나 비난하며 힘든 길을 가야 할 이유가 없다.

'미투'는 계속돼야 한다.

성폭력의 더러운 적폐는 깨끗이 청소해야 한다. 하지만 민주적 원칙과 이성적 판단을 억압하는 광기에 의지하면 안 된다. 그건

'미투'를 새장 혹은 비웃음을 뜻하는 '조롱'에 가둘 뿐이다.

곽병찬은 "2차 가해 발언을 하는 사람들에 대해 침묵하는 것도 2차 가해"라는 김재련의 발언을 비판하며 언론매체들이 사실 보도, 의문 제기보다는 여성단체의 '분노'를 비중 있게 전하는 것을 박정희 시대의 긴급조치에 비유했다. 그는 보수신문과 야당이 대통령이나 여성가족부 장관, 서지현·임은정 검사에게까지 '왜 침묵하느냐'고 비판하는 것에 대해서도 '광기'라고 묘사했다.

신문에 실린 칼럼이 서울신문 기자협회로 대표되는 평기자들의 요구로 신문 웹사이트와 포털에서 사라졌다는 것을 아는 데는 오랜 시간이 걸리지 않았다. 서왕진에게 사정을 알려주자 그는 다소 낙심한 표정이었다.

기자 곽병찬 칼럼은 온라인에서 삭제됐다고 하네요. 요즘은 신문에 실려도 온라인에서 검색되지 않으면 존재하지 않는 거라는데…

서왕진 그러게요. 이게 현실이네요.

전술한 바와 같이 거의 모든 언론이 '박원순 성추행 피소'를 주요 뉴스로 보도했다. 워낙 갑작스럽게 벌어졌고 사람들 관심이 급증한 사건을 취재하는 과정에서 기자들이 느꼈을 스트레스를 전혀 이해하지 못할 바는 아니다. 다만, 몇몇 기사들은 사람들의 인식에 치명적인 영향을 미쳤음이 분명하다.

박원순의 성추행 피소 사실은 2020년 7월 9일 오후 8시 MBC와 SBS 저녁 뉴스를 통해 동시에 알려졌다. 전날 경찰에 고소장이 제출된 것은 사실이니 이걸 문제 삼을 수는 없다. 그런데 SBS 보도에는 MBC에 없는 내용이 있었다.

"(피해자는) 또, 본인 외에 더 많은 피해자가 있다고도 덧붙였습니다. 박 시장이 두려워 아무도 신고하지 못한 가운데 본인이 용기를 냈다는 겁니다."

성추행 피해자가 한 명이라면, 이 사람이 시장과 어떤 관계이고 어떤 상황에서 어떤 피해를 당했는지를 좀 더 따져보고 상황을 판단하자는 심리 기제가 작동했을 것이다. 그러나 '더 많은 피해자가 있다'고 하면 얘기는 달라진다. "박원순이 평소에 어떤 행동을 하고 다녔기에 복수의 피해자가 있을까"라고 인식이 확장되어버리는 것이다. 그러나 2020년 7월 13일 여성단체 기자회견에서 피해자를 대리한 김재련은 다른 피해자가 또 있냐는 질문이 나오자 "저나 피해자는 다른 부분에 대해서는 알지 못한다"고 부인했다.

SBS는 이 부분에 대해 가타부타 아무런 언급을 하지 않다가 방송통신심의위원회 소위원회가 이 부분의 진위를 검증하려고 하자 그제야 의견을 낸다. 다음은 2020년 10월 7일 소위원회에 참석한 조성현 SBS 사회부 시민사회팀장의 말이다.

"그날 첫 보도가 저녁 6시쯤 나왔고 저희 뉴스 시간이 촉박한 상태에서 저희가 가급적 최대한 빨리 확인을 거치는 과정에서 이 사실을 가장 좀 상세히 파악할 수 있는 취재원과 연락이 닿았습니다. 그래서 그 보도는 취재원의 설명을 토대로 작성이 된 거고 저희가 좀 시간이 충분히 있었거나 그러면 복수의 취재원을 좀 더 확인을 할 수 있었겠지만 일단 그 취재원의 직책, 위치 이런 걸로 해서 진실이라고 생각을 해서 거의 그대로 반영해서 기사를 작성했습니다. 당사자를 직접 만나거나 하는 건 저희는 고려를 하지 않았고요. 왜냐하면 그 사람이 누군지 파악하는 것조차도 되게 조심스러운 상황이었고, 그 사람을 만나서 그런 이야기를 직접 확인하는 것 자체가 또 다른 피해를 낳을 수도 있다고 생각했었습니다."

조성현의 해명은 계속 이어졌다.

"저희가 접촉한 취재원이 해당 고소 사건을 상세히 알 수 있는 위치에 있는 분이었습니다. 그래서 그분이 설명을 상세히 해 주셨고, 그 시점에서, 그러니까 박원순 시장이 실종된 시점에서 그분이 허위의 내용을 전달하거나 내용을 부풀려 전달하거나, 왜냐하면 저희는 공식 취재를 목적으로 접촉을 했기 때문에 그럴 가능성은 적다고 생각을 했습니다. 그래서 전언을 토대로 일단은 작성을 했는데 그런 문제점이 나타나게 된 것입니다."

기자도 20년 직장 생활을 해본 사람이라서 안다. '대형 사고'는 단 한 사람의 잘못으로 터지지 않고, 지휘 라인에 있는 사람들의 방심과 방관이 쌓여서 터진다는 것을. 그리고 누군가 한 사람은 총대를 메고 수습해야 한다는 것도.

돌이켜보면, 박원순이 실종된 후 저녁 8시 뉴스가 보도되는 사이에 나도 '시장의 두 얼굴'을 보여주는 듯한 미확인 정보들을 수도 없이 접했다. 이 무렵 박원순의 한 핵심 참모는 시장과 관련된 '미투' 취재 전화를 받고 "OOOO까지 이런 가짜뉴스를 퍼 나르면 말이 되냐"고 역정을 냈다.

시민 아무개가 전하는 '카더라'와 기자 아무개가 전하는 보도는 질적으로 큰 차이가 있다. 후자의 그것은 다중의 판단을 좌우하는 '레퍼런스'가 되기 때문이다. 방심위는 결국 2020년 10월 26일 전체 회의에서 "SBS가 사실로 밝혀지지 않은 내용을 단정적으로 보도했다"며 법정 제재인 '주의'를 의결했다.

SBS 팀장은 방심위에서 "(국가인권위 조사에서) 추가 피해자를 확인하지 못했다면 그 부분까지 반영해서 첫 보도에서 결과적으로는 잘못된 내용이 보도된 부분까지 상세히 보도하려고 생각하고 있다"고 말했다. 2021년 인권위 조사 결과를 담은 발표문에는 추가 피해자에 대한 언급이 전혀 없었지만, SBS는 이에 대한 해명도 후속 보도도 하지 않았다.

〈조선일보〉는 여권이 그동안 보수 진영에서 성 추문 사건이 벌어졌을 땐 매섭게 질책했던 점을 들어 "박 시장을 추모·애도하는 목소리는 곳곳에서 쏟아졌지만, 성추행 피해를 호소한 전직 비서와 관련해선 언급을 피하는 등 여권 인사들의 '선택적 침묵'이 이어지고 있다"고 꼬집었다.

같은 기사에서는 "여권이 도 넘은 '박원순 옹호'를 하고 있다는 지적도 나온다. 친여(親與) 성향 인터넷 커뮤니티엔 '난중일기에 '관노(官奴)와 수차례 잠자리에 들었다'는 구절 때문에 이순신이 존경받지 말아야 할 인물이냐'라는 글이 올라왔다"고 썼다.*

나중에는 충남 아산 현충사를 지역구로 둔 야당 국회의원이 "이순신 장군이 관노와 잠을 잤다는 것은 전혀 사실이 아니다"며 '팩트체크'에 나섰고, 〈이순신은 관노와 잤을까…박원순 성추행 논란이 부른 역사논쟁〉(중앙일보), 〈이순신이 관노와 동침? 난중일기 완역자가 답했다〉(조선일보)는 해설 기사가 줄을 이었다. 7월 21일에는 덕수이씨 충무공파 종회장이 국회에서 "(게시자의) 사과가 없으면 고발하겠다"는 기자회견까지 했다.

참으로 한심한 일이었다. 인터넷 시대가 열리면서 모든 시민이 신문, 방송을 통하지 않고도 자신의 견해를 알릴 수 있는 채널이 만개했다. 그중 일부는 전문가들의 식견을 뺨칠 정도의 통찰과 식견을 내놓기도 한다.

---

* 2020년 7월 13일 3면

그러나 온라인 공간은 오프라인 공간의 단면일 뿐이다. 오프라인 공간에서 만난 각양각색의 사람들이 온라인으로 이동한다고 해서 이들 모두가 들을 가치가 있는 얘기를 하는 것도 아니다. 솔직히 검증이 안 된 '헛소리'들이 더 많지 않은가?

인터넷 커뮤니티에 올라온 글은 익명의 누리꾼이 아무 책임 없이 쓴 잡문이었다. 그런 글에 정색하고 '팩트체크 해주마'라고 국회의원과 언론이 나선다면 이것이야말로 꼬리가 개를 흔드는 꼴이 아닌가?

보수신문들의 이런 보도에 대해 김수아 서울대 언론정보학과 교수는 "굳이 공개적으로 논의되지 않아도 되는 온라인 커뮤니티나 개인 페이스북의 글들을 일일이 퍼 올리는 보도 방식은 동성 사회의 적대 속에서 여성의 피해를 공격을 위한 자원으로 삼는 것에 불과했다"고 비판했다.*

여성단체 기자회견 다음 날(2020년 7월 14일) 〈중앙일보〉 5면에 박 시장이 2011년 서소문별관 시장 집무실 내실에 앉아있는 사진이 실린 것은 지금 생각하면 '애교'로 느껴진다. 김재련이 "(박 시장이) 집무실 안에 있는 내실, 즉 침실로 (피해자를) 불러 '안아달라'며 신체적 접촉을 했다"고 말한 부분을 연상시켰지만, 이 침대가 '그 침대'인지는 6개월이 지난 지금도 모른다.

물론, 피해자가 시장실에 있는 동안에도 '내실'이 유지된 것은 사실

---

* 2020년 12월 17일 '서울시장위력성폭력공동행동' 실체 진실과 책임 촉구를 위한 토론회 자료집

이다. 2017~2018년 시장실에서 근무했던 일반직 F에게 물었다.

기자 침대가 있는 내실에 가본 적이 있나?

F 나는 들어가 본 적이 없는데 저런 게 있었나 싶다. 시장실 직원 대부분이 몰랐을 거다. 시장이 가끔 일정을 잡지 말라고 하면 피곤해서 오침하는 것으로 짐작했다. 자기 방이 있는 실국장급 간부들 방에도 간이침대가 다 있다. 피곤하면 잠시 쉴 수 있는 것 아닌가?*

2019~2020년 시장실에서 일했던 V는 "나무 재질에 등받이 없는 슈퍼싱글 사이즈의 침대가 하나 있었다"고 기억했다. 그러나 피해자 측 여성단체들은 이를 문제 삼았다.

"시장은 시장실 내 침대가 딸린 내실에서 낮잠을 잠. 그런데 시장의 낮잠을 깨우는 것은 여성 비서가 해야 했음. 일정을 수행하는 수행비서가 깨워 다음 일정으로 가면 효율적이나 여성 비서가 깨워야 기분 나빠하지 않으신다며 해당 일이 요구됨."**

수행비서관 A의 기억은 다르다.

---

* 2020년 7월 21일 인터뷰
** 2020년 8월 13일 한국여성의전화-성폭력상담소 공동입장문

"잠 깨우는 데 남녀 구분이 어디 있었겠냐? 급하면 나도 하고 피해자도 하는 거지. 데스크 비서가 둘이었는데, (2016년 7월) 피해자가 선임이 된 후에는 시장을 직접 챙겨야 하는 일은 자기가 나서곤 했다."

시장실 사정을 잘 아는 박원순계 의원은 "잠 깨우는 업무가 여비서와 맞지 않으니 다른 사람으로 교체하자고 한다면 그건 동의한다. 그러나 비서의 기능 하나하나 '여자를 쓰면 안 된다'고 문제 삼으면 최악의 경우 앞으로 여비서는 못 쓰는 것 아니냐?"고 말했다.

평소 박원순의 노선에 비판적인 보수신문들이 그에게 닥친 악재를 '진보의 위선' 프레임으로 비판하는 것은 충분히 예상 가능했다. 그렇다면 진보언론들 태도는 어떠했을까?

내가 몸담은 〈오마이뉴스〉는 7월 31일 여성학자 권수현 인터뷰를 〈"박원순·오거돈·안희정 모두 지자체장, 이게 우연일까?"〉라는 제목의 톱기사로 올렸다.

권수현은 "안희정 전 지사, 오거돈 전 시장, 박원순 전 시장의 공통점은 지자체장이라는 점이다. 이것이 우연일까? 지자체장은 가해자가 되기 좋은 조건에서 지자체장 업무를 수행한다고 봐도 무방하다"고 말했다.

안희정은 유죄 판결을 받았고, 오거돈은 스스로 혐의를 시인하고 시장직에서 물러났다. 박원순에 대해서는 "스스로 목숨을 끊은 것이 죄를 인정한 것"이라고 생각하는 사람이 있겠지만, 내 생각은 다르다.

이 부분은 후술하겠다.

권 씨의 오류는 '지나친 일반화'로 수렴된다. 벌을 받거나 죄를 인정한 두 사람에 더해 이미 죽어서 스스로 방어할 능력이 없는 사람을 '패키지'로 묶어서 싸잡아 비판한 것이다.

〈한겨레21〉은 박원순이 죽은 후 2주가 되는 시점에서 '박원순 피해자는 왜?…비서를 예스맨으로 몰아넣는 '열쇳말' 3가지'라는 기사를 실었다. 소제목이 '지난 3년간 세 광역지방단체장이 성범죄 연루, 그 구조적인 문제'였다. 기사에는 이런 내용이 있다.

"박 시장과 보좌진은 '운명 공동체'였다. 박 시장이 숨지면서 그가 기용한 비서실장 등 별정직 공무원 27명은 7월 10일 자로 당연퇴직 처리됐다. 지자체장이나 지방의회 의장 보좌를 위해 지방별정직 공무원으로 임용된 경우 단체장과 의장의 임기 만료·퇴직 등과 함께 면직(지방별정직 공무원 인사규정 제12조)된다. 서로를 '순장조'라고 부르며 잘못된 일을 묻어주는 메커니즘이 작용하는 배경이다."

정치인과 보좌진이 '운명 공동체'라는 해석이 틀린 것은 아니다. 그러나 서로를 '순장조'라고 부르며 잘못된 일을 묻어주는 메커니즘이 작용했다고 할 수 있을까? 박원순 비서실장을 지낸 더불어민주당 허영 의원의 말이다.

"2017년 참모들이 '이번 (대선은) 안 된다, 깨끗이 포기 선언하자'고 했을 때도 시장은 화내지 않고 우리 의견을 전적으로 수용했다. 내가 비서실장으로 있을 때도 모든 걸 가감 없이 얘기하는 관계였다."*

별정직 G는 '시장실 센 언니들'의 존재를 기억했다.

"박원순이 페미니즘에 관심이 많다 보니 늘공이든 어공이든 여성 보좌관과 비서관들을 많이 뽑았고, 박 시장도 그것이 시대의 대세라고 생각했다. 공식 석상에서 시장에게 깍듯이 대한다고 '그 언니들'이 시장이나 남자 직원들의 문제 되는 행동을 보고 그냥 넘어갈 사람들이 아니었다."**

2020년 12월 24일 기자는 권수정 서울시의원에게 이 부분을 물었다. 권수정은 같은 해 11월 18일 서울시의회 시정질문에서 "고위직급의 남성연대가 공고하게 들어찬 공간에서 하위직급의 여성이 성폭력 피해가 발생했을 때 용기를 내서 문제제기를 할 수 있는 구조로 보이냐"고 따졌었다.

기자   문미란 정무부시장, 박양숙 정무수석 등 박원순이 고위직에 여성을 중용한 사례들이 꽤 있다.

권수정   여성 한두 명 있고 없고가 아니라 전체적인 구조를 그렇게

---

* 2020년 7월 14일 전화 인터뷰
** 2020년 10월 8일 인터뷰

만든 걸 반성하자는 거다. 달을 가리키는데 손가락 끝의 매니큐어를 보고 있으니 더 답답하다.

기자 시장 사망과 함께 면직된 별정직 27명 중에 여성이 6~7명 있었고, 이들은 시장실에서 중요한 역할을 많이 했다. 물론 그분들이 시장님 돌아가시는 과정에서 제 역할을 못 했다고 평가할 수도 있겠지만.

권수정 시장실이 이의 제기를 할 수 있는 공간이 아니었잖나? 그들은 나름대로 최선을 다했다고 하겠지만, 전체적인 판을 누가 그렸는가를 고민하자는 게 내 생각이다.

권수정은 서울시장 보궐선거에 정의당 후보로 출마해 이런 문제 제기를 계속하려고 했다. 그러나 전술한 바와 같이 그를 지원한 정의당 김종철 당 대표가 같은 당 장혜영 의원을 성추행했다는 이유로 사퇴하는 일이 발생했다.

권수정이 서울시장실 사람들에게 "여성 한두 명 있고 없고가 아니라 전체적인 구조를 그렇게 만든 걸 반성해야 한다"고 한 말이 문득 생각났다. 권수정에게 '김종철 사건'에 대한 입장을 묻자 그는 "이번 사건을 통해 누구나 성폭력의 피해자와 가해자가 될 수 있음을 돌아보고 피해자의 곁에 서서 2차 가해 예방을 위해 더 노력하겠다"고 답장했다. 사건 뒤 그는 출마의 뜻을 접었다.

2020년 9월 17일 유튜브 채널 열린공감TV가 박 시장과 피해자가 생일 케이크를 함께 자르는 동영상을 공개하자 〈한겨레〉는 9월 22일

자 사설에서 〈피해자에게 '피해자다움'을 추궁하는 악의적인 2차 가해〉라고 비판했다.

동영상에 붙은 일부 자막("누가 누구를 성추행하는 것인가, 저 모습이 4년 동안 성적 괴롭힘을 당한 사람이라고 볼 수 있나")을 보며 좀 더 차분한 톤으로 전달했더라면 하는 아쉬움이 없었던 것은 아니다.

피해자가 당시에는 '피해자로 볼 수 없는' 행동을 했고, 지금은 그것을 어떻게 설명하는지를 검증하는 것은 언론의 당연한 역할이다.

그러나 박원순의 생일이나 중요한 이벤트 때마다 피해자가 쓴 편지들이나 함께 근무했던 시장실 직원들의 말을 종합하면, 피해자가 박 시장으로부터 당했다는 피해의 실체를 가늠할 수가 없다.

피해 실체를 확인하려는 시도 자체에 '2차 가해'나 '피해자다움 강요'라는 프레임을 씌운다면 언론의 역할은 뭐가 남을까? 한쪽 얘기는 듣지 않고 목소리 큰 또 한쪽의 얘기만 전하는 것은 저널리즘이 아니라 프로퍼갠더라고 나는 배웠다.

〈경향신문〉의 상황도 크게 다르지는 않았다. 2020년 7월 26일 자 기자 칼럼 '박원순의 공과'는 "성범죄 관련 지원활동을 해온 전문가들은 피해 여성의 진술에 신빙성이 있다고 보고 있다 (중략) CCTV에 포착된 그의 마지막 모습에선 두 얼굴로 살아온 권력자의 모습만 아른거린다"고 썼다.

피해자의 진술에 신빙성이 있다고 본 '성범죄 지원' 전문가들은 누구이고, 그들이 판단한 근거는 무엇이었을까?

내 또래의 정치부장이 다음 날(7월 27일) 쓴 칼럼 '박원순과 '나의 시대'를 보낸다'도 적잖은 울림을 줬다.

그는 "지금 피해자의 절규가, 거악과 싸운 영웅신화가 한 인간의 존엄성을 앞서지 않는다는 목소리가, 새 시대의 첫 신호"라고 선언했다. 누군가는 피해자가 약자이고, 그런 그의 옆에 서주는 것이 정의라고 생각할지 모르겠다. 그러나 '영원한 강자'나 '영원한 약자'는 없는 법. 오히려 내 눈에는 피해자를 약자로 상정하고 그를 지켜주겠다고 모인 여성단체와 언론들이 거대한 성채를 쌓는 것으로 보였다.

〈한겨레〉 관련 에피소드를 하나 더 얘기하겠다. 전술한 바와 같이 〈한겨레21〉이 2020년 9월 4일 김재련 변호사 인터뷰를 보도하자 시장실 사람들은 분노했다. 다시는 "한겨레와 상대하지 않겠다"는 식의 신경전이 오간 끝에 9월 25일 시장실 사람들을 대표해 김주명 서울시 평생교육진흥원장이 인터뷰어로 나서게 됐다.

같은 해 9월 30일 자 〈한겨레〉 8면에 실린 인터뷰를 보고 김주명은 기가 막혔다. 반론 인터뷰는 실렸는데, 인터뷰의 1/3 크기로 피해자 측이 새로 제기한 의혹을 보도했기 때문이다.

제기된 의혹 중에서 2017년 9월 시장실 워크숍에서 김주명이 피해자의 인사이동을 반대했다는 내용은 인터뷰 당시에는 묻지 않았고, 나머지 의혹들도 김주명과 관련된 내용이 아니었다. 김주명은 나중에 〈한겨레〉 편집국장에게 항의 메시지를 보냈다. 김주명의 말이다.

"반론 인터뷰를 실어주면서 그 밑에 재반론을 싣는다는 것은 내가 한 말은 거짓말이라는 얘기가 되는 거죠. 그런 인터뷰는 세상 어디에도 없는 거죠. '오징어 찢어 봉지에 시장 간식을 나눠 담는 일을 시켰다'는 주장도 성추행 사건의 큰 줄기도 아니었고. 한겨레 편집국장이 '미안하게 됐다'고는 하는데 버스는 이미 떠나버렸고."

이 상황을 잘 아는 〈한겨레〉 중견간부의 얘기다.

"어느 순간부터인가 회사의 데스킹이 무너져버렸다. 편집회의 때마다 '박원순 사건에 대해서도 좀 더 토론하고 균형을 잡아야 한다'는 의견을 냈는데 편집국장은 후배들 손을 들어주더라.

형사 사건의 대원칙은 '의심스러울 때는 피고의 이익으로 돌려라'다. '범인 100명을 놓치더라도 피해자 한 명의 인권을 놓치면 안 된다'는 말도 같은 맥락이다. 그런데 박원순 사건에서는 피해자 중심주의, 2차 가해 담론이 저널리즘의 기본 원칙을 다 무너뜨렸다. 페미니즘 이슈에 대해 '냉정해야 한다'는 얘기만 해도 후배들이 반(反)페미니스트, 꼰대라고 낙인을 찍어버리니까. 그런 식으로 후배들 눈치만 살피니 선배들 권위는 회복되지 않고…"

박원순의 핵심 참모 J는 "다툼의 여지가 있는 사건에서 한쪽이 죽었다고 해서 죄를 실토한 것으로 간주하는 기자들의 질문이 무례하다고 느껴졌다"고 개탄했다.

〈미디어오늘〉이나 〈미디어스〉 같은 매체비평지들도 이를 논란으로 다루거나 상대적으로 젊은 기자들의 시각에서 바라보는 기사를 많이 썼다. 언론사들의 이런 세태는 밖에도 자연스럽게 전해졌다. 1982~2000년 연합뉴스와 〈한겨레〉 기자를 지낸 조선희 씨가 8월 14일 페이스북에 쓴 글의 일부다.

> 적어도 〈한겨레〉와 〈경향〉의 경우 '2차 가해 금지'라는 보도 원칙이 있다 한다. 피해자 관련 디테일은 그가 과연 피해자인지 아닌지까지 포함해서 그 내용이 뭐가 됐든 2차 가해라는 낙인에서 자유롭지 않다 보니 숫제 피해가기로 작정한 것이다. 피해자 대신 변호인이 커밍아웃한 이 특이한 미투에서는 피해자의 이름을 말하는 것조차 2차 가해다. 이런 보도 기준이 만들어진 건 여자들의 오랜 싸움의 성과이고 반가운 일임이 분명하다. 하지만 취재와 보도란 수만 가지 다른 케이스들을 다 그 자체의 진실로 접근해야 하는 것이다. 가치판단의 어떤 절대기준을 두고 기계적으로 적용하는 건 위험한 평균주의이거나 비겁한 편의주의일 뿐이다.

'여론 편향'을 이끄는 오보의 책임을 기자들에게만 물을 수는 없다. 2021년 1월 14일 서울중앙지법 형사합의31부 조성필 부장판사가

'4월 사건 가해자' Z에게 징역형을 내릴 때도 이런 일이 생겼다. 첫 재판부터 Z가 일부 혐의를 인정했기 때문에 유무죄 여부가 큰 쟁점은 아니었고, 양형에 대해서도 따로 할 말은 없다.

다만, 판사가 "피해자가 박원순의 성추행으로 인하여 상당한 정신적 고통을 받은 것은 사실인 것으로 보인다"고 말한 부분은 다시 생각해 볼 필요가 있다. 판사가 자신이 맡은 사건과 직접적인 관련성이 없는 별 건의 판단을 말했기 때문이다.

기자가 이 판결문을 입수해보니, 판사가 '박원순 성추행'의 근거로 삼은 것은 정신과 의사의 심리평가 보고서였다. 판사는 판결문 주석에 그 내용을 이렇게 소개했다.

"이 법원의 정신과 의사에 대한 문서제출명령 회신 결과, 위 회신 결과에 따르면, 피해자는 2020.5.15. 경부터 직장 상사인 고 박원순 전 서울시장의 성추행 사실을 진술하기 시작하였는데, 그 주요 내용은 "(박원순 서울시장) 밑에서 근무한 지 1년 반 이후부터 야한 문자, 속옷 차림 사진 등을 보냈고, '냄새가 맡고 싶다'. '몸매가 멋있다', '사진 보내달라'는 등의 문자를 받았다. 2019. 1. 경 다른 부서로 이동하였는데 2019. 2. 경 '남자에 대해 넌 모른다', '남자를 알아야 시집을 갈 수 있다', 'sex를 알려주겠다'고 하였고, 다음 날 남성과 여성의 성관계 과정을 줄줄이 얘기하였다. 2020.2. 경 'sex를 가르쳐주겠다', '만나자. 오겠다', '이제는 같은 부서가 아니니까 들키지 않고 몰래 만날 수 있잖아?'라고 하였다 등이다."

판사의 이 같은 판단을 전하는 뉴스가 전해지자 그동안 신중론을 견지하던 사람들도 마음을 정하기 시작했다. 소셜미디어에는 "증거 들여다본 법원이 인정했으니 이제 상황 정리하자"는 식의 반응이 넘쳐났다. 그러나 판사의 판단 근거가 잔디의 '4월 사건 이후' 진술이라는 것을 뒤늦게 전해 들은 사람들의 반응은 달랐다. 한 언론사의 법조 팀장은 "판사가 피해자의 진술만으로 자신이 맡은 건과 무관한 사건의 사실관계까지 확정 지은 것은 경솔했다"고 말했다.

"(피해자가) 2019년 1월경 다른 부서로 이동했는데도 다음 달인 2월에 박 시장이 성관계 얘기를 했다"고 판단했다는 대목도 눈길을 끌었다. 왜냐하면, 피해자가 시장실을 떠난 것은 2019년 7월이기 때문이다. 그러니 "2019년 1월 타 부서로 이동했는데도 박 시장이 성관계 얘기를 했다"는 게 성립이 안 된다.

판사는 왜 이런 실수를 했을까? 피해자가 잘못 진술한 것을 판사가 판결문에 그대로 썼을 수도 있고, 피해자는 제대로 얘기했는데 판사가 잘못 알아들었을 수도 있다. 어느 쪽이든 검증된 내용을 판결문에 옮기는 것은 판사의 책임이다. 판사가 제대로 확인하지 않은 사실관계의 토대 위에 "박원순이 성추행을 했다"는 결론을 내버린다면 소송인들이 사법부에 대한 믿음을 유지할 수 있을까?

그리고 판단 근거가 된 '피해자의 여러 진술'은 모두 2020년 5월 이후에 나온 것들이다. 성범죄의 특수성을 강조하면서 하나의 큰 사건을 계기로 나온 피해자의 진술을 믿느냐 안 믿느냐로 재판이 가버리면 증거재판의 원칙은 바로 허물어질 수밖에 없다.

이 사건은 '발표 저널리즘'(취재원의 발표에만 의존해서 발표 내용 그대로 전하는 보도 방식)의 문제이기도 하다.

나는 법원 출입기자가 아니기 때문에 관련 기사를 쓰지 않았지만, 언론들이 판사의 이 말을 어떻게 옮겼는지를 유심히 살폈다. 그 결과는 이렇다.

한겨레 "다른 부서로 이동했는데, 2019년 2월에 '섹스를 알려주겠다, 남자를 알려주겠다'며…"

문화일보 "재판부는 또 2019년 1월쯤 (비서실에서) 다른 부서로 이동한 이후에도 박 전 시장이…"

중앙일보 "2019년 1월쯤 (비서실에서) 다른 부서로 이동한 이후에도 박 전 시장이…"

서울신문 "또 2019년 1월쯤 (비서실에서) 다른 부서로 이동한 이후에도 박 전 시장이…"

매일경제 "2019년 1월께 피해자가 부서를 옮긴 뒤에는…"

민중의소리 "다른 부서로 이동한 뒤인 2019년 2월 박 전 시장은…"

펜앤마이크 "재판부는 또 2019년 1월쯤 (비서실에서) 다른 부서로 이동한 이후에도 박 전 시장이…"

법원 출입기자들에게 이 사건은 그가 처리해야 할 수많은 사건 일부였을 것이다. 그러니 판사가 무슨 말을 해도 발표 내용의 검증 없이 그대로 쓰는 관행이 있을 것이다.

뒤늦게 이 판결문의 오류를 발견한 법원은 '2019년'을 '2020년'으로 고쳤다. 잘못된 계산이나 기재, 그 밖에 이와 비슷한 잘못이 있는 판결문을 고치는 것을 '경정'이라고 하는데, 이는 형사소송규칙 25조 1항에 보장된 판사의 권한이다. 어쨌든 이 덕분에 속보 경쟁에서 뒤처진 몇몇 신문들은 사건의 발생 시점을 '바르게' 쓸 수 있었다. 그렇다고 해도 다른 동료들이 활약해준 덕에 나처럼 법정에 가지 않고도 판사의 오류를 알아차린 사람이 나왔다는 결과가 달라지지 않는다.

1월 25일에는 국가인권위 직권조사 발표가 나왔다. 발표문에 피해자에게 불리한 내용은 두루뭉술하게 처리돼 있었지만, '2020년 7월 13일 여성단체의 첫 기자회견'과 비교해서 달라진 지점을 주목한 언론은 없었다.

김재련이 기자회견에서 밝힌 '범죄 사실 개요' 중에서 ▲ 집무실에서 셀카 촬영할 때 신체적인 밀착이 있었다 ▲ 무릎의 멍을 보고 '호' 해주겠다며 무릎에 입술을 접촉하는 행위를 했다 ▲ 집무실 침실로 불러 '안아달라'며 신체적 접촉을 했다는 주장을 인권위는 인정하지 않았다. 인권위는 이 부분을 "피해자 주장 외에 당시 이를 들었다는 참고인의 진술이 부재하거나 휴대전화 메시지 등 입증 자료가 없는 경우 사실로 인정하기 어렵다"는 정도로만 기술했다.

당시 기자회견을 뒤덮었던 '성추행'이라는 말은 인권위 발표문에는 한 줄도 나오지 않는다. 인권위는 ▲ 박 시장이 늦은 밤 피해자에게 부적절한 메시지와 사진, 이모티콘을 보내고 ▲ 네일아트한 손톱과 손을 만진 행위를 사실로 인정하고, 이것이 성희롱에 해당한다고 발표했다.

　박원순이 피해자의 네일아트한 손톱과 손을 만진 부분에 주목한 일부 언론은 "인권위가 박원순의 신체 접촉도 일부 인정했다"는 제목을 뽑았다. 그러나 '신체 접촉'이라는 제목을 보고 "박원순이 비서의 허락도 없이 손을 만지는, 천인공노할 범죄를 저질렀다"고 생각하는 사람은 몇 퍼센트나 될까?
　더구나 두 가지 혐의 중 '네일아트'에 대해서는 그것을 성희롱으로 볼 수 없다는 목격담도 있다. (8장 참조)

　언론의 힘은 어디에서 나올까? 나는 편집의 힘, 해석의 힘이라고 생각한다. 사안에 대한 판단 근거가 되는 '팩트'는 소셜미디어나 유튜브를 통해 독자들에게 직접 전달되는 시대가 됐다. 그러나 독자들이 필요한 정보를 일일이 찾아볼 수 없는 상황에서 언론이 어떤 제목을 뽑고, 어떤 정보를 더하고 빼느냐에 따라 여론의 인식구조에 결정적인 영향을 줄 수 있다. 4월 사건에서 '박원순 성추행'을 결론 내버린 판사 같은 사람도 '여론 쏠림'의 자장을 벗어날 수 없었다.

　인권위 발표 뒤 "모든 진실이 드러났다"는 식의 기사들이 쏟아지자 사건을 관망하던 사람들도 "이제는 정리해야 하지 않냐"는 얘기들을 내놓았다. 그분들을 위해서라도 이 책을 빨리 내놓아야겠다는 결심에 이르렀다.

이제 우리 회사 얘기로 '박원순 사건과 언론' 챕터를 마무리하려고 한다. 나는 2020년 12월 4일 〈전 비서실장 "박원순 '무릎 호' 자리에 다른 직원 3명 있었다"〉를 끝으로 〈오마이뉴스〉에 더는 사건 관련 보고도 기사도 쓰지 않기로 했다. 전말은 이렇다.

내가 '오성규 의견서' 후속 취재 과정에서 I와 U의 진술을 확보한 사실은 이미 설명했다. 2018년 전보 논란에서 시장실 측 주장을 뒷받침하는 핵심 진술이라고 판단한 나는 기사로 써야 한다는 입장이었다.

편집국장 생각은 달랐다. 12월 8일 오후 편집국장과 긴 통화가 이어졌다. 24분간 통화를 일일이 옮길 수 없어 문답의 요점만 정리하면 이렇다.

편집국장 잔디가 당시에 동료에게 그런 말을 했다고 해서 그런 일(성추행)이 없었다고 보기는 힘들다. 그리고 너무 디테일한 상황이라서 그걸 기사로 써도 독자들에게 그 의미가 제대로 전달이 안 된다. 뉴스 가치가 없다는 게 나의 판단이다. 나도 잔디가 승진 욕심 때문에 시장실 안 나간 것은 맞다고 본다. 하지만 양측 주장이 다르다고 해도 매우 미세한 차이가 있을 뿐이다.

기자 답답하다. 그런 식으로 하면, 무엇을 취재해도 새로운 게 하나 없을 거다.

편집국장 방금 말한 얘기는 삐딱선을 타는 거다.

기자 나도 이런 식으로 얘기하는 게 무슨 의미가 있나 싶다.

편집국장 그런 식으로 말할 수도 있지만, 보다 거리를 두고 사안을
보는 사람들 입장에서도 생각해야 한다. 결국 그들을 설득
하려고 쓰는 기사 아닌가? 어쨌든 이번 기사는 너무 미시
적인 것 같다. 기사가 나가도 이 부분은 클리어하게 해명되
지 않을 것이다. 저쪽은 '박원순이 못 나가게 해서 피해자
는 승진하고 나가기로 했다'는 얘기를 계속할 것이다.

기자 그런 식으로 생각하면, 진실은 어디에도 없고 오직 피해자
마음속에만 있다는 말과 같다.

편집국장 나도 K의 말이 맞다고 생각하지만, 이 부분으로 싸우는 게
뉴스 가치가 없다고 본다.

기자 나로서는 기사가 계속 엎어지는 느낌이라서 힘이 빠진다.

편집국장 엄밀히 얘기해서, 두 건 아니냐? 내가 미리 알았다면 기사
를 쓰지 않아도 된다고 했을 거다.

기자 기자 입장에서는 기사가 계속 나가야 취재에도 탄력이 붙
는다.

편집국장 박 시장 쪽과 피해자 양쪽 모두 이제는 이름을 다 아는 기
자가 되지 않았나? 기사 안 나가서 취재가 안 되는 상황은
아니다.

나는 "더 하고 싶은 말이 없다. 편집국장 입장은 알았으니 내 나름대로 생각을 해보겠다. 대화가 충분하지 못해서 이런 상황까지 온 것은 아닐 것"이라고 통화를 마무리했다. 12월 10일 오전 나는 편집국 선임기자에게 내 입장을 정리한 메시지를 보냈다.

한번은 정리해야 할 것 같아서 글로 씁니다. 말로 하면 중요한 포인트가 휘발돼서 사라지기도 해서.

어제 전체게시판에 올린 글이 개인 신상에 대한 것이라면 지금 글은 지난 5개월간 박원순 사건 취재에 대한 것입니다.*

어제 상술한 것처럼 김재련 변호사 포함 취재에 응해준 사람이 36명. 지난 4년간 있었던 일을 연도별 시간대별로 정리한 '박원순.hwp' 파일이 120페이지를 넘어갑니다.

처음엔 취재가 이렇게 길어질 줄은 예상하지 못했습니다. 시장실 사람들은 어느 언론 아무개 기자가 이런 이런 걸 묻더라, 아무개 기자가 관심을 보이더라는 식의 얘기를 해주는데 어느 순간 저만큼 들러붙어서 취재하는 기자가 한 명도 없더군요.

7월 김재련-여성단체 합동 기자회견이 시작이었습니다. 원래 목적은 그들 통해서 나오는 잔디의 얘기가 어디까지가 사실이고 어

---

* 2020년 12월 9일 나는 회사 게시판에 투병 사실을 밝히는 글을 올렸다. '닫는 글' 참조

디까지가 부풀렸는지를 확인하는 것이었습니다.

난산 끝에 제 작품인지도 의심스러운 〈서울시청 6층 사람들 "성추행 방조? 난 들은 적 없다"〉 기사가 7월 말에 나왔습니다.

이즈음 저의 문제의식은, 시장에게 아무리 치명적인 허물이 있다고 해도 20여 명이나 되는 사람들이 얘기 자체를 들은 적이 없다고 (조직적으로) 부인하는 것이 가능하냐는 것이었습니다. 아무리 말을 맞춘다고 해도 실체가 있는 건(성추행)을 없었던 것처럼 꾸미다 보면 나중에는 모순점이 드러날 수밖에 없거든요.

사실 그 기사도 어느 정도 해설이 가미돼야 더욱 기사다운 골격을 감출 수 있었는데, 편집국장은 "식재료 던져주고 나머지는 독자들이 알아서 요리하라"는 취지의 데스킹을 했습니다. 기사 출고와 함께 박원순-오거돈을 한 큐에 때리는 여성학자 권수현 인터뷰를 떡 하니 1번에 걸었구요. 제 기사는 쓰고나서도 노조 공보위 후배들의 항의로 지금 와서 보면 말도 안 되는 부분이 재수정됐습니다.

어쨌든 제가 '타협'을 선택한 덕에 시장실 사람들에도 자기들 얘기 편견 없이 들어주는 기자 한 명은 있구나라는 인상을 줬고, 아시다시피 몇 건의 의미 있는 기사들이 나왔습니다. 7월에는 저 역시 아는 게 없어서 혼란스러웠지만, 4년간 잔디를 만났던 사람들의 자료가 축적되니 그걸 토대로 저만의 판단 기준을 마련하게 됐습니다.

이제 얼마 안 남은 목적지까지 가려면 어떤 방법을 택하냐가 남은 셈인데, 저와 편집국장(더 넓게는 회사) 사이에 방법론의 큰 괴리를 느낍니다.

울 회사 편집국장을 지낸 김당 선배는 박지원이 대북 송금 특검에 구속된 직후인 2003년 7월부터 이듬해 4월까지 두 차례의 집중취재 연재 보도를 포함해 이익치가 박에게 준 정치자금 관련 기사를 총 30건 썼습니다. 정몽헌으로부터 박이 뇌물을 받았다는 검찰 주장과 달리 중간에 배달 사고 가능성을 염두에 두고 쓴 기사였습니다.

그 기사대로 2심까지 지던 박지원은 대법원 파기환송으로 누명을 벗었습니다. 2017년 대선 때 박지원은 저를 볼 때마다 이미 회사 떠난 김당을 '어떻게 지내냐', '생명의 은인'이라고 추켜세우는 것을 봤습니다. 대한민국의 모든 기자가 '박지원은 청와대 비서실장으로 끝'이라고 할 때 김당만은 기자-취재원 떠나서 "이미 감옥에 있는 사람이 나에게까지 거짓말을 할 리 없다"고 판단했습니다.

저는 '신원'이 언론의 중요한 역할 중 하나라고 봅니다. 박 시장이든 잔디든 억울한 일 당한 사람 있으면 원을 풀어줘야 하고, 적어도 최선을 다했다는 소리를 들을 만큼은 기자가 해야 한다고 봅니다.

박원순은 권력자이고, 비서는 약자라는 통념도 마찬가지입니다. 죽음으로 방어권이 사실상 상실된 피고 박원순을 제쳐놓고, 언론의 압도적인 지원 사격을 받는 잔디를 보면서 "강자와 약자는 상대적이고, 얼마든지 뒤집힐 수 있다"는 것을 느낍니다.

김당은 기사 쓰는 과정에서 "박지원과 유착됐다"는 대검 중수부의 언론 플레이와 이익치의 10억 손배소를 견뎌냈습니다. 김당도 치열했지만, 데스크를 맡았던 정운현이 아니라 다른 사람이 국장이라면 30여 건의 기사가 출고될 수 있었을까 하는 의문을 갖습니다.

김당에 대해 '이미 끈 떨어진' 박지원에 집착한다, 중요한 일들도 많은데 왜 이 건만 파냐는 뒷얘기도 있었습니다.

박원순 사건이 중요하다는 것에 공감하면서도 토막토막 물어오는 정보들을 기사로 쓰려는 것을 보며 '이게 뉴스 가치가 있나' 의구심도 들었겠죠.

그저께 편집국장과 '2018년 전보 기사' 관련 24분간 통화를 했는데 그의 결론은 "나도 K의 말을 믿지만, 독자들 눈에는 여전히 이쪽 주장과 저쪽 주장이 부딪히는 것 이상으로 안 보일 것이다. 뉴스 가치가 낮다. 나에게 보고했다면 기사 주문은 안 했을 것"이라는 것이었습니다.

제가 처음 겪은 일도 아니죠. 11월 2일 '박원순 사건 참고인들은 말한다' 기사 2건을 출고해놓고 3명이서 면담할 때도 비슷한 과정을 겪었으니까요. 두 기사 모두 관련자 진술이라는 팩트를 담아 기사화의 최소요건은 넘겼지만 문제는 뉴스 가치의 판단이었습니다.

제 입장만 말씀드릴게요. 기자는 검사도 판사도 아닙니다. 완벽한 진실을 알 수도, 판단할 능력도 부족합니다. 하지만 사건의 스모킹건을 담은 '큰 기사'가 나오려면 '작은 기사들'이 필요합니다. 독자들 눈에는 "이게 뉴스거리인가" 싶은 건들도 당사자들에게는 잔잔한 파장을 일으켜서 나중에는 큰 사건이 되기도 합니다.

미국 대통령 닉슨을 물러나게 만든 워터게이트 기사도 원래는 지역지 수준이었던 워싱턴포스트 두 기자를 벤 브래들리라는 감각 있는 편집국장이 지원했기 때문에 나올 수 있었습니다. 두 기자가 '자잘한 기사들'을 쏟아낸 것을 나중에는 메이저 언론들이 받아쓰기 시작했고, 정작 탄핵 논의에 갈 때 두 기자는 취재에서 손을 뗐습니다.

김당의 박지원 사건 기사도 일반 독자들에게는 중요한 사건이 아니었지만, 사건을 심리하는 대법관들에게는 중요한 레퍼런스였습니다. 오마이뉴스가 뉴스 가치 때문에 김당 기사를 출고하지 않았다면 오늘날의 '국정원장 박지원'도 없었다고 저는 확신합니다.

그런데 제가 김당 선배가 아니고, 우리 회사도 2004년의 오마이뉴스가 아닌 것 같네요. 벽을 느낍니다.

좀 더 심하게 말하면 "데스크인 나의 결론은 이렇다. 기사 출고 안 하면 당신이 뭘 어쩔 거냐"는 오만을 편집국장에게 느낍니다. 이 말이 국장에게 들어가면 섭섭하게 생각하겠지만 저에게 중요한 것은 제 판단이니까요.

그래서 제 생각을 말씀드리겠습니다.

① 올해 업무는 서울시가 주문한 홍보 기사 쓰는 데 주력하겠습니다. 생각 같아서는 당장이라도 안식월 내고 싶지만 저한테 주어진 설거짓거리를 미뤄놓고 주방을 나오진 않겠습니다. 설거지 열심히 해서 식당 주인에게 품삯을 받아내야 저랑 회사를 먹여 살릴 수 있으니까요. 오늘은 동물복지지원센터 탐방 기사, 다음주는 장애인복지관 탐방 기사 그리고 앞으로 몇 건 더 남았습니다.

② 박원순 사건 관련 보고를 올리지 않고, 기사도 더 이상 쓰지 않겠습니다. '경찰-인권위 발표'도 마찬가지이니 선배나 다른 기자가 맡으셔야 할 겁니다. 박원순 사건에 관한 한 저는 우리 회사가 그나마 낫다고 생각했지만, 지금은 다르다고 생각합니다. 향후 "오마이뉴스도 다를 게 없었다"는 얘기 나오더라도 모두가 감수해야 한다고 봅니다.

③ 편집국장과는 앞으로 이 사건 관련해서 얘기하지 않겠습니다. 하지만, 그동안 취재 과정에서 회사에서 겪은 일에 대한 기록은 남길 것입니다.

나와는 면식이 별로 없었지만, 박원순은 2000년 창간 때부터 〈오마이뉴스〉와 함께 한 '셀럽'이었다. 그해에 박원순은 총선 후보 낙천·낙선 운동이라는 초유의 이벤트를 벌였고, 시민단체의 투어 버스에 합승해 생중계 기사를 송고한 매체가 우리 회사였다.

그가 정치인으로 변신한 2011년 이후에도 '끈끈한 관계'는 이어졌다. 그런데 박 시장이 죽은 후 회사 직원 아무도 내게 "박 시장이 어떻게 된 거냐"고 묻지 않았다.

행여나 '2차 가해' 논란으로 책잡히면 취재에 방해될까 봐 몸 사리던 나도 사건 자체에 호기심을 가진 동료·후배가 있다면 법의 테두리 내에서 아는 만큼 답해줄 참이었다. 그러나 아무도 묻지 않았다.

편집국장, 사회부장 등 취재 상황을 반드시 알아야 할 지휘 라인도 내가 먼저 "의논할 게 있다"고 회사를 찾기 전에는 아무도 묻지 않았다.

문득 2005년 황우석 사건 취재 때가 떠올랐다. 당시 서명숙 편집국장은 '과학 문외한'이던 나에게 사건 취재를 맡겼다. 그 과정에서 MBC 'PD수첩'의 한학수 PD를 만난 뒤부터는 "황우석의 권위에만 의존해서 별문제 없다고 넘어가면 안 되겠다"는 생각을 굳혔다.

언론들이 황우석 팀에 휘둘려 'PD수첩'의 취재윤리 문제를 물고 늘어질 때도 "PD수첩 방송을 보고 진위를 따져보자"고 주장했다. 초기에는 편집국장이 나를 닦달했지만, 어느 순간 내가 국장을 닦달하고 있었다. 황우석의 거짓말이 드러날 즈음 'PD수첩'의 응원군은 〈오마이뉴스〉와 〈프레시안〉, 〈한겨레〉, 〈한국일보〉만이 남았다. 진보언론

〈경향신문〉은 과학 전문기자의 독단에 끌려다니다가 여타 언론들과 함께 웃음거리가 됐다.

어쨌든 나는 시류에 편승하지 않고 할 말은 했던 이 시절의 〈오마이뉴스〉를 '내 인생의 황금기'로 생각한다. 15년은 긴 세월이다. 나의 '박원순 사건 절필' 선언도 예고된 운명이었는지 모른다.

'박원순과 사람들'의
12가지 혐의

박 시장은 죽은 후 더 많은 비판을 받았다. "어떤 자살은 가해였다. 아주 최종적인 형태의 가해였다"라는 소설 문구가 혐의를 인정하지 않고 세상을 떠난 박 시장을 '확인 사살'하는 수사로 애용됐다.

박 시장이 죽음으로써 스스로 방어권을 포기한 것이 '싸늘한 여론'을 만드는 데 결정적인 역할을 한 것은 분명하다. 그러나 분명히 해둘 것이 있다.

박 시장은 자신의 죽음으로 '공소권 없음'으로 사건의 사법적 결론을 내버렸다. 그렇다고 해서 나는 한 시대를 떠들썩하게 만든 이 사건을 영원한 미스터리로 남겨두는 것도 바람직하지 않다고 본다.

사람은 떠났지만, 무슨 일이 있었는지를 짐작할 수 있는 증거들이 전혀 없는 것은 아니다. 피해자와 박 시장 두 사람과 '시장실 4년'을 함께 한 사람들의 기억이 아직 생생한 편이다.

안타깝게도 우리나라 형사소송법은 증거재판주의(307조)와 자유심증주의(308조)를 모두 채택하고 있다.

307조에는 '① 사실의 인정은 증거에 의하여야 한다, ② 범죄 사실의 인정은 합리적인 의심이 없는 정도의 증명에 이르러야 한다'고 되어 있고, 308조에는 '증거의 증명력은 법관의 자유판단에 의한다'고 되어있다. 증거를 최대한 찾아보되, 증거라고 할 만한 게 없으면 '증거로 여겨질 만한 것'을 법관 임의로 판단할 수 있다는 얘기다.

최근의 성범죄 재판은 피해자의 '일관된 진술'을 증거로 채택할 수 있는가를 놓고 판사들마다 고심한 흔적이 엿보인다. 2021년 1월 14일 서울시청 직원 Z에게 실형을 선고한 '4월 사건' 1심 재판부는 가해자의 유무죄를 판단할 때 피해자 진술의 일관성에 주목했다.

반면, 같은 해 1월 27일 자신을 둘러싼 성추행 보도를 반박했다가 명예훼손 및 무고 등의 혐의로 기소된 정봉주 전 민주당 의원에 대해 항소심 재판부(서울고등법원 형사6부 오석준, 이정환, 정수진 부장판사)는 무죄를 선고했다.

이 재판부는 사건 피해자의 진술 일부에 일관성이 있다는 것을 인정하면서도 "당시 정봉주의 입술이 피해자의 입술에 스쳤다는 피해자 진술은 그대로 믿기 어렵다"며 정봉주가 피해자의 의사에 반해 강제 성추행했다고 보기 어렵다는 결론을 내렸다.

이 책의 목적이 정봉주 사건의 쟁점을 다투는 것이 아니라 상술하지는 않지만, 판결문에 우리 사회가 성범죄 사건을 다루는 지침이 될 수 있는 언명이 있어서 소개한다.

"피해자는 법정에서 피고인의 당시 행위로 불쾌한 감정이 기억에 남아 있었다고 진술하였다. 성폭행이나 성희롱 사건을 심리할 때 그 사건이 발생한 맥락에서 성차별 문제를 이해하고 양성평등을 실현할 수 있도록 '성인지 감수성'을 잃지 않도록 유의해야 한다. 그렇다고 하여 피해자가 불쾌한 감정을 느꼈다고 하는 모든 행위가 성폭행이나 성희롱 행위에 해당한다고 볼 수는 없다."

나는 사법 사건에서 단 하나 지켜야 할 원칙이 있다면 그것이 '증거 재판주의'라고 감히 말한다. 소송 당사자들은 자기 유리한 대로 '아무 말 대잔치'를 할 수 있지만, 관전자들은 그런 말에 휘둘릴 필요가 없다. 그렇다고 재판 결과가 나올 때까지 입도 벙긋하지 말자는 게 아니다. 오히려, 보편적이고 합리적인 결론에 도출할 수 있도록 더 많은 판단의 근거를 내놓고 얘기해야 한다.

그런 면에서, 박원순 사건의 사실 여부를 가리려면 그의 혐의 내용을 하나하나 따져볼 필요가 있다.

피해자 측 김재련 변호사가 1차 기자회견(2020년 7월 13일)에서 밝힌 박원순의 범행 사실은 다음과 같다. 김 변호사는 "비서직을 수행하는 4년 기간, 그리고 다른 부서로 발령이 난 이후에도 범행이 지속됐다. 범행 장소는 시장 집무실, 그리고 집무실 내 침실 등"이라고 말했다.

① 피해자에게 즐겁게 일하기 위해 '둘이 셀카를 찍자'며 집무실에서 셀카를 촬영했고, 그럴 때 신체적인 밀착을 했다.

② 피해자 무릎에 있는 멍을 보고 '호' 해주겠다며 무릎에 자신의 입술을 접촉하는 행위를 했다.

③ 집무실 안에 있는 내실, 즉 침실로 피해자를 불러 '안아달라'며 신체적 접촉을 했다.

④ 텔레그램 비밀대화방으로 초대해 지속적으로 음란한 문자를 전송하고, 속옷만 입은 사진을 전송했다.

2020년 7월 16일 여성의전화와 성폭력상담소의 공동입장문에는 이런 혐의들이 추가됐다.

⑤ 피해자가 2016년 1월부터 매 반기별 인사이동을 요청했지만, 박 시장은 "그런 걸 누가 만들었냐", "비서실에는 해당 사항이 없다"며 피해자의 전보 요청을 만류하고 불승인했다.

⑥ 박 시장의 혈압 체크는 가족이나 의료진이 하는 것이 맞다고 의견을 냈으나 여비서의 업무로 부여됐다. 업무 동안 시장은 "자기(피해자를 지칭)가 재면 내가 혈압이 높게 나와서 기록에 안 좋아" 등의 성희롱적 발언을 했다.

⑦ "시장이 마라톤을 하는데 여성 비서가 오면 기록이 더 잘 나온다", "평소 1시간 넘게 뛰는데 여성 비서가 함께 뛰면 50분 안에 들어온다"며 주말 새벽에 나오도록 요구했다.

⑧ 시장이 운동 등을 마치고 온 후 시장실에서 그대로 들어가 샤워할 때 옷장에 있는 속옷을 비서가 근처에 가져다주어야 했고, 샤워를 마친 시장이 벗어놓은 운동복과 속옷을 비서가 시장 집에 보냈다. 시장이 내실에서 낮잠을 잘 때 '여성 비서가 깨워야 기분 나빠하지 않는다'며 여비서에게 해당 업무가 요구됐다.

⑨ 결재받을 때 비서에게 "시장님 기분 어때요? 기분 좋게 보고하게…"라며 심기 보좌, 혹은 '기쁨조'와 같은 역할을 사전에 요청했다. 결재받으러 오는 이들이 비서를 위아래로 훑어보고, 시장실을 방문한 국회의원 등이 "여기 비서는 얼굴로 뽑나 봐" 등의 성희롱적 발언을 했다.

⑩ 전·현직 고위공무원과 별정직 등이 '박원순 고소'가 알려진 뒤 피해자에게 전화로 ▲ 정치적 진영론에, 여성단체에 휩쓸리지 말라고 '조언' ▲ 기자회견은 아닌 것 같다고 만류 ▲ "확실한 증거가 나오지 않으면 힘들 거야"라고 압박했다.

7월 22일 여성단체 2차 기자회견에서 송란희 여성의전화 사무처장은 "⑪ 이 사건에 대해서 직간접적으로 알고 있었던 20여 명에 달하는 동료들이 은폐, 왜곡, 축소하는 데 가담하고 있다"고 주장했고, 김재련 변호사는 "수사기관(경찰)에 진술했는데 피해자가 기억하는 내용만 하더라도 부서 이동을 하기 전에 17명, 부서 이동 후 3명이다"라고 확인했다.

8월 17일 피해자 공동변호인단(김재련 서혜진 이지은 강윤영)과 지원단체들은 공동 보도자료로 "⑫ '6층 사람들' 중 일부가 피해자와 주고받은 텔레그램 내용 전체를 삭제하거나 텔레그램에서 탈퇴하는 행위를 통해 증거 인멸을 시도하고 있다"고 주장했다.

나는 일단 이 무수한 혐의들을 '박원순이 한 것'과 '다른 사람들이 한 것'으로 나눴다.

박원순의 행위로 지목된 것은 ① 셀카 밀착 ② 무릎 호 ③ 내실에서 안아달라 ④ 텔레그램 음란 문자와 사진 전송 ⑤ 전보 불승인 ⑥ 혈압 체크 강요 및 성희롱 발언이었다.

① '셀카 밀착'에 대해 시장실 사람들 상당수는 경찰 조사 과정에서 "시장이 먼저 찍자고 한 적도, 잔디가 먼저 찍자고 한 적도 있지만, 신체 밀착을 본 적은 없다"고 증언했다. 경찰과 인권위 모두 피해자를 뒷받침할 증거를 찾지 못했다.

둘이 은밀하게 셀카를 찍거나 그 과정에서 어떤 일이 있었는지는 알 수 없으나 피해자는 시장에게 보낸 손편지에서 "셀카 찍는 일들을 한 달 동안 못한다고 생각하니 너무너무 아쉽고 슬프다"고 말했다.

② '무릎 호'는 시장이 입술을 접촉한 행위의 맥락이 쟁점이었다.

기자는 피해자가 먼저 무릎을 다쳤다는 것을 알렸고, 시장이 피해자 요청으로 호 해줬다는 증언을 확보했다. 경찰은 피해자 말을 뒷받침할 증거를 찾지 못했고, 인권위도 보도자료에서 이 부분을 언급하지 않았다.(8장 참고)

③ '내실에서 안아달라'는 피해자 주장만이 남았다. 하다못해 당시에 비슷한 얘기를 들었다는 주변 사람의 증언이라도 있을 법한데 그런 게 없었다. 국가인권위는 "피해자 주장 외에 행위 발생 당시 이를 들었다는 참고인의 진술이 부재하거나 휴대전화 메시지 등 입증 자료가 없는 경우 사실로 인정하기 어렵다"고 판단했다.

④ '텔레그램 문자와 속옷 사진 전송'은 박원순이 피해자를 대화방으로 초대한 사실이 확인됐고, 국가인권위도 "박원순이 늦은 밤 피해자에게 부적절한 메시지와 사진, 이모티콘을 보낸 사실은 인정된다"고 발표했다.

그러나 대화의 빈도와 목적, 내용 모두 베일에 싸여있다. 국가인권위는 "성희롱의 인정 여부는 성적 언동의 수위나 빈도가 아니라 공적 영역에서의 업무 관련성 및 성적 언동이 있었는지가 관건이므로, 사실 인정만으로도 성희롱으로 판단한다"고 밝혔다. 그런 사실이 하나라도 있었다는 것만으로도 문제를 삼아야 한다는 논지로 나는 이해했다.

기자는 피해자가 동료에게 '잔디 냄새 좋아 킁킁'이라는 문자와 러닝셔츠 입은 사진을 보낸 것을 보여줬다는 증언을 2020년 10월에 확보했다. 박 시장은 불특정 다수의 지인에게 러닝셔츠 사진을 보낸 적이 있는데, 피해자가 받은 사진이 얼마나 더 노골적이고 성적인 의미를 내포했는지는 확인하지 못했다. 박원순에게 법적, 도덕적 책임을 묻는다면 이 부분이 최대 쟁점이 될 것으로 보인다.(7장 참고)

⑤ '전보 불승인'과 관련해 피해자는 8번 요청 끝에 시장실을 나올 수 있었다고 주장했다. 그러나 비서실장 이하 인사담당자들을 포함한 직원들 상당수는 "일반직 공무원이었던 피해자가 시장실을 나가는 것보다는 승진에 더 관심이 있었다"고 말했다.

2019년 1월 정기인사의 경우 인사비서관 K는 "박원순이 승인하지 않아서 좌절된 게 아니었고, 피해자가 시장실에 더 남아서 승진하는 길을 택했다"고 증언했다. 기자는 잔디로부터 이 같은 정황을 직접 들었다는 동료 직원의 증언도 확보했다.(11장 참고)

2020년 2월의 '비서 재요청' 논의는 실재했을 가능성이 있다. 그러나 누가 요청했고 그 과정에서 어떤 대화가 오갔는지가 불분명하고, 그러한 인사가 실행되지도 않았다.

⑥ '혈압 체크'는 피해자만이 한 게 아니라 보좌진이 돌아가면서 한 것이라는 증언을 확보했다. 이때 박원순이 성희롱 발언을 했는지에 관한 증거는 없다.

이제 '박원순 사람들'이 책임져야 할 혐의들을 따져보자.

⑦ '마라톤'은 피해자에게 주말 새벽에 나오도록 요구한 주체가 불명확하고, 어느 정도의 강도였는지도 불분명하다. 그런 얘기를 듣고 나온 사람도, 안 나온 사람도 있다. 그러나 '여비서가 오면 기록이 잘 나온다' 식의 발언은 시장이 한 것이 아니라는 증언을 확보했다.(9장 참고)

⑧ '샤워 시 속옷 심부름'과 '낮잠 깨우기' 등에 대해 수행비서관은 "피해자만이 아니라 나를 포함한 보좌진이 돌아가면서 한 것"이라고 증언했다. '업무 분장'이 부당했다면 그 책임은 시장이 아니라 비서실장에게 묻는 것이 마땅하지만, 피해자는 물론이고 함께 근무한 비서들이 재직 당시 문제제기를 한 흔적을 찾지 못했다.

⑨ '결재 시 심기 보좌와 성희롱 발언'은 시장이 아니라 결재받으러 온 서울시 간부 등 방문객들의 문제다. 부적절한 행위들이지만, 집무실의 박 시장이 이 같은 사정을 속속들이 알았을지는 의문이다. 여성단체들은 이걸 언급하면서 '기쁨조'라는 자극적인 낙인을 찍었다. 북한 독재자의 성노예 집단을 연상시키는 단어 선택으로 무슨 효과를 기대했는지 의문이다.

⑩ '기자회견 만류'와 관련해 기자는 피해자와 김주명 전 비서실장이 주고받은 텔레그램 메시지를 공개했다. 이것이 보편적인 의미의 '협박'으로 봐야 할지는 독자들의 판단에 맡기겠다. 다른 사람들의 메시

지는 확인하지 않았지만, 만약 중대한 혐의가 있다면 피해자가 공개하고 수사기관에 처벌을 요구하길 바란다.(3장 참고)

⑪ '시장실 직원들의 추행 방조'는 ⑤ '전보 불승인'과도 연관되는데 시장실 사람들은 하나같이 "그처럼 심각한 문제가 있었다는 걸 알았다면 피해자를 시장실에 근무하도록 놔두지 않았을 것"이라는 입장이다. 경찰 조사를 받은 사람 중에는 피해자 주장에 호의적인 사람도 있었지만, 이 사람도 "나라도 그런 얘기를 들었다면 책임을 지고 싶었는데 전혀 기억이 안 난다"고 진술했다.

경찰은 시장의 사망 직후 서울청 내에 46명의 수사관으로 구성된 전담수사 태스크포스(TF)팀을 만들어 이 부분을 강도 높게 수사했지만, 2020년 12월 29일 "입증할 증거가 부족하다"며 불기소(혐의없음) 의견을 냈다.

인권위는 이 부분에 대해 "피해자가 비서실 근무 초기부터 비서실 업무가 힘들다며 전보 요청을 한 사실 및 상급자들이 잔류를 권유한 것은 사실로 보이지만, 이들이 전보 요청을 박원순의 성희롱 때문이라고 인지했다는 정황은 파악되지 않는다"고 밝혔다. "시장실 직원 20명에게 피해를 호소했지만 묵살했다"는 피해자 주장이 일방적이었음을 확인해준 셈이다.

⑫ '증거 인멸'에 대해 수행비서관 A는 "오히려 피해자가 텔레그램 대화를 삭제했다"고 맞섰다. 어느 쪽이 증거를 인멸했는지는 수사기

관이 피해자와 A의 스마트폰을 비교해서 들여다보면 쉽게 가려낼 수 있을 것이다. 피해자가 공개한 혐의에는 포함되지 않았지만, 국가인권위가 성희롱으로 판정한 '네일아트' 건에 대해서는 그렇게 볼 수 없다는 목격자의 진술을 확보했다. (8장 참조)

위에 나열된 무수한 혐의 중 박 시장에게 책임을 물어야 할 부분이 있다면 나는 ④ '텔레그램 문자와 속옷 사진 전송'이라고 판단했다. 그러나 이조차도 정확한 맥락을 알 수 없고, 서울시경 관계자도 수사 결과를 발표하며 "(피해자 스마트폰에서) 직접적인 증거로 쓸만한 것은 없는 것으로 판단했다"고 밝혔다. 형사소송법 325조는 "피고소 사건이 범죄로 되지 아니하거나 범죄 사실의 증명이 없는 때에는 판결로써 무죄를 선고하여야 한다"고 되어 있다. 경찰은 충분하지 않은 근거로 검찰에 기소 의견을 올렸다가 무혐의나 무죄가 나올 경우 책임 논란도 생각했을 것이다.

그렇다면 피해자의 폭로가 부풀려졌거나 무리가 있었음을 인정하고 왜 이런 집단오판이 초래됐는지를 되짚어보는 게 맞을 것이다. 그러나 '진실의 시간' 운운했던 몇몇 신문들이 경찰을 질타하는 사설을 보면 바로잡는 데 영겁의 시간이 필요한 게 아닌가 하는 느낌이다.

피해자는 있는데 실체는 없는 어이없는 상황이 벌어졌다. (중략) 진실규명은 고사하고 피해자가 2차 가해로 조롱받는 상황이 해소

되지 않는 한 위력에 의한 성범죄는 현재진행형일 수밖에 없다.*

도대체 증거가 불충분한 것인가, 수사가 불충분한 것인가. 기소 여부와 별개로 진상규명에 기여할 수도 있었건만 수사 결과 발표는 오히려 실체를 모호하게 만들었다. (중략) 고인과 유족을 배려하더라도 피해자 입장을 고려해 최소한의 실체를 밝혀야 했건만 거꾸로 피해자를 의심케 할 여지를 남겼다. 피해자 측 김재련 변호사의 말처럼 "경찰이 2차 가해 지속에 기여하는 것 아닌지" 우려된다. 지난 7월 "수사에 적극 대응하겠다"며 태스크포스를 출범시킨 결과가 이것이라니 실망뿐이다.**

나는 사건 초기에 나온 정보로는 진위를 판명할 수 없다는 생각에 취재를 이어갔다. 그러나 피해자의 최초 주장에 경도됐던 언론들은 '자신들이 기대했던' 결과가 나오지 않자 경찰의 부실 수사를 탓했다. 피해자 진술을 곧이곧대로 받아들인 법원 판결이 나오자 기다렸다는 듯이 '법원도 박원순 성추행 인정했다'는 제목의 사설들을 쏟아냈다.***

---

* 2020년 12월 30일 자 〈경향신문〉 사설

** 2020년 12월 30일 자 〈한국일보〉 사설

*** 이 판결에 환호해서는 안 되는 이유는 '13장'에 상술했다.

나와 그들의 인식 차이는 출발선에서부터 예견된 것인지도 모른다. 셰익스피어 비극의 주인공 오셀로는 자신의 부관 캐시오가 아내 데스데모나의 손수건을 가지고 있다는 사실만으로도 두 사람의 불륜을 속단했다. 속단의 결과는 아내와 자신의 죽음이었다. 셰익스피어는 이 대목에서 "공기처럼 가벼운 사소한 일도, 질투하는 이에게는 성경의 증거처럼 강력한 확증"이라고 썼다.

　이제는 많은 이들이 이런 판단으로 기울게 된 과정을 따져보려고 한다.

⑮

박원순이 변호한
'서울대 성희롱 사건'의 이면

기자 안희정 전 충남지사가 성폭력 고소 사건서 1심 무죄 판결을 받았는데요.

박원순 이런 사건을 판단할 때는 감수성이 굉장히 중요하고, 피해자를 기준으로 해야 해요. 피해자가 성희롱으로 성적 모독감을 느꼈다면 피해자의 관점에서 보는 게 요즘의 보편적 이론이에요. 이번 사건의 경우에도 '업무상 위력'의 객관적인 기준이 분명히 있지만, 주관적 상황에 따라서는 얼마든지 다르게 판단할 수 있다고 봅니다. 그런 측면에서는 (판사가) 비판받을 대목이 있지 않을까요?

2018년 8월 18일 나는 서울 삼양동 '옥탑방 한 달 살이'를 하던 박원순 시장을 찾아가 이런 답을 들었다.

그해 여름은 정말 무더웠고, 박원순이 머물던 옥탑방은 더 뜨거웠다. 서울시장 3선에 성공한 박 시장은 '강남·북 균형발전'이라는 새로운 화두를 세일즈하는 게 목적이었지만, 다른 뉴스거리를 찾는 것은 기자의 몫이었다.

안희정 무죄 선고 당일 타 매체 인터뷰에서 "판결 내용을 정확히 모른다"고 피해갔던 박원순은 '1990년대 서울대 신아무개 교수의 성희롱 사건 승소' 얘기를 꺼내자 마음을 열었다.

그러나 이때 했던 발언으로 박원순은 사후 더 큰 비판을 받았다. '죽음 = 죄의 인정'으로 간주한 사람들은 그의 언행 불일치를 따졌다.

생전의 박 시장은 이 사건을 맡아 6년 만에 승소한 것을 '자랑스러운 기억'으로 기자에게 얘기하곤 했다. 그러나 나는 박원순의 죽음을 계기로, 이 사건을 다시 들여다보기로 했다.

정치권 취재원으로부터 공대위가 펴낸 '서울대 조교 성희롱 사건 백서'와 신 교수가 직접 쓴 책《나는 성희롱 교수인가》를 구했다. 신 교수가 대법원판결에 항의해서 쓴《나는 성희롱 교수인가》는 출간 당시에도 큰 주목을 받지 못했고, 지금은 절판돼서 구하기가 어렵다. 그런 다음 판결문 4건을 입수했다. 사건 자체는 신 교수의 패배로 끝났지만, 통산 전적은 3승 1패. 신 교수가 패자였지만, 1심부터 3심까지 연전연패한 것은 아니었다는 얘기다.

1심(1994년 4월 18일 서울민사지법)은 신 교수의 패배(3,000만 원 배상), 2심(1995년 7월 25일 서울고등법원)은 신 교수의 승리(기각), 3심(1998년 2월 10일 대법원)은 다시 신 교수의 패배, 4심(1999년 6월 15일 서울고법 파기환송심)으로 신 교수의 패배가 확정됐다. 파기환송심 홍일표 판사(전 새누리당 의원)는 신 교수에게 우아무개 조교의 정신적 손해에 대한 배상 책임으로서 500만 원의 손해배상금 지급을 명령했다.

사건의 발단은 서울대 화학과 조교였던 우 씨가 1993년 8월 24일

전지 6장 분량의 대자보를 학교 중앙도서관 벽, 학생회관, 인문사회대학 게시판 등에 게시한 것으로부터 시작된다.

마침 2년간의 미국·영국 유학을 마치고 귀국한 박원순(당시 변호사)은 같은 해 8월 26일 〈조선일보〉 31면 하단에 실린 기사를 읽고 사건에 관심을 품게 됐다. 박 시장의 결정에 영향을 준 기사인 만큼 전문을 소개한다.

"교수가 여조교 성적 희롱" 서울대 대자보 진위 논쟁

서울대 도서관 벽에 자연대 유급 조교 우모 양(25)이 "담당 교수가 조교 재임용을 미끼로 성적 희롱을 일삼았다"고 주장하는 내용의 대자보를 붙여 대학과 총학생회가 25일 진상조사에 나섰다. 우 양은 대자보에서 "자연대 모 교수가 평소 팔을 잡고 등을 어루만지듯이 쓰다듬는 행동을 취하는 등 직위를 이용, 은밀한 접근을 계속했다"며 "이를 계속 거부하자 아무런 이유 없이 재임용에서 제외시켰다"고 말했다. 우 양의 담당 교수는 이에 대해 "우 양의 평소 근무태도가 성실치 못해 재임용에서 제외했을 뿐"이라며 "우양 주장은 전혀 사실무근"이라고 말했다. 한편 총학생회는 우 양이 2명의 전임조교도 같은 성희롱을 당했다고 대자보에서 주장함에 따라 진상조사에 나섰고 해당 학과 일부 대학원생들은 대자보를 붙여 우 양 주장을 반박하고 나섰다.

생전의 박원순이 기자에게 해준 얘기다.

"내가 미국과 영국에서 2년간 지내는데 엄청나게 많은 성희롱 사건 기사들이 나오는 거야. 기사 스크랩을 해놓고, 논문도 많이 모아서 가져왔어요.

우리나라에서도 소송을 하면 사건이 되겠구나 싶었는데 그런 기사가 난 거예요. 마침 같은 사무실에 있던 이종걸 변호사(전 민주당 의원)에게 우 조교와 접촉해보라고 했죠. 우 조교와 선배 아무개 말을 들어보고 미국·영국에서 봤던 전형적인 성희롱 사건이라는 판단을 내렸습니다.

신 교수가 자기를 명예훼손으로 고소하겠다고 하니 우 조교는 구속을 피할 방법 없나 싶어서 변호사에게 물어보러 온 거였지, 소송을 할 생각은 없는 상태였어요. 내가 '이길 수 있다'고 하니 '그렇다면 변호사님만 믿겠다'고 따라왔죠. 그렇게 시작한 재판인데 2심에서 졌을 때는 나도 왜 이 험한 싸움을 시작했을까 앞이 캄캄했어요."

1심 재판부는 사건의 쟁점을 이렇게 정리했다.

① 신 교수는 1992년 6월부터 2~3주간 NMR 기기실에서 사용 방법을 교육하는 과정에서 우 조교의 팔과 등을 쓰다듬는 등 20~30회에 걸쳐 자신의 몸을 접촉했다.

② 신 교수는 1992년 6~8월의 어느 시기에 실험실에서 우 조교의

머리를 만지면서 "요즘 누가 시골 처녀처럼 이렇게 머리를 땋고 다니냐"는 얘기를 했다.

③ 신 교수는 같은 시기 우 조교를 심부름 등의 명목으로 연구실로 자주 불러, 위아래로 훑어보며 몸매를 감상하는 듯한 태도를 취한 경우가 종종 있었다.

④ 신 교수는 1992년 8월경 우 조교에게 "날씨가 좀 서늘해지면 실험실 사람들 모르게 자신과 단둘이서만 넥타이 매고 가는 곳에서 입방식을 하자"는 얘기를 했다.

⑤ 신 교수는 1992년 10월경 자신이 사용하던 의자를 고치러 목공소로 가던 중 우 조교에게 "나랑 점심 먹고 산책을 하는 게 어때. 옷차림이 불편하면 내 연구실에 청바지랑 운동화랑 가져다 놓고 갈아입으면 된다"고 말했다.

1심 재판부는 "신 교수가 우 조교 의사에 반하여 의도적·신체적 접촉이나 성과 관련된 일련의 언동을 지속적, 반복적으로 하여 원고에게 불쾌감이나 성적인 굴욕감을 느끼게 했다"며 다섯 가지 혐의를 모두 인정했다.

신 교수에게 3,000만 원 배상 판결을 한 박장우 판사는 2018년 3월 19일 자 〈동아일보〉 인터뷰에서 "신 교수 행위가 요즘 '미투'에 비하면 가볍다고 볼 수도 있지만 우 조교에게 압박감과 불쾌감을 줬느냐에 중점을 두고 봤다. 또 위자료를 산정할 때 서울대 교수라는 게 피고에게 불리하게 작용했다. 신성한 대학에서 그럴 수 있느냐는 거였다"고 회고했다.

그러나 항소심 재판부는 신 교수의 손을 들어줬다. 이 판결문의 소결론은 박원순과 여성단체 관계자들을 경악하게 했다.

"첫째로, 성이 인간의 발전을 이끄는 원동력이고 기본적인 에너지원이라고 하는 인식을 제쳐둔다고 하더라도, 남녀관계를 적대적인 경계의 관계로만 인식하여 그 사이에서 일어난 무의식적인 또는 경미한 실수를 모두 법적 제재의 대상으로 삼으려는 주장에는 경계하여야 한다. 그렇게 되면 남녀 간의 모든 접촉의 시도는 위축되고 모든 남녀관계가 얼어붙게 되어 활기차고 정열적인 남녀관계의 자유로움과 아름다움이 사라지게 될 우려가 있다. 그것은 남성에게뿐 아니라 여성에게도 불행스러운 일이 될 것이다.

둘째로, 성적 괴롭힘은 일반적으로 남녀 간의 은밀하거나 사적인 공간에서 이루어지는 것이 대부분인데, 이러한 관계가 법적인 개입의 대상으로 된다는 것은 간섭 없이 자유로워야 할 사생활 등 개인의 사적인 영역이나 사인 간의 관계에 증거조사 등을 위해 국가의 공권력의 개입을 부르게 된다는 점에서 주의를 요한다는 점이다. 경우에 따라서는 마음을 튼 남녀 간의 성적, 애정적 관계가 일방의 배신으로 만천하에 공개되고 그에 연루된 개인의 프라이버시가 침해되는 상황이 초래될 우려가 있다. 새로운 불법의 유형을 인정하여 불법행위 제도를 운영함에 있어서 간과하여서는 안 될 점이라고 생각된다.

셋째로, 전술한 바와 같이 성에 관한 관념은 남녀 간에 상당한 편차를 보이고 있고 이러한 남녀 간의 인식 차이를 시정하는 사회적, 법적 노력이 필요함은 물론이다. 그뿐 아니라 여성 입장에서도 원하지 않는 성적 접근을 대하였을 때 이를 명백히 표시하여야 하며, 그러한 노력이 여성의 지위를 스스로 보호할 수 있게 된다는 점을 의식하여야 한다."

재판부는 연장선에서 "피해자가 당한 경미하고 사소한 사항을 불법행위로 인정하는 경우에는 그와 함께 활동하는 자의 행동의 자유를 부당히 제한하게 될 것이다", "남녀 간의 관계를 투쟁적, 대립적 관계로 평가하는 여성주의적 관점만을 표준으로 삼을 수는 없다"고 못박았다. 다섯 가지 혐의에 대한 항소심 재판부의 판단은 이랬다.

① "이러한 행동들은 대부분 업무 수행상 우연히 또는 의도적으로 빚어진 수차례의 가벼운 신체 접촉 행위이거나, 다소 짓궂지만 노골적으로 성적인 것은 아닌 농담 또는 호의적이고 권유적인 언동에 불과하였고, 설사 위 피고에게 성적 접근의 의도가 있었다 하더라도 그 행위의 악성은 경미한 것이어서 그것이 원고의 근무환경을 변경하여 성적인 모멸감을 가져오고 굴욕적인 근무환경을 조성한 것이라고 볼 수는 없다."

②, ③, ④ "사실관계는 인정되지만 그와 같은 언동·행동이 성적 괴

롭힘에까지 이르는 심하고 철저한 것은 아니었다."

⑤ "교수의 지위에 있는 사람이 의자를 들고 목공소까지 갔다는 것은 경험칙상 믿기 어렵고, 이에 대한 증거도 없다."'

1심 공판(1994년 3월 22일) 재판부가 우 조교에게 "만약 재임용이 됐다면 성희롱을 당한 사실을 폭로했겠느냐"고 물었을 때 "재임용이 됐다면 이 사건이 묻혀버렸을지도 모른다"고 답한 것, "성적 괴롭힘을 당했냐"는 질문에 우 조교가 "전임조교들에 대한 신 교수의 행적을 전해 들어 틈을 주지 않았기 때문에 당한 일은 없고 단지 1년 더 근무하고 싶기 때문에 소송을 제기하려는 것뿐"이라고 말했다는 동료의 증언도 우 조교에게 불리하게 작용했다.

신 교수의 손을 들어준 항소심 재판부의 결론은 이랬다.

"가해자와 피해자라고 지칭된 원·피고 간의 나이 차, 상사와 근로자의 관계, 남녀관계에서의 성적인 인식의 차이가 주요 배경으로 되고 있다는 점에서 이 사건은 현대를 사는 우리 사회에서 세대 간, 성 간, 계층 간의 의식 차이를 노정한 사건이라고 할 수 있다. 이러한 갈등은 화합적인 남녀평등을 지향하는 새로운 가치관에 의해 조화롭게 해결되어야 할 것이다."

3년 만에 사건은 반전에 반전을 거듭했다. 대법원은 ①~④의 행동들을 "사회 통념상 일상생활에서 허용되는 단순한 농담 또는 호의적이고 권유적인 언동으로 볼 수 없고, 성적 굴욕감이나 혐오감을 느끼게 하는 것으로서 인격권을 침해하였다고 할 것이고, 이로써 우 조교에게 정신적으로 고통을 입었음은 경험칙상 명백하다"며 사건을 서울고법으로 돌려보냈다.

'신 교수 유죄 취지' 선고에 박 시장과 여성운동계는 환호했다. 대법원판결이 파기환송심에서 다시 무죄로 뒤집힐 가능성은 거의 없었다. 1998년 2월 23일 서울대사건공동대책위는 조촐한 승소 축하연을 베풀었는데, 박원순은 당시 기념사진 속에서 활짝 웃고 있는 12명 중에서 유일한 남성이었다.

1999년 파기환송심 재판부의 최종 판결은 예상대로 신 교수의 패배였다. 다만, 그 내용을 따져볼 필요는 있다.

파기환송심 재판부는 ②~④에 대한 대법원 판단을 그대로 수용했다. 심지어 판결문 내용을 그대로 복사해 붙인 것처럼 이 부분에서는 똑같은 문장들이 나열되기도 했다.

그러나 ①에 대해서는 "기기 교육과정에서 우연히 빚어진 피고의 원고에 대한 가벼운 신체 접촉 행위가 우 조교의 인격권을 침해했거나 선량한 풍속 또는 사회질서에 위반하였다고 볼 수는 없으므로, 신 교수가 기술교육을 빙자하여 원고에 대한 성희롱 행위를 했다는 주장은 이유 없다"고 판시했다.

대법원이 판단을 따로 내리지 않은 ⑤에 대해서도 파기환송심 재판부는 항소심의 판단을 수용해 "신 교수의 산책 제안이 사실이라고 인정할 만한 증거가 없다"고 판시했다.

신 교수가 교육과정에서 행한 신체 접촉은 법적으로 문제 삼을 수 준이 아니었으나 우 조교에게 한 일부 언행들은 정신적 피해를 줄 만 큼의 책임을 물어서 500만 원을 배상하라는 게 법원의 최종 판단이 었다.

이때 판결이 우리 사회의 남녀관계를 설정하는 데 '새로운 기준점' 을 마련했다는 것은 분명하다. 사건 판결로 '성희롱 가해자'의 대명사 로 남게 된 신 교수도 그의 책에서 그런 점을 인정했다. 그러나 그의 말에는 '뼈'가 담겨있다.

"이른바 '서울대 우 조교 사건'은 우리 사회의 여성 인권에 대한 인 식의 일대 발전을 불러왔다고 나는 생각한다. 여성의 성적 권리에 대 한 논의를 확대하고, 권리의식을 발전시켰다는 점이 발전의 징표라고 할 수 있을 것이다. 이 사건의 진실과는 관계없이 성희롱이 사회 문제 화된 것만큼은 우리 사회의 남녀평등을 고양하는 데 일정한 역할을 했다고 스스로 믿고자 한다. 그러나 하필이면 개인적 보복 차원의 음 모에 찬 성희롱 주장이 인권 발전의 계기로 작용하게 된 데 대해서는 안타까운 심정을 가눌 길이 없다. 물론 그 거대한 흐름을 위해서 내 가 희생물이 될 수도 있을 것이다. 하지만 거짓과 어둠이 진실을 묻어 버리고 불러오는 발전이라면 나는 거부하고자 한다. 어떤 발전이라 하더라도 장기적인 안목에서는 진실이 거부당한 채 영원히 이어갈 수는 없기 때문이다.

(중략) 이번 사건처럼 확실한 증거도 없는 한쪽만 주장을 우세한 선전력을 이용하여 널리 알리는 것만으로 사실에 관계없이 재판에서 승소할 수 있다는 무모한 생각은 버려야 하며, 재판에 이기든 지든 마음껏 흠집을 낼 수 있고, 한 사람을 사회적으로 완전히 매장해 버릴 수도 있는 그런 식의 법적 논쟁은 인권의 발전에 아무런 도움도 되지 않는다고 확신한다."

이 사건의 역사적인 의미와는 별개로, 원고와 피고 모두에게 큰 상처를 남겼다는 것도 지금 시점에서 곱씹어볼 만하다.

2015년 박 시장의 일대기 《박원순이 걷는 길》에는 "박 시장은 우 조교가 어려운 상황에 처하면 무조건 돕겠다고 공언했지만, 그녀는 스스로 자기 앞길을 개척했고 그래서 특별히 도울 일이 없었다"고 적혀있다. 그러나 2018년 〈동아일보〉는 "당시 취직을 위해 몇 군데 입사지원서를 냈지만, 번번이 '당신이 그 우 조교냐'는 확인을 거쳐 불합격됐다"는 우 씨 사연을 전했다.

명예훼손 소송이 6년간 지속되는 동안 신 교수도 그가 응당 맞아야 할 매 이상을 맞았다.

우 조교가 처음 게시한 대자보에는 "제가 근무하는 동안에 교수님과 어떤 여자 대학원생과의 소문이 나돌았다"는 내용이 적혀있었다. 신 교수는 명예훼손 소송에서 이 부분에 대한 법원의 판단도 구했다.

1심 재판에서 신 교수의 한 제자가 "대학원 생활 8년 동안 '신 교수가 이혼하고 두 번째 부인과 산다', '부인과 별거 중이다' 등의 복잡한 여자 관계에 대한 소문을 들어 왔냐"는 질문에 "예"라고 답하는 일이 있었다. 그런 말이 법정에서 나왔다는 말을 전해 들은 신 교수의 부인이 1995년 5월 23일 항소심을 방청했다. 신 교수는 그때의 일을 책에 적었다.

> 이 사건 항소심 마지막 재판에서 우 씨 변호사의 "왜 원고가 거짓말을 하겠는가? 만약 이 사건이 조작된 것이라면 원고 측 변호사들은 피고인 신 교수를 위해 무료 변론이라도 하겠다"는 논조의 변론을 듣던 나의 아내가 참다못해 벌떡 일어나 이렇게 소리쳤다.
> "저는 신 교수 부인이며, 가장 많은 피해를 당한 사람이다. 우리가 이혼을 했다고 말하는데 그 증거를 제시하라."
> 법정에서 벌어진 아내의 절규! 참으로 참담했다.

항소심 재판부는 "우 조교는 신 교수의 성적 괴롭힘을 뒷받침하는 증빙 사실로서 그가 전임조교들과도 불미스러운 추문이 있었다고 주장하지만, 그런 주장을 섣불리 인정할 수 없다"고 판단했고, 후속 재판부들도 이에 대해서는 별다른 언급을 하지 않았다.

1999년 신 교수는 재판에 졌지만, 서울대 대학본부는 그의 교수 직을 빼앗지 않았다. 사건 초기 신 교수의 파면을 요구하며 '수업 거부'를 외치고 신입생 입학식에서 피케팅을 했던 학생들 상당수도 많은 세월이 흘러 교정을 떠난 상태였다. 신 교수는 2008년 정년 퇴임했다.

이 사건은 우리 사회의 그릇된 관행에 경종을 울리고, 박원순을 한 국 페미니즘의 상징으로 우뚝 세웠다. 그러나 사건을 좀 더 깊이 있게 들여다보니 몇 가지 의문이 들었다.

"가해자는 감옥에 보내고, 피해자는 조교직에 복직시키라"는 정의 로운 판결은 왜 나오지 않았을까?

6년 소송을 벌인 끝에 가해자와 피해자가 얻은 것은 무엇이었을까?

박원순이 신 교수 처지였다면 그는 소송을 계속 밀어붙였을까?

나는 이 대목에서 박원순의 죽음이 '서울대 성희롱' 사건과 무관하 지 않을 수도 있겠다는 생각이 들었다.

'페미니스트 박원순'에게
날아온 부메랑

"저는 페미니스트가 맞다. 3년 전《82년생 김지영》책을 보고 눈물을 흘렸고 절망감이 들었다."

2019년 11월 18일 서울 동대문디자인플라자(DDP)에서 열린 '2019 서울 국제돌봄엑스포' 토크쇼에 출연한 박 시장의 말이다.

박 시장은 2018년 2월 20일 타운홀 미팅 때도 "지난 추석 때《82년생 김지영》을 읽고 절망감과 미안함과 절박감으로 눈물을 쏟았다"는 말을 했다. 공석이건 사석이건 서울시의 여성 정책이 화제가 될 때마다 박 시장은 이 책 얘기를 빠짐없이 거론하곤 했다.

2020년 6월 3일 서울시장 공관 근처 한정식집 만찬 자리에서 나는 박원순에게 그 책 얘기는 이제 그만하라고 권유했다.

상대적으로 약한 사람들을 배려하겠다는 그의 선의를 이해하지 못할 바는 아니었다. 다만, 성 평등 구현이라는 페미니즘의 목표로 가는 과정에서 다양한 이견들이 존재하는 상황에서 그의 페미니스트 선언이 성급하다는 느낌을 지울 수 없었다.

공감과 위로는 민심을 잡아야 하는 정치에서 중요한 요소이지만, 정치의 본질은 답을 내놓는 것이다. 그의 선언은 "페미니스트라면서 왜 이건 안 해주고 저건 안 되냐"는 여성단체들의 비판에 휘말릴 소지가 컸다.

결국 내가 우려한 일이 터졌다. 피해자의 1차 기자회견 이후 생전에 그가 했던 말들이 소환되며 시장을 '내로남불의 대명사'로 낙인찍는 결과를 초래했다.

일부는 그의 말들을 인용하며 박 시장의 성추행을 기정사실로 했고, 또 다른 일부는 "박원순의 유지를 받들라"는 식의 준엄한 꾸짖음을 내놓았다. '페미니스트 박원순'을 기억하는 동료들이 이런 상황을 더 곤혹스러워했음은 물론이다.

'여성의전화' 출신의 더불어민주당 정춘숙 의원(경기 용인병)은 2020년 7월 15일 자신이 몸담은 의원 연구모임에서 "박원순을 빼고 봐야 보인다"고 말했다. 〈시사인〉은 그의 인터뷰를 보도하며 "한국 여성 운동사의 영웅으로 박원순을 기꺼이 첫손에 꼽는 동시에, 피해자의 호소가 사실일 것이라고 담담하게 인정하는 한 여성운동가의 이야기"라고 의미를 부여했다. 기사는 이렇게 이어진다.

실종 소식이 전해지던 7월 9일, 성희롱 고소가 있었다는 말을 듣는 순간 정춘숙은 직감한다. "아, 이게 무고일 리는 없겠다. 사실이겠구나, 정말로 그랬겠구나." 믿고 싶지는 않았다. 하지만 거짓일 거라는 생각도 하지 않았다. 그는 긴가민가하는 동료 의원에게도 이렇게 말했다. "그거 알아? 이런 일에는 무고가 없어."

왜 그렇게 말했을까. "저는 그 생각을 버린 지가 아주 오래됐어요. '그 사람은 절대 그럴 사람이 아니야'라는 생각. 20년 넘게 여성의전화에 있으면서 '절대 그럴 리 없는' 사람이 그러는 걸 너무 많이 봤고, 그 사실을 주변 사람들이 인정할 수 없어서 벌이는 이상한 일들도 너무 많이 봤고…."

박원순의 페미니스트 선언을 우려했던 사람으로서 이 장(章)에서는 내 생각을 많이 밝히려고 한다.

정춘숙의 '20년 여성단체' 경력을 깎아내릴 생각은 없다. 다만, 여성단체 활동을 하는 동안 "어느 정도 지위에 오른 사람은 반드시 성추행'을 범한다"는 '대자연의 법칙'이라도 발견했다는 뜻일까?

안희정이 법원의 유죄 판결을 받고, 오거돈이 잘못을 시인했으니, '내가 잘 아는' 박원순도 뭔가 있을 것이라는 직감 외에 어떤 근거가 있을까? 만약 '광역단체장 성추행의 법칙'을 발견했다면 노벨 성평등상이라도 드리고 싶은 심정이다.

국회를 출입하는 동안 정춘숙의 동료 남성 국회의원들 절대다수가 여성 보좌진들을 기용하고, 여성 당원들의 행사에 찾아가 눈도장을 찍고, 그중 일부와는 사적 모임에서 정치적으로 친밀한 관계를 맺는 것을 나는 지켜봤다. 그중 단 한 사람이라도 박원순과 같은 추문에 휘말린다고 해도 정춘숙은 "나는 절대 그럴 리 없는 사람이 그러는 걸 너무 많이 봤다"고 말할 수 있을까?

2021년 들어 여야 국회의원들을 골고루 겨냥한 익명의 폭로들이 연쇄적으로 터져 나왔다. 박원순 사건이 터지자 "이런 일에는 무고가 없다"라고 장담했던 정춘숙은 왜 이 사건들에는 아무런 언급을 하지 않았을까?

그러나 이건 정춘숙만의 문제가 아니다. 여성민우회 등 대다수 여성단체가 '서울시장위력성폭력사건공동행동'이라는 깃발 아래 뭉쳐 스스로 검사와 판사가 되어 여론재판을 시도했다는 점에서 박원순 사건의 심각성이 있다.

여성단체들이 집단사고의 함정에 빠져 그동안 쌓아 올린 공신력을 무너뜨린 데에는 페미니즘 이론의 오남용이 있었다고 본다.

사건 초기에 잔디를 '피해자'와 '고소인' 중 어느 쪽으로 지칭하느냐에 대한 논쟁이 있었다. 여성단체와 언론은 성폭력방지법 조항*을 들어 "피해자로 불러야 한다"고 주장했다. 여성가족부 황윤정 권익증진국장이 2020년 7월 16일 브리핑에서 "여가부는 성폭력방지법 등 소관 법령에 따라 피해자 지원기관에서 보호·지원받는 분들은 피해자로 본다"고 규정하자 대세는 '피해자'로 흘러갔다.

여가부와 성폭력방지법의 존재 기반 자체가 사회적 약자를 배려하기 위한 것인 만큼 왜 이런 논리를 펴는지 이해 못 할 바는 아니다.

---

* 성폭력방지 및 피해자보호 등에 관한 법률 2조(정의) 3항: '성폭력피해자'란 성폭력으로 인하여 직접적으로 피해를 입은 사람을 말한다.

한 가지 흥미로운 점은, 성폭력방지법에 '피해자' 표현이 111회 등장하지만 '가해자'라는 말은 7조(피해자 등에 대한 취학 및 취업 지원)에 단 한 번 등장한다. 성폭력을 논하는 법에서 가해자를 어찌어찌한다는 조항은 왜 통째로 빠졌을까? 피해자를 보호하는 게 법의 취지이지만, 그것이 반드시 가해자의 지목으로 귀결되지 않기 때문이다.

가해자와 피해자 모두 익명으로 존재하는 대부분의 사건에서는 이러한 문제가 두드러져 보이지 않지만, 박원순 사건처럼 가해자가 특정될 때는 얘기가 달라진다. 피해자 주장을 세심하게 검증하지 않으면 또 다른 피해자를 만들어낼 수 있기 때문이다.

2020년 12월 30일 서울북부지검 수사 발표에서 '박원순 고소' 관련 움직임이 김재련 변호사 → 이미경 성폭력상담소장 → 김영순 상임대표 등 여성단체연합 지도부 2명 → 민주당 남인순 의원 → 임순영 서울시 젠더특보를 통해 박원순에게 알려졌음이 드러났다.

'피해자 중심주의'를 신줏단지처럼 모셨던 여성단체와 이 단체 출신 국회의원들은 박원순이 가해자로 지목된 후에야 "진위 다투는 사안에서는 사실관계 파악이 우선"이라는 원칙으로 돌아섰다.

이들은 "이전에는 피해자 편을 들다가 왜 지금은 박원순 편이냐"는 질문에 답을 내놓지 못했다. 이들이 어떠한 설명을 내놓더라도 "성범죄에서는 피해자 말이 우선"이라는 자신들의 기존 주장과 충돌하는 것은 피할 수 없기 때문이다.

2021년 1월 6일 기자가 만난 한 시민운동가의 말이다.

"박원순 사건 후 내가 하도 답답해서 여성단체연합 간부에게 '이런 일이 생기면 가해자로 지목된 사람에게도 확인하는 절차가 있어야 하는 것 아니냐?'고 물었다. 그 간부가 말하길, 단체에서 마련한 성폭력 대응 매뉴얼에 '피해자가 원하지 않으면 가해자에게 확인하지 않는다'고 되어있다고 답하더라. 나도 여성운동을 지지하는 입장이지만, 그 말을 듣고 '그렇다면 그 매뉴얼이 이상하네'라는 말이 내 입에서 나오더라."

우리는 권위주의 정부 시절 검찰, 경찰, 그리고 국정원의 일방적 '주장'을 그대로 받아들여 간첩으로 확정한 사람들이 재심 끝에 혐의를 푸는 시대를 살고 있다. 지금까지 나온 피해자 얘기만 듣고 박원순의 혐의를 확정하기에는 논거가 너무 빈약하다는 게 나의 결론이다.

사회적 약자에 대한 배려의 시선으로 시작된 '피해자' 호칭은 어떤 식으로든 가해자를 만들어내고 이들을 응징해야 한다는 강박관념으로 이어진다. 이런 상황에서 가해자는 혐의를 따져보기 전에 죄인의 낙인을 받는다.

시시비비를 가려야 할 언론계가 무책임한 담론을 확대 재생산해 결과적으로 대중의 혼란을 증폭시켰다는 점에서 박원순 사건을 '2020 언론 대참사'라고 명명해도 손색이 없다고 본다. 그런 면에서 일부 기자들이 무비판적으로 수용해온 페미니즘의 서사, '피해자 중심주의'와 '2차 가해', '피해자다움'도 재고해볼 필요가 있다.

'피해자 중심주의'와 '2차 가해'를 정의하기는 쉽지 않지만, 21세기에 들어서 새롭게 고안된 개념인 것은 분명하다. 기자는 '운동 사회 성폭력 뿌리뽑기 100인 위원회'가 2000년 발표한 글 〈피해자의 경험에 입각한 확장된 성폭력 개념의 정립〉에서 그 주장의 연원을 찾았다.

"우리는 성폭력의 개념이 피해자의 경험에 기반해 성립되어야 한다고 생각한다. 성폭력 사건의 특징이 사적인 자리에서 은밀히 발생하는 폭력이라는 것을 전제한다면 또 객관적 증거나 증인의 부재, 가해자와 피해자의 상반된 기억을 전제한다면 피해자의 진술만으로도 성폭력 사실 자체가 성립할 수 있다는 것이 우리의 생각이다.

(중략) 성폭력 사건에 대해 이야기할 때 '피해자는 두 번 성폭력을 당한다'는 이야기가 있다. 처음에는 직접적인 성폭력에 의해, 두 번째는 경찰이나 재판과정에서의 모욕적인 과정과 가해자 주변의 동조자들로 인해서이다. 그만큼 남성 중심적인 사회에서 우리가 성폭력에 대해 이야기하는 것조차 어렵다는 것이다. 운동사회 내에서 성폭력 사건은 매우 빈번히 발생하고 있으며, 거의 대부분의 경우 사건 해결 과정에서 수많은 2차 가해들이 자행되고 있다.

2차 가해의 문제는 때로는 직접적인 성폭력보다 더 심각한 폭력으로 남는다. 1차 가해 사실에 대해서 제대로 해결이 된다면 피해자는 훨씬 쉽게 고통을 치유할 수 있고, 활동공간에서 남아있을 수 있지만 대부분의 경우 2차 가해에 의해 피해자들은 활동했던 공간을 떠나고 더 큰 자기분열의 고통에 시달리게 된다. 100인 위원회는 2차 가해 행위는 성폭력은 아니지만 명백히 피해자에게 더욱 큰 폭력을 행사하는 심각한 가해 행위라 판단하며 이러한 2차 가해 행위에 대한 광범위한 인식의 전환과 확산이 이루어져야 한다고 생각한다."

　이른바 '100인 위원회'는 피해자들의 진술을 근거로 당시 대학 총학생회, 노동조합, 시민단체에서 활동한 남성 17명의 성폭력 혐의를 실명과 함께 공개해 파장을 일으켰다. 이때만 해도 피해자 중심주의와 2차 가해는 보편적인 시민권을 부여받지 못했다. 성폭력 사건의 특수성을 강조하며 객관적 증거나 증인 없이도 피해자 진술만으로도 사실이 성립된다는 주장은 지금도 받아들이기가 어렵다.

　'2차 가해' 담론의 경우 검경 조사나 재판 등 구체적인 사례를 들어 피해자가 느낄지 모를 모욕감의 문제를 제기했다는 것은 높이 평가할 만하다. 그러나 피해자가 당한 고통의 구체적인 내용을 알지 못한 상태에서 유무죄를 가리는 것은 어불성설이다. 피해자 감정을 고려해서 진상규명의 노력을 충분히 하지 않은 상태에서 내리는 '또 다른 피해'의 책임은 누가 져야 한다는 말인가?

　권김현영(이화여대 한국여성연구원 연구기획위원)과 정희진 등 일부 여성학 연구자들도 '2차 가해' 담론의 맹점을 잘 알고 있었다. 이들은 이런 글을 썼다.

　　많은 이들의 오해와 달리, 피해자 중심주의는 ① 피해자에게 사건에 대한 판단 기준 전체를 위임하는 것이 아니고, ② 처벌의 수위를 결정할 수 있는 권한을 피해자에게 일방적으로 주는 것도 아니며, ③ 경험에 대한 독점적 해석을 주장하는 개념도 아니다. (중략) 성폭력을 둘러싼 투쟁은 '누가 봐도 상식적으로 그런 행동은 하면 안 되는 거 아닌가'라는 새로운 상식을 만들어가기 위한 싸움이어야 했고, 바로 그렇기 때문에 여성주의자들은 피해자의 주관적 느낌은 가해자 중심 사회에서 판단을 할 때 '중요한 참조이자 증거'로 사용될 필요가 있다고 주장해왔던 것이다. 그러나 이것이 "유일한 판단 기준"이 되어서는 안 된다. 경험의 독점적 해석과 무조건적인 지지는 논의 자체를 불가능하게 하기 때문이다. 그렇게 되면 모두가 손을 들고 피해자라고 얘기하는 것 말고는 어떤 말도 불가능해지고 결국은 아무도 얘기를 듣지 않게 되니 말이다. 이뿐만 아니라 대응의 미숙 혹은 지연 등이 어떤 맥락에서 이루어지는지는 살피지 않고 모든 것을 '편들기의 정치'로 만들어 버린다. 나는 묻지도 따지지도 말자는 반지성주의적 태도에서 벗어나, 질문할 수 있는 권리를 인정하고 대답하지 않을 자유를 보장하면서 다만 그 결과에 대한 책임을 지는 방식을 우리의 새로운 원칙으로 만들자는 얘기를 하고 싶다.*

사회적 약자의 피해와 고통이 저절로 규명된다면 이미 유토피아고, 사회운동도 필요하지 않을 것이다. 피해자 입장에서 피해가

---

* 2017년 3월 14일 〈허핑턴포스트〉. 권김현영 〈'2차 가해'와 '피해자 중심주의'에 대해〉

자명한 사실로 인정되고, 가해자가 '내가 받은 상처 이상으로' 처벌받으면 얼마나 좋겠는가. 하지만 피해·가해 여부는 피해자가 아니라 사회가 결정한다. 문제는 성 중립적 사회는 없다는 것이다. 피해는 객관이 아니라 경합적 가치다. 즉 피해당했다고 곧바로 피해자가 되는 게 아니다. 누구나 피해자가 될 수 있지만, 모두가 피해자로 인정받는 건 아니다. 피해자는 투쟁으로 '획득되는 지위'다.

(중략) 피해자 중심주의는 여성에게 불리할 뿐 아니라 실현 불가능한 개념이다. 피해 여성의 말을 포함, 인간의 모든 발화는 상대와 상황에 따라 얼마든지 달라질 수 있다. 그러나 피해자 중심주의에는 규범적 피해자의 이미지가 전제되어 있다.

범인의 성별이 압도적으로 남성이라는 사실 외에는, 성폭력도 다른 범죄처럼 사건마다 성격이 크게 다르다. 진상규명은 피해 여성의 말을 무조건 옹호한다고 가능한 것이 아니라 평소 사회가 성폭력의 잠재적 피해자인 여성들의 목소리를 얼마나 존중해왔는가에 달려 있다.

(중략) 피해자 중심주의는 피해자를 존중하는 언설이 아니라 성폭력 피해자의 곤경과 그들을 위한 언어가 얼마나 빈곤한지 보여줄 뿐이다.[*]

---

[*] 2020년 11월 11일 자 〈경향신문〉, [정희진의 낯선 사이] 피해, 피해자, '피해자 중심주의'

혹자는 정희진의 글에서 "그러니 사회가 성폭력의 잠재적 피해자인 여성들의 목소리를 얼마나 존중해왔는가"라는 부분을 강조할지 모르겠다. 동의한다. 그러니 투쟁이 필요하다. 그러나 그 투쟁이 "왜 피해 여성의 얘기를 안 들어주냐"는 피케팅이 되어서는 곤란하다.

나는 1990년대 이후 사회생활을 하면서 수많은 운동단체의 피케팅을 지켜봤다. 아무도 거들떠보지 않은 일인 시위자의 피켓을 보고 그 사연을 기사로 쓴 적도 있다. 그러나 단지 시끄럽다고 해서, 사람들 '쪽수'가 많다고 해서 그러한 주장에 귀 기울였던 것은 아니다.

이 사건을 계기로 점화된 '2차 가해' 논란에서 되짚어볼 부분은 한둘이 아니다. 서울시의 '직장 내 성희롱, 성폭력 사건처리 매뉴얼'은 사건 발생 시 동료들의 대처 요령을 6가지로 분류해 제시했다.

▲ 피해자에게 개인적으로 궁금한 사항을 캐묻거나 더 자세하게 말하라고 채근하지 말아야 한다. 피해자 스스로 이야기의 수준과 내용을 결정하도록 배려한다.

▲ 피해자의 당시 대처와 행동에 대한 판단과 충고는 하지 않으며 성희롱 피해를 입은 것이 피해자의 잘못이 아니라는 사실을 알려준다.

▲ 사건 당사자들에게 과도한 행동으로 사적으로 개입하려 하거나 피해자의 자책감을 부추길 수 있는 "왜 그랬냐?"는 식의 말을 자제하고 피해자의 이야기를 믿고 들어주며 정서적으로 지지해 준다.

▲ 좀 더 적극적인 방법으로 필요한 정보(예, 조직 내 규정 및 고충 상

담 창구 등)를 함께 찾고, 해야 할 일의 순서를 의논하며, 찾아가야 할 곳에 동행하는 것은 피해자에게 큰 도움이 될 수 있다.

▲ 구제 절차 과정 중에 피해자가 겪게 되는 두려움과 불안, 무력감 등 정서적 고충에 대한 이야기를 들어주고 위로한다. 피해 입은 동료가 자신이 지지받고 있다는 확신을 가질 수 있도록 도와주며, 일상을 유지할 수 있도록 살피고 조력한다.

▲ 피해자를 근거 없이 비난하거나 수군거리는 행위, 허위 소문을 유포하는 행위, 왕따 시키는 행위, 괴롭히는 행위 등을 해서는 안 된다. 이는 피해자에 대한 2차 가해 행위임을 인식해야 한다.

매뉴얼의 핵심은 "피해자 중심주의에 서고 2차 가해를 하면 안 된다"는 것이다. 이 사건의 피해자는 박원순 사건의 당사자이면서도 4월 성폭행 사건의 피해자였다. 그러나 '4월 사건'이 터진 직후 시장실 동료들의 상당수는 '2차 가해' 우려 때문에 피해자에게 연락할 엄두를 내지 못했다. 많은 이들이 ▲ 사실관계를 알 수 없거나 ▲ 가해자를 편들거나 사태를 중재하는 듯한 뉘앙스의 말실수를 겁내서 연락하지 않았다고 기자에게 토로했다.

취재원 X는 "시장실의 많은 직원이 2020년 들어서 바뀌었는데, 이들은 피해자를 잘 모를뿐더러 이런 사건이 터졌을 때 관여하지 않는 것이 최선이라고 판단했다. 그 과정에서 피해자의 고립감과 서운함이 배가됐을 것"이라고 말했다.

성폭력 피해자를 보호하기 위해 마련한 매뉴얼이 결과적으로는 피해자와 동료들을 정서적으로 분리하게 하는 결과를 빚었다는 점이 아이러니하다. 김주명은 2020년 12월 2일 국가인권위에 보낸 의견서에서 다음과 같이 지적했다.

"피해자의 진술을 경청하는 것도 중요하지만 함께 경험했던 동료 직원들의 경험과 진술 역시 외면해서는 안 됩니다. 피해자 주장과 다른 사실을 말했다고 해서 이를 2차 가해로 매도하거나 자신이 직접 보고 듣고 경험한 것과 다른 내용을 받아들이라고 사회적 압력을 가하는 것은 또 다른 형태의 인권 침해입니다. 이는 피해자 중심주의가 아니라 피해자 절대주의를 강요하는 것입니다."

권김현영이 박원순 사건 이전에 쓴 글도 김주명의 의견과 크게 다르지 않다.

"페미니즘은 여성을 피해자로만 생각하는 바로 그 생각과 싸워왔다. 페미니즘은 피해자를 동등한 사회 구성원으로서 존중하자고 하지 피해자의 말이 무조건 옳다고 하지는 않는다. (중략) 어떤 경험은 피해일 수도 있고 피해가 아닐 수도 있는 회색지대에 존재한다. 그 경험들을 모두 피해와 가해의 이분법으로 분류해야만 하는 것은 아니며, 현실적으로 가능하지도 않다."*

---

* 2020년 5월 9일 자 〈한겨레〉 [토요판] 기획: 페미니즘 어디로 가는가? ②피해자 페미니즘을 넘어

권김현영은 2020년 12월 26일 '피해자 2차 가해 반대' 공동성명을 페이스북에 공유했다. 나는 "페미니즘은 피해자의 말이 무조건 옳다고 하지는 않는다"는 권김현영 주장에 공감하는데, 권 씨 자신은 "지금 이 칼춤(2차 가해 ‒ 기자 주)을 추는 이들은 대체 누구의 억울함을 풀고자 하냐"고 물었다. 내가 파악한 바로는, '이들은' 피해자의 일방적 주장 때문에 경찰서에 불려가서 자신의 혐의없음을 입증해야 하는 '봉변'을 당했다. 물론, 어느 언론도 그들의 사연에 귀 기울이지 않았으니 매스컴 수용자가 이런 반응을 보이는 게 당연할 수도 있다.

피해자 중심주의는 주장의 진위를 검증하려는 시도 일체를 '피해자다움 요구'로 간주하는 메신저 거부 현상으로 이어진다. 2020년 9월 17일 열린공감TV가 유튜브 채널에 2019년 박원순의 생일에 피해자가 시장과 함께 케이크를 자르는 모습의 동영상을 올리며 '과연 저 모습이 4년간 지속적으로 성 괴롭힘을 당한 사람인가'라는 자막을 달았다.

정의당 류호정 의원은 5일 뒤 국회 의원총회에서 "'피해자다움'을 요구하는 황당한 이 영상에 3,000개가 넘는 댓글이 달렸고, 피해자는 단숨에 '꽃뱀'이 되어버렸다"고 개탄했다.

같은 해 12월 23일 민경국이 피해자가 시장에게 보낸 편지 3점을 공개했을 때도 "가해자가 피해자에게 '피해자다움'을 요구한다"는 비판이 어김없이 제기됐다.

나는 피해자의 전형적인 행동이나 이미지가 있다고 보지 않는다. 사람들의 이목을 두려워한 피해자가 마치 피해를 당하지 않은 사람처럼 행동하는 일도 가능하다고 본다. 그러나 사람들의 행동 하나하나에는 진실의 단초가 있다고 생각한다.

내가 만난 시장실 사람들 대다수는 피해자의 업무 능력을 높이 평가했고, 박원순도 그런 피해자를 '인정'하는 분위기였다고 입 모아 말했다. 그랬던 피해자가 "박원순에게 괴롭힘을 당했다"는 폭로에 모두가 의아해했음은 물론이다.

피해자 마음 깊은 곳에 얼마나 큰 아픔이 있는지는 알지 못한다. 그러나 그런 아픔이 실제로 있었는지 폭로의 발화자에게 근거를 요구하는 것은 '2차 가해'가 아니다. 이런 요구에 '2차 가해'라는 입마개를 씌운다면 궁극적으로는 모든 시민이 '갑툭튀' 폭로의 잠재적 피해자로 전락할 수 있기 때문이다.

그런데도 피해자 측은 진상을 밝히려는 일체의 논의를 '2차 가해'로 규정지었다. 심지어 김재련 변호사는 "2차 가해 발언을 하는 사람들에 대해 침묵하는 것도 2차 가해"라고 말했다.*

나는 이 문제에 대해 공동행동 대변인을 맡은 김혜정 한국성폭력상담소 부소장에게 의견을 묻고자 2020년 12월부터 이듬해 1월까지 여러 차례 문자를 보내고 전화를 걸었지만, 그는 응답하지 않았다.

다만, '서울시장위력성폭력공동행동'의 토론회 자료집(2020년 12월 17일)에 피해자를 지지하는 페미니스트들의 생각을 유추할 수 있는 발제문이 있어서 일부 소개한다.

---

* 2020년 7월 16일 자신의 사무실 앞에서 기자들에게 말함

"위력성폭력을 피해자에게만 입증하라고 요구하는 사람들에 의해서 이미 위력성폭력은 부정되고 감추어지고 있다. 피해자에게만 입증을 요구하는 행위 자체가 위력이 작동하고 있는 장면이다. 직장 내 성희롱, 차별 문제의 제도적 해결에서 '입증 책임 전환'은 중요한 과제였는데, 이 역시 쉽게 이루어져 온 것이 아니었고, 한국에서도 오랫동안 요구되고 있는 과제다.

지금 촉구하고 있는 것은 지방자치단체장이 행사하는 위력에 대해서 인지하는 것, 성차별과 성희롱과 성폭력이 가능했던 조직 문화와 메커니즘에 대해서 파악하고 감지하는 것, 누군가를 심기 보좌하는 노동이 어떤 방식으로 성별적으로, 착취적으로 배치되고 수행되어 왔는지를 살피는 것, 묵인하고 그것을 정당화, 정상화한 사람들의 관습적 행위와 문화를 확인하는 것, '구조'를 보는 것이다. 그 속에서 위력성폭력의 '실체 진실'은 찾아질 수 있다."(김혜정)

"(남성이) 여성의 성적 '피해'에 대해서 알 수 있다는 자신감은 피해를 인정하지 않는 부인의 정치를 말하는 것에 다름 아니며 진실을 판단할 수 있다는 남성 동성사회의 인식은 무엇이 진실인지를 이미 확정하고 있는 확증 편향의 구조 속에 있으면서도 스스로를 진실화하는 담론적 권력을 내면화하고 있음을 보여준다. 남성 동성사회에서 위력의 구조는 전혀 문제시되지 않고 있다."
(김수아 서울대 언론정보학과 교수)

지방자치단체장의 집무실은 지자체장이 가진 권위와 위력만으로도 성폭력이 구조적으로 일어날 수밖에 없다는 얘기를 하고 싶었던 걸까? '서울시장 위력성폭력 사건'은 '잠재적 가해자'인 남성의 문제일까? 아니면 시장이라는 자리가 만든 권력의 문제일까? 아니면 둘 다 문제일까?

나는 김혜정이나 김수아의 말을 정확히 이해할 수 없었다. 그들이 좀 더 알아듣기 쉽게 설명했다면 더 명확하게 논의를 이어갈 수 있을 것이라는 아쉬움이 있다. 김혜정의 주장은 피해자를 지원하는 여성단체 지도부의 의중을 짐작할 수 있는 내용이기에 좀 더 소개하겠다.

"나는 본 적 없다, 들은 적 없다. 모르겠다, 그러므로 그런 일 없었다, 그러므로 피해자의 말은 진실하지 않다"고 주장하는 사람들은 해당 공간을 책임지고, 구조를 만들고, 개편하고 지시할 수 있었던 사람들이다. 위와 같은 주장은 특정한 행위를 보지 못했다는 진술을 넘어선다. 시장실에서 흐른 매일의 기류에 대해 그 '공기'를 마신 적 없다고 주장하고 있는 셈이다. 그 기류가 어떻게 흐르도록 누가 만들고 노력했는지에 대해서 함구하고 망각하겠다는 의지이기도 하다. 그 공기를 마신 적 없다는 것을 입증할 수 있는가? 시장실에 어떤 기류가 흐르게 하고자 했는지 아무런 의지도 없고 책임도 없었다는 점을 스스로 입증할 수 있는가? 피해자가 겪었던 일이 존재하지 않았음을 입증할 수 있는가? 피

해자의 실체 진실과 책임 촉구를 위한 모든 진술과 자료 제출, 노력에 상응하여 이러한 문제를 가능하게 했던 '구조'를 만들고 그를 통해서 시정을 펼치고 지내왔던 사람들은 먼저 책임 있게 답변해야 할 순서에 놓여있다. 그래야 위력성폭력의 실체 진실과 책임 촉구에 다가설 수 있다.

"본 적도, 들은 적도 없다"고 한 사람 중에는 시장실의 여성 비서관과 직원들이 포함된다. 나는 이들 중 10명을 만났는데, 그들은 "박원순이 그런 행동을 하는 걸 알았다면 나부터 가만있지 않았을 것"이라고 분개했다. 일부는 페미니즘에 관한 한 피해자를 지원하는 여성단체 간부들의 인식에 못지않았다.

이들 모두가 박원순이라는 망자의 권위에 여전히 눌려서, 같은 여성의 피해를 애써 눈 감고 있다는 얘기를 김혜정은 하고 싶었던 것일까?*

그리고 시장실에 흐르는 공기를 마신 적 없다는 것을 입증할 수 있냐, 피해자가 겪은 일이 존재하지 않았음을 입증할 수 있냐고 물었다.

---

* 나는 취재현장에서 일부 후배 기자들이 여성성을 부각시키지 않고 고위직에 올라선 여성 정치인들을 '명예 남성'이라고 지칭하는 것을 종종 목격했다. 가부장제 질서에 '순응'하며 남성들과 동등한 지위에 오른 일부 여성들을 경멸조로 지칭하는 말을 나는 "겉모습만 여성이고, 페미니즘을 지지하지 않는 여성은 '여성'이 아니다"는 선언으로 읽었다. 나도 좀 더 젊은 시절에는 "노동자와 자본가 사이엔 결코 평화란 없다"는 노래를 즐겨 불렀던 터라 그들의 세계관을 나무랄 수 없다. 다만, 나의 맑시스트적인 언설이 누군가에게는 좀 더 먼 미래를 내다보지 못하는 가벼움으로 비쳤으리라는 부끄러움은 있다.

그런 일이 존재했는지를 증명하는 책임은 누가 져야 할까? 누군가 나를 사기꾼, 살인범이라고 지목했다고 가정하자. 지목한 사람이 개연성 있는 근거를 먼저 내놔야 나 역시 그런 일을 하지 않았다는 '알리바이'를 대지 않겠는가? 이것이야말로 여성운동 단체들이 이를 갈아온 '중세 마녀사냥'의 논리가 아닌가?

근대 형사재판은 의심만으로 마녀를 단정하고 화형에 처하는 식의 '마녀사냥'에 대한 반성에서 시작됐다. "가해자로 지목된 사람이 죄 없음을 입증하라"는 것은 한 마디로 시계추를 거꾸로 돌리는 역발상이다.

어쨌든 이런 식으로 피해자에게 피해자 중심주의와 2차 가해 금지, 피해자다움 요구 금지라는 '3중 갑옷'을 덮어씌우고 밝히려는 진실이 과연 진실의 지위를 획득할 수 있을까? JTBC의 한 기자가 2018년 미투 보도가 한창이던 시기에 스트리밍 방송에서 했다는 말, "피해자의 목소리가 증거입니다"가 농담으로만 들리지 않았다.

경찰과 검찰의 수사 발표에 앞서 나는 12월 10일 오전 이미경 성폭력상담소장을 서울시청 앞 1인시위 현장에서 만났다.

이미경은 "연내에 경찰과 국가인권위 발표가 다 나와야 한다. 우리는 진실이 밝혀지길 바란다"고 말했다. 이날 대화를 통해 피해자를 지원하는 여성단체 입장을 알 수 있었다. 독자들의 이해를 돕기 위해 대화 내용을 소개한다.

기자　저도 지원단체가 선한 의지로 시작했다는 것을 부인하진 않아요. 다만, 반대편분들의 생각은 많이 달라서…

이미경 그럴 수도 있지만, 기자님이 기사를 잘 써줘야 해요. 앞에 쓴 기사들은 봤는데, 마음 아픈 기사들이 많더군요. 기자님 기사를 보고 잔디 마음도 아팠을 거예요.

기자 본인이 그리 얘기하던가요?

이미경 잔디가 본인 언급되는 기사들을 다 보고 있어요. 일부 기사 중에 잔디 마음을 아프게 하는 내용이 있더라고요.

기자 취재한 내용을 다 쓴 것도 아닌데요?

이미경 보다 민감성을 가지고 기사를 썼으면 좋겠어요. (의도가) 다 보이던데?

기자 저도 검증 과정에 있고, 많은 사람의 얘기를 들어가면서 쓰고 있죠.

이미경 그 많은 사람의 얘기라는 게 도대체 뭐죠? 박 시장 지지자들을 많이 만나시겠죠. 지지자들 말이 피해자 말과 어떻게 다른지 그 비중을 가지고 생각해야 한다고 봅니다. 어쨌든 기자님 기사를 보면서 하고 싶은 말이 많았어요. 나중에 시간 되면 얘기합시다.

기자 섭섭함이 있겠죠.

이미경 섭섭함이 아니라 분노죠.

기자 화가 많이 나셨군요?

이미경 그럼요. 다른 곳도 아니고 〈오마이뉴스〉잖아요?

기자 〈오마이뉴스〉는 어떻게 해야 합니까?

이미경 〈오마이뉴스〉라면 뭔가 좀… 허허허 우리가 기대하는 바가 더 크잖아요? 그런데 기사를 그렇게 쓰셔서 마음이 좀 그랬습니다.

기자 이것만 말씀드리죠. 제가 사건 관련 이해관계 있는 사람들만 만난 것은 아닙니다. 이 상황에서 굳이 말을 비틀 필요 없는 사람들도 만났어요. 저도 시작한 일이니 중간에 작파할 순 없겠죠.

이미경 기자가 하는 일에 대해 제가 뭐라 말씀드릴 수 없지만, 피해자가 어떻게 받아들일지, 대중들에게 미칠 영향은 어떤지를 고려해서 써달라는 말을 하고 싶었어요. 대중들이 (우리를) 직접 만나는 것은 아니니까.

기자 잔디에게 제가 만나서 듣고 싶은 얘기가 있다고 전해주세요.

이미경 하하, 기자를 만나서 얘기하기에는 피해자가 처한 상황이 있어서 지금은 바람직하지 않아요. 나중에 여러 가지 준비가 되면 본인이 하겠다고 할 때가 있을 거예요. 그때 되면 저희가 연결해드리겠습니다.

기자 결국 모든 걸 다 얘기할 날이 올 것 같은데요?

이미경 하하, 좋아요. 모두가 각자 자리에서 최선을 다해봅시다.

이미경의 말대로 나는 내 자리에서 최선을 다해 취재해 이 책을 썼다. 내가 알아낸 사실이 여성운동계가 구축한 '유니버스'와 정면충돌하고, 그들의 운동에도 그리 좋은 영향을 주지 않으리라는 것도 잘 안다. 내 입장은 이렇다.

1990년대 사회주의 이데올로기의 흥망성쇠를 멀찌감치서 목도한 뒤부터 어떠한 이념 세례도 나에게 특별한 감흥을 주지 못했다. 페미니즘도 예외는 아니었다. 사견이지만, 모든 운동 노선은 '마틴 루서 킹의 길'과 '맬컴 엑스의 길'이 있다고 본다.

1960년대 미국 흑인들이 온전한 시민권을 회복하는 방안을 놓고 전자는 린든 존슨 대통령이라는 리버럴 성향의 백인들을 포섭해 민권법을 개정하는 길을, 후자는 '흑인 해방'을 위한 흑인 국가의 건설을 대안으로 각각 제시했다.

그러나 미국 사회의 실질적이고 점진적인 변화를 끌어 낸 것은 마틴 루서 킹의 온건 노선이었지, 맬컴 엑스의 '사이다 해법'이 아니었다. "백인들은 죽어도 흑인을 이해하지 못해"라는 식의 언설은 운동의 주체들에게 자기 위안을 줬을지는 모르지만, 운동의 확장에는 별 도움이 되지 못했다. '이데아'가 강한 분들에게는 유쾌하게 들리지 않을 얘기지만, 언젠가는 나의 진심이 전해지길 바란다.

박원순은 왜 죽였을까?

'서울시청 6층 사람들' 주장대로면 박 전 시장은 성추행을 하지도 않았는데 스스로 목숨을 끊었다는 것이다. 사람이 뻔뻔한 것에도 정도가 있다. 박 전 시장은 4년간 피해자를 침실로 불러 신체를 접촉하고 속옷 차림 사진, 음란한 문자 메시지를 보냈다. 사실이 아니라면 박 전 시장 스스로 목숨을 끊지 않았을 것이다.

경찰이 '박원순 사건' 수사 발표를 한 다음 날(2020년 12월 30일) 〈조선일보〉에 실린 사설 일부다. 박원순에 비판적이던 신문의 당연한 논조라고 생각할 수도 있겠지만, 이 신문만이 이런 시각을 가진 것은 아니었다.

"목격자들의 기억은 다르다", "피해자가 폭로의 근거를 제시하지 못했다", "4년간 수십 명의 '범행 공모'는 불가능하다"는 논거를 내세울 때마다 "그렇다면 박원순은 왜 죽었냐"는 반문이 조건반사적으로 튀어나왔다.

박원순이 전화기를 끄기 직전 참모들에게 했던 말들("아무래도 이 파고는 내가 넘기 힘들 것 같다.", "이 모든 것을 혼자 감당하기 버겁다")이 뒤늦게 공개되자 피해자 측은 "이로써 피해자가 밝히고자 했던 피해가 현실에 존재했음이 확인됐다"고 주장했다.

여기에 기자가 취재한 사실 하나를 더하겠다. 마지막 순간에 박 시장이 임순영 젠더특보에게 보낸 메시지 중에는 이런 것도 있었다.

"너무도 많은 사람의 지지와 지원을 받았는데, 나의 작은 실수로 큰일이 터져서 너무 힘들다."

사태 초기 박원순 참모들은 이 '작은 실수'의 의미를 몰라서 전전 긍긍했다. 누군가에게 자문할 거리가 아니었고, 피해자에게 물어볼 성질은 더더욱 아니었다.

박원순은 실종되기 전날 공관 회의에서 "(피해자와) 4월 이전 문자를 주고받은 것이 있는데 문제를 삼으면 문제가 될 소지가 있다"는 말도 했다.

기자는 앞서 2018년 박 시장이 피해자가 보낸 문자("냄새 좋아 콩콩")가 마음에 걸렸다는 B의 증언을 소개했다. 그 맥락을 알 수 없지만 "박원순이 비서에게 왜 그런 메시지를 보냈냐"는 질문이 나올 만하다. 이와 비슷한 메시지들이 더 있었을 가능성도 배제할 수 없다.

그게 그렇게 문제 될 일이냐고 반문할 사람도 있을 것이다. 나는 다른 사람이 아닌 박원순이기 때문에 문제가 될 수 있겠다는 쪽이다.

전술한 것처럼 박원순은 한국 최초의 성희롱 사건 소송을 맡아서 우리 사회에서 그때까지 대수롭지 않게 여겨졌던 남성들의 말과 행동이 법의 심판을 받을 수 있음을 몸소 보여준 인물이다. 물론, 피해자는 시장실에 있을 때 "안희정 사건으로 시끄러운데 다른 사람들이 보면 오해할까 봐 걱정된다"고 박원순을 애써 이해하려는 모습을 보였다.

그러나 박원순이 누구인가? 그는 '안희정 1심 무죄'가 나오자 "피해자가 성희롱으로 성적 모독감을 느꼈다면 피해자의 관점에서 보는 게 요즘의 보편적 이론"이라고 했던 사람이다.

그는 자신이 이런 혐의를 받게 됐을 때 '얼마나 심한 행동을 했냐'는 경중을 따지고 시시비비를 가릴 사람이 아니었다. 그런 혐의가 일부라도 드러났을 때, 그를 따르던 사람들이 "왜 말과 행동이 다르냐"고 따져 물었을 때 답하는 문제를 더 괴로워할 사람이었다.

박원순은 고한석 비서실장과 마지막으로 면담할 때 "고소 사실이 공개되면 시장직을 던지고 대처하겠다"고 말했다. 사후에 들은 얘기지만, 박원순이 시장 사퇴 결심을 밝힌 것은 이때가 처음은 아니었다. 박 시장과 가까웠던, 시민단체 출신 별정직 공무원의 말이다.

"2014년 11월 서울시 인권헌장을 제정할 때 '동성애 차별 반대' 문구를 명시하려다가 개신교계의 강력한 반발에 중도 폐기한 적이 있다. 성 소수자단체 사람들이 '인권변호사 박원순이 이럴 수 있냐'며 시청에서 며칠간 점거 농성을 했다. 출퇴근길에 그분들과 마주치고, 관련 기사들 댓글을 보며 본인이 너무너무 괴로워했다. 어느 날 새벽에 시장이 내게 '사퇴할까'라는 문자를 보냈다. 다른 참모에게 그걸 보여주니 '공직사회 난리 날 수 있으니 절대 얘기하지 말라'고 신신당부

해서 그냥 넘어갔다."*

박원순은 그해 12월 10일 페이스북에 "살아온 삶을 송두리째 부정당하는 상황은 힘들고 모진 시간이었다"는 장문의 사과문을 올렸지만, 돌아온 것은 "뭘 사과하는지 구체적으로 언급하지 않고 두루뭉술하다"는 냉혹한 비판이었다.

기자는 생전의 박원순이 가장 중시했던 가치가 '명예'였다고 본다. 언뜻 찬사로 들릴 수 있겠지만 세인들의 호평을 위해 그의 모든 자산을 불살랐다는 의미다.

사람들 통념과는 달리 박원순은 시민운동가로 이름을 날리기 전에 나름대로 잘나가는 변호사였다. 이른바 '돈 되는' 사건 변론을 많이 맡아서 수입이 쏠쏠했다고 한다.

그렇게 번 돈으로 연희동 이층집(456㎡)과 이태원동 청화아파트(184㎡)를 사들였지만, 자신이 산파 역할을 한 역사문제연구소가 "하루속히 셋방살이를 벗어나야 한다"며 이 집들을 처분하고 매각 자금을 연구소에 기부했다. 연구소 대지의 공시지가만 지금은 30억 원이 훌쩍 넘는다.

죽기 직전까지 7억 원 가까운 빚을 남겼지만, 그는 막사이사이상 등 국내외에서 받은 상금들을 빚 변제에 쓰지 않고 비영리단체나 시

---

* 2020년 7월 16일 만찬

민단체에 기부하는 '못 말리는 가장'이었다. 아내의 사업 실패로 집안 살림이 휘청이는 상황에서도 "모 여성단체가 사무실 임대료를 몇 달째 못 내고 있으니 돈을 마련해야 한다"라며 가족들에게 얘기했다고 전해진다. 그러면서도 그는 "시민운동 시절에 외부 강연 요청이 엄청나게 많았다. 나중에 정치를 그만둔다고 해도 생계를 꾸려가는 데는 아무 지장이 없다"고 자신감을 보였다.

박원순에게는 기본적으로 '사회적 약자를 배려하는' 마인드가 있지만, 보통 사람으로 이해할 수 없는 선행의 바탕에는 '세상에 도움되는 사람'으로 인정받으려는 욕구가 깔려있다고 나는 본다.

그런 관점에서 보면, '성추행 피소'는 일생일대의 사건이었다. 그런 일이 사람들 입에 오르내리는 것만으로도 자신은 물론이고, 그를 믿고 따랐던 시민들에게까지 상처를 입히는 사건이었다. 최영애 국가인권위원장의 말대로 "박원순 사건은 그와 오래 일을 해 왔던 사람들의 삶 전체가 도전을 받는 것"이었다.

2020년 6, 7월경에 그를 만난 사람들은 "박 시장이 예전 같은 활력을 잃었다", "우울증 증세가 느껴졌다"는 말을 내놓았다. 같은 해 7월 6일 3선 당선 2주기 기자간담회에 배석했던 참모의 말이다.

"내가 그날 기자간담회에서 큰 충격을 받았는데, 내가 알던 박 시장이 아니더라. 기자회견 내내 본인의 언어나 의지가 안 보였다.

그에 앞서 오성규 등이 모여 '시장에 대한 여론 호감도가 여당의 이

낙연, 이재명에 못지않게 나왔다'는 조사 결과를 보고했는데 시장이 짜증을 내더라. '정치는 과학인데 이런 식으로 여기서만 튀는 숫자가 나오는 게 무슨 과학이냐', '연말까지 대선 캠페인 해보고 잘 안되면 그만두자'고 하더라. 내 딴에는 '마지막 대선 도전을 하려는데 생각만큼 지지율이 안 나오니 답답해하는구나'라고만 생각했다."

한 가지 덧붙일 것은, 박원순 사건이 보여준 우리 사회 통념의 변화다. 동양에서는 자살을 억울함을 호소하기 위한 극단적 방법으로 이해하고 사자를 동정하는 기류가 적지 않았다. 반면, 서양에서는 자살을 자신의 죄를 인정하고 자책한다는 의미로 받아들이는 경우가 많았다.

서양에서는 자살자가 나오더라도 방법은 물론이고, 사실 자체를 언급하지 않으려는 경향이 강했다. 예를 들어 서양에도 학교에서의 집단 따돌림으로 목숨을 끊은 학생들이 있을 터인데, 미디어는 이런 현상을 크게 보도하지 않는다. 베르테르 효과를 우려한 조치일 수도 있으나 "무슨 일이 생겼든 당사자가 살아서 해결하고, 죽으면 모두 안고 가야 한다"는 묵시적인 공감대가 형성됐다고 볼 수 있다.

그러나 영원한 것은 없다. 2017년 제작된 넷플릭스 드라마 시리즈 〈루머의 루머의 루머(13 Reasons Why)〉는 바로 이 왕따 폭력의 희생자가 자살하는 과정을 담아 큰 충격을 줬다. 이 드라마를 보면서 나는 서구 사회에서 자살의 복합성을 이해하는 시도가 시작된 것으로 이해했다.

반대로, 박원순의 죽음을 '억울함의 호소'로 보는 전통적인 관전법은 통하지 않았다. 오히려 "어떤 자살은 아주 최종적인 형태의 가해였다"며 박 시장을 힐난하는 기제로 작동했다. 나는 이 또한 우리 사회가 자살의 복합성을 이해하는 과정으로 받아들이려고 한다.

다만, 인간이라는 소우주의 파멸을 놓고 "죄를 인정한 것이다", "얼마나 억울했으면 그러겠냐"는 식으로 일도양단의 해석을 내리는 것은 실제로 일어난 사건을 파악하는 데 그리 도움이 되지 않는다고 본다.

⑱

박원순 최후의 날

다음은 박 시장 사망 이틀 전까지의 상황을 시간대별로 정리한 기록이다.

7월 7일(화)

14:02 김재련 변호사가 유현정 서울중앙지검 여성아동범죄조사부장에게 전화를 걸어 박 시장의 이름을 대고 면담을 요청했다.

14:30 박원순은 코엑스 아셈블룸홀에서 열린 '탄소중립 지방정부 실천연대' 출범식에 참석했다. 이는 박 시장의 마지막 공개행사가 됐다.

14:37 김재련은 평소 알고 지내던 이미경 성폭력상담소장에게 "박 시장을 성추행 혐의로 고소할 예정"이라고 알리고 여성단체들의 지원을 요청했다.

20:31~20:58 이미경은 여성단체연합 공동대표 김민문정과 수차례 통화했다. 박 시장은 이날 코로나19 종합대책회의를 주재했는데, 시청

의 고위 간부는 그의 모습을 이렇게 기억했다.

"아무개 실장이 '장례식장에서 조문객들의 줄 간격을 유지하고 방역을 철저히 한다'고 보고하자 박 시장이 그랬다. '앉아서 보고받으니까 그렇게 알고 있죠? 현장에 나가보세요. 내가 얼마 전에도 안희정 모친상에 가보니 조문객들이 밥 먹으면서 웃고 얘기하고 이전과 똑같았어요. 장례식장 방역 철저히 하세요'라고 지시했다. 박 시장이 죽자 이때 지시한 내용이 범상치 않게 들렸다."

7월 8일(수)

10:18 여성단체연합 김민문정 공동대표가 김영순 상임대표와 통화했다.

10:31 김영순 여성운동단체연합 상임대표가 같은 단체 출신 민주당 남인순 의원에게 전화를 걸었다.

10:33 남인순은 자신의 보좌관을 지낸 임순영 젠더특보에게 "박 시장 관련 불미스러운 이야기가 도는 것 같다"고 알려줬다. 이로 인해 남인순은 사적 네트워크로 얻은 민감한 정보를 박원순 참모에게 전달해줬다는 비난을 받았다.

10:39 남인순이 이미경에게 전화로 관련 내용을 물어보려고 하지만 이미경은 "어떻게 알았냐"며 내용을 함구했다.

12:21 김영순이 임순영에게 "여성단체가 김재련 변호사와 접촉한다"는 취지의 말을 전해줬다.

14:00 김재련과 피해자가 전날 서울지검과 통화한 내용을 공유하고 향후 대응 방안을 논의했다.

14:28 김재련은 서울지방경찰청 여성청소년 담당 팀장에게 전화를 걸어 "서울시의 높은 분이 관련된 중요한 사건이 있으니 서울청에서 조사해달라'고 전화했다.

15:00~15:03 임순영이 박원순의 집무실로 찾아갔다. 임순영이 "시장 관련 불미스러운 얘기들이 돈다. 실수한 것이 있냐"고 물었지만, 박원순은 "잘 모르겠다"고 답했다고 한다.

15:30 임순영은 서울시 관계자에게 '4월 성폭행 사건'이 어떻게 처리되고 있는지를 탐문했다. 같은 시각 서울청 여성청소년 담당 팀장이 김재련에게 전화해 '고소장을 정말로 접수할 것이냐'라고 확인했다.

16:30 김재련과 피해자가 서울청 민원실에 도착해 고소장을 제출

했다. 서울청 여성 수사관들이 피해자를 청사 밖 조사실로 안내했다.

17:00 피해자 조사가 시작돼 다음 날 새벽 2시 30분까지 이어졌다.

19:00 서울청이 경찰청에 박원순 고소 사건을 보고했다.

19:00~21:10 박원순은 성북구의 한 식당에서 민선 5~7기 전·현직 구청장 11명과 만찬을 가졌다. 은평구청장 출신 김우영 정무부시장은 "박 시장이 그날 막걸리를 두 잔 정도 마셨고, 분위기도 괜찮았다. 나는 박 시장과 한 잔 더 했으면 했지만, 시장이 '다음 기회에 마십시다'라고 해서 그냥 헤어졌다"고 말했다.

21:30 박원순이 임순영에게 전화로 고한석 비서실장, 민경국과 밤 11시까지 공관에 오라고 지시했다.

22:43 임순영이 이미경에게 전화해 '무슨 일이냐. 낮에 여성단체 사람들과 만났냐'고 물었지만, 이미경은 이번에도 '알려줄 수 없다'고 답했다.

23:00 임순영이 나미라, 민경국과 시장 공관에 도착했다. 서울시 부동산 대책을 짜느라 격무에 시달린 고한석은 회의에 불참했다.

7월 9일(목)

02:30 피해자의 경찰 조사가 종료됐다.

05:13 임순영이 고한석에게 전화로 박원순 관련 불미스러운 얘기가 돌고 있다고 알려줬다. 임순영은 정보 출처에 대해 "남인순이 여성단체 쪽에서 듣고 알려줬다"고 말했다. 박원순계의 한 의원은 "박 시장이 밤새도록 잠을 한숨도 못 잔 것 같다. 부인은 절에 가는 일정 때문에 집을 비운 상태였다"고 전했다.

07:00~08:10 박원순 참모들이 '정동포럼'에 참석했다. 고한석 비서실장과 김우영 정무부시장, 최택용 정무수석, 더불어민주당 박홍근·기동민 의원 등이 참석했다.

07:09 임순영이 이미경에게 전날에 이어 다시 전화를 걸어 '구체적인 내용을 물어보는 것이 아니다. (피해자가) 상담을 하는 건지 기자회견을 하는 건지 법적인 조치를 취하는 것인지 알려주면 안 되겠냐'고 물어봤지만 이미경은 이번에도 '확인해줄 수 없다'고 함구했다.

07:16 이미경은 임순영에게 '내가 이제 관련인이 되어서 아무 말도 해서는 안 된다'는 내용의 카카오톡 메시지를 보냈다.

07:30 김재련과 피해자가 성폭력상담소 및 여성의전화 관계자들과 첫 만남을 가졌다.*

09:00 김우영이 고한석에게 전화로 "부동산 대책 관련해 할 얘기가 있다"고 하자 고한석은 "마침 시장 공관에 가는 중"이라고 답변했다.

09:15~10:05 고한석이 박원순과 면담했다. 박 시장은 "잔디가 여성단체와 함께 나를 고발하려는 것 같다. 빠르면 오늘이나 내일쯤 언론에 공개될 것 같은데, 그렇게 되면 시장직을 던지고 대처할 예정"이라고 말했다. 일부 취재원은 박 시장이 이때 "실수가 있었다. 남녀 사이에 은밀한 게 있는데 그걸 문제 삼으면 문제가 된다"고 우려를 표시했다고 전했다.

10:40 서울시 대변인실이 출입기자들에게 4시 40분으로 예정된 시장과 대통령직속국가균형발전위원장의 면담이 취소됐다고 문자 메시지를 발송했다.

10:44 박원순이 등산복 차림으로 공관을 나섰다. 박 시장이 "산에

---

* 김재련 변호사는 〈한겨레21〉 인터뷰에서 이렇게 회고했다. "7월 9일 새벽에 경찰청 피해자 조사를 마치고 그날 아침에 피해자 지원단체 대표분들과 함께 처음으로 피해자를 만난 자리였다. 안태근 전 검찰국장 사건에서 대리인에 관한 논쟁으로 본질이 흐려질까 걱정됐고 그래서 사임하게 됐는데, 이 사건도 우려가 됐다. 제가 대리인으로 참여해 다시금 사건의 본질이 훼손될 우려가 있다면 대의를 위해 대리인으로 참여하지 않겠다고 단체 쪽에 밝혔다. 그러나 단체 쪽에서는 피해자의 선택을 존중하고, 그동안의 피해자 지원 경험을 살려 함께하자고 했다."

심기를 정리하러 간다. 다녀와서 발표할 게 있다", "오후 12시경에 돌아오겠다"는 말도 있지만 확인되지 않았다.

10:53 와룡공원 CCTV에 박원순의 모습이 포착됐다.

11:00 고한석 비서실장 주재로 시장 거취 관련 시장실 참모들의 대책회의가 열렸다. 회의에는 권정순, 김우영, 나미라, 이민주, 임순영 등이 있었다. 고한석이 회의 도중 박 시장에게 전화를 걸어 소재를 파악하려고 하자 "와룡공원에 있다"는 답변이 돌아왔다. 이상한 낌새를 느낀 조경민 기획보좌관 등이 와룡공원으로 시장을 찾으러 나갔다.

11:20 고한석 지시로 서울시의 한 직원이 북악산 안내소에 "박 시장이 다녀가지 않았냐"고 문의했다.

11:30 시장실 인사비서관을 지낸 K 변호사가 회의장에 들어왔다. 그는 회의 참석자 중 유일하게 공무원 신분이 아니었다. K는 "모 비서관으로부터 그날 오전 일찍 회의에 참석하라는 연락을 받았다. 내심 4월 사건 관련 건인 줄 알고 지하철 안에서 법조문을 찾아봤다. '이런 사안으로 시장실 떠난 사람까지 부르나'하고 의아해했는데 회의실에 들어가 보니 그 얘기 하는 자리가 아니었다"고 말했다.

12:10~12:15 박원순은 회의 참석자 한 명과 통화에서 "1시간 이내

에 내려오겠다"고 말했다. 시장의 소재가 파악되자 회의실의 긴장도 풀렸다. 일부 참모는 오찬 약속을 이유로 중간에 회의장을 나섰다.

13:20~13:21 박원순은 하산을 종용하는 민경국에게 "걱정하지 마", "좀 생각 정리하고 가려는 겁니다", "먼저 내려가 있으세요"라는 문자를 연달아 보냈다. 민경국은 "시장실 근무 3년 동안 주 1회 대면 보고를 했지만, 시장은 나에게 말을 놓지 않았는데 갑자기 말을 놓더라"고 회고했다.

13:24 박원순이 임순영에게 "아무래도 이 파고는 내가 넘기 힘들 것 같다"는 메시지를 남겼다. 이 무렵 그는 임순영에게 "많은 사람의 지지와 지원을 받는데, 나의 작은 실수로 큰일이 터져서 너무 힘들다"는 메시지도 보냈다.

13:39~13:44 박원순이 고한석과 마지막 통화에서 "이 모든 것을 혼자 감당하기 버겁다"고 말했다.

13:44 박원순이 텔레그램에 마지막으로 접속했다.

13:58 박홍근 의원이 박원순과 통화를 시도했지만, 전화기가 꺼져 있었다.

14:42 박원순이 와룡공원 부근에서 신원미상의 지인과 마지막 통화를 했다. 그는 가족들을 잘 보살펴달라고 부탁한 것으로 알려졌다.

15:39 성북구 핀란드 대사관저 일대에서 박원순의 휴대폰 신호가 마지막으로 잡혔다.

16:00 박원순 참모들이 언론 취재를 피해 플라자호텔에 '임시상황실'을 마련했다. 고한석은 시장실 늘공들을 조기 퇴근시키고 어공들과 박원순계 의원들에게는 플라자호텔로 오라고 알렸다. 김주명에게도 이 무렵 기자들의 전화가 오기 시작했다. 잘 아는 기자가 '미투 얘기가 돈다'는 말을 하자 그는 "누가 그런 가짜뉴스를 퍼 나르냐"고 버럭 화를 냈다.

17:00 박원순의 부인 강난희 씨가 고한석에게 "공관 책상에서 유서를 발견했다"고 알려왔다.

17:17 박원순의 딸 다인 씨가 119에 "4~5시간 전에 아버지가 유언 같은 말을 하고 나갔는데 전화기가 꺼져 있다"고 신고했다.

17:53 언론들이 '박원순 실종'을 보도하기 시작했다.

18:30 "방송국에서 박원순 미투를 취재 중이었다"는 이야기가 모

바일 메신저를 통해 확산됐다.

18:50 "방송사 기자들이 서울대병원 장례식장에 배치됐다"는 얘기가 돌았다.

19:20 서울시경이 출입기자단에 "경찰이 시신 발견을 확인해줬다는 보도는 오보"라는 입장을 냈다.

20:00 MBC와 SBS가 '박원순 성추행 피소'를 보도했다.

7월 10일(금)

0:01 박원순의 시신이 북악산 숙정문 부근에서 발견됐다.

"실례지만 직업을 물어봐도 될까요?"

"글 쓰는 기자입니다."

"(잠시 고민한 뒤) 스트레스를 많이 받는 일이겠네요."

2020년 12월 11일 오전 9시 40분 신촌 세브란스병원 6층 신장내과에서 나는 올해의 마지막 진료를 받았다. 9개월 전 동네 병원에서 만성신부전 말기(5기) 진단을 받은 후 담당의와는 7번째 만남이었는데, 마지막 만남에서 그가 내 직업을 물었던 것이다.

나는 첫 진단부터 "빠르면 3개월, 늦어도 연내에는 신장 투석을 준비해야 한다"는 얘기를 의사들로부터 들어왔다. 뒤늦게라도 정신 차리고 식이요법과 운동을 병행한 끝에 그나마 투석 시기를 늦출 수 있었다.

만성신부전은 콩팥 기능의 상실을 의미하며 이틀마다 4시간씩 병원의 인공투석기에 의존해야 생명을 유지할 수 있는 병이다. 이 상태로는 해외 출장은 고사하고 나인투식스 직장 생활도 힘들다.

의사의 말에서 알 수 있듯이 만성신부전 최대의 적은 스트레스다. 내가 그동안 거쳐온 다른 출입처들(국회, 청와대, 외교통상부 등)에 비해

서울시청이 상대적으로 안온한 출입처였던 것은 맞다. 그러나 박원순이 사망한 후에는 상황이 완전히 달라졌다.

세상에 '쉬운 취재'가 있겠냐마는 전술한 바와 같이 나에게 이번 취재는 상당히 험난하게 느껴졌다. 피해자에 대한 '2차 가해' 시비를 비껴가기 위해서는 엄중 보안이 필요했고, 세상의 이목이 두려워 입을 열지 않으려는 취재원들을 집요하게 쫓아다녀야 했고, 결과물을 깐깐하게 검증하고 때로는 출고를 허용하지 않으려는 데스크와 지난한 협상을 거쳐야 했다.

그렇다고 중도 포기란 있을 수 없었다. 피해자는 시장과 그의 참모들로부터 당한 '고통'을 호소했지만, 피해자 호소로 역시 고통받는 '시장실 사람들'의 잠겨있는 목소리도 외면할 수 없었기 때문이다.

고민 끝에 나는 이 모든 스트레스에 대한 궁극적인 해법을 찾기로 했다. 지난 6개월간 가장 큰 스트레스를 준 박원순 사건의 실체를 확인해보기로 했고, 그 결과물이 바로 이 책이다. 그동안 4,000건이 넘는 기사를 썼지만, 책을 써본 적은 한 번도 없다. 역설적으로, 몸이 더 망가지기 전에 취재 기록 하나는 남겨야겠다는 생각이 집필에 박차를 가하게 했다.

내 책이 나왔다고 박원순을 둘러싼 논란이 가라앉지는 않겠지만, 적어도 내가 그와 온전히 이별할 수 있는 '핑곗거리'가 된 것은 분명하다. 2021년 1월 23일 나는 그가 죽은 후 처음으로 경남 창녕의 묘지를 찾았다. 묘비도 기념물도 없는 초라한 묘지 앞에 생전에 그가 좋아했다는 딸기와 양갱을 올리며 나지막이 물었다. 왜 이렇게 어려운 숙제를 남겨놓고 갔냐고.

2006년 11월 나는 그리스 크레타섬을 여행했다. 아테네에서 하루 뱃길 거리의 섬에 볼 만한 게 뭐냐는 물음에 내 친구가《그리스인 조르바》의 작가 니코스 카찬차키스(1883~1967)의 묘비는 일생에 한 번은 봐둘 필요가 있다고 말했기 때문이다.

이 책을 다 쓴 심경을 묘비에 쓰인 글귀로 대체하려고 한다.

"나는 아무것도 바라지 않는다. 나는 아무것도 두려워하지 않는다. 나는 자유다."

성역 없는 회의만이
진실에 접근하는 유일한 방법

조기숙(이화여대 국제대학원 교수)

지난 한 해(2020년) 우리 사회에 가장 큰 충격은 박원순 전 서울시장의 죽음과 그 원인으로 지목되는 박 시장에 대한 미투 사건일 것이다. 한 정치인의 죽음은 정치적일 수밖에 없다. 여기에는 여·야와 진보·보수라는 정치뿐만 아니라 몇 해 전 전 세계를 강타한 '미투'의 정치학도 다른 한 축을 형성하고 있다. 국민의 생각이 '사분오열'이 아니라 '백만분 오백만열' 하는 게 당연하다.

다음은 내가 같은 해 7월 11일에 페이스북에 쓴 글의 일부다.

> 저는 고소인의 아픔에도 충분히 공감이 가고, 피고소인이라 할지라도 우리에게 수많은 선물을 남겨두고 죽음으로 속죄한 박원순 시장에 대해서도 애통한 마음은 감출 수가 없습니다. 이게 양자택일의 문제일까요?

> 제가 이해할 수 없는 건 양쪽의 생각을 두고 서로 비난하며 싸

우는 겁니다. 그냥 자신의 생각만 말하면 안 될까요? 네 생각은 그렇구나. 내 생각은 이렇단다. 이게 옳고 그름을 꼭 증명해야 할 문제인지 모르겠습니다. 피해자가 있고 가해자로 지목된 사람이 죽음을 택했다면 잘못이 없진 않겠죠. 하지만 그게 죽음의 벌을 줄 만큼 큰 잘못은 아닐 겁니다. 그래서 애통한 것이지 그가 완벽한 사람이기에 애도하는 건 아닙니다. 피해자는 어떤 상황에서도 보호받아야 합니다. 피해자를 보호하는 방법은 사람마다 다양할 수 있습니다.

양극단의 생각이 부딪치고 싸우더라도 상식적인 시민들이 중심을 잡으면 우리 사회는 또 한 번의 교훈을 얻으며 앞으로 한 발짝 나아갈 것입니다. 떠나는 박원순 시장이나 고소인의 마음 모두 너무 시끄럽고 힘들 것 같아, 두 분 모두 평안하시길 빕니다.

이 글은 또 한 번의 논란을 일으켰다. "당신에게 피해 사실 증거가 있느냐?", "무슨 권리로 '피해자'란 용어를 함부로 사용하느냐?", "당신 말대로 계속 침묵하는 게 더 나을 뻔했다"는 의견이 적지 않았다. 원래 사람에겐 소수의 비판이 더 크게 다가오는 법이다. 이런 걸 주관적 확률이라고 한다. 하지만 수적으로는 절대다수가 내 생각에 공감을 표했다. 나는 이렇게 조용한 다수가 민주주의를 극단주의자로부터 지키는 균형추 역할을 한다고 믿는다. 정치발전이란 균형감각을 가진 시민들의 수적 확대에 있기에 그것이 정치의 성숙도를 결정한다고 믿는다. 하지만 우리 사회에서 균형자는 회색분자, 기회주의자 취급을 당하기 일쑤다. 미성숙한 민주주의의 일면이라 할 수 있다.

같은 팩트를 놓고도 서로 다른 의견을 갖는 게 민주주의이다. 전체주의와 달리 민주주의는 선택이 중요하지, 옳고 그름이 중요하지 않다. 하지만 우리는 유교의 영향으로 늘 옳고 그름에 집착한다. 사고의 여백 없이 정답을 찾는 교육도 이런 성향을 부추긴다고 생각된다. 전체주의는 '인민의 의지'라는 절대 진리가 존재한다고 믿는다. 전체주의가 위험한 건 사상과 표현의 자유가 억압당하는 가운데 독재자의 의지가 인민의 의지로 둔갑하기 때문이다.

'미투' 운동은 사회적 약자였던 여성이 주로 권력을 차지한 남성으로부터 받은 성폭력을 포함한, 각종 부당한 대우에 저항해 약자인 피해자끼리 연대함으로써 권력의 부당함을 폭로했다는 점에서 용기 있고, 세상을 혁명적으로 바꿀 운동이라고 생각해 적극적으로 지지한다. '미투'는 주로 여성이 성적 피해자였기에 여성운동처럼 보이지만, 남성 피해자도 있을 수 있고 그들도 연대의 대상이라고 생각한다. 내게 미투는 여성운동이라기보다는 인권운동이다.

그러나 우리 사회에서 '미투' 운동은 어느덧 성역의 대상이 되었다. 나는 기본적으로 '미투'의 피해자 중심주의에 동의한다. 성적인 문제만큼 내밀한 것도 없기에 자신의 치부를 드러내면서까지 폭로하겠다는 결심은 정말 피해자가 아니면 하기 어려운 결단이기 때문이다. 내가 언론의 추가 보도나 사법부의 판결을 기다리지 않고 '피해자'라고 적시한 이유이다. 박 시장이 이 사건을 대면하기보다 '죽음'을 택한 것도 내 판단에 일조했다.

파편적인 팩트와 논리를 엮어서 내 의견이 도출된 것이다. 그렇다고 내 의견을 비난하고 반박하는 사람들을 2차 가해라며 억압한 적은 없다. 민주주의에서는 누구도 성역의 대상이 될 수 없으며, 민주주의의 건강성은 바로 이런 회의론을 먹고 자라기 때문이다. 민주사회 시민이면 누구나 팩트와 논리, 그리고 맥락에 기초하여 해석할 표현의 자유와 권리를 지니며 어떤 입장이 더 설득력을 얻는지는 장시간의 공론을 통해 도출될 뿐이다. 따라서 피해자는 물론 사법부도 이런 표현의 자유를 막을 수는 없다. 단, 이 과정에서 허위에 기초한 주장은 법적 처벌을 면치 못할 것이다.

진실은 성역에 도전하는 회의론을 이길 때 증명되는 것이지, 성역으로 보호되는 게 아니다. 옳음을 미리 상정하고 이에 반하는 모든 주장은 2차 가해라는 여성 운동가들의 주장이 성역이 되고 이에 감히 도전하는 의견이 억압되는 이유는 여성 차별의 역사가 너무 길고 피해가 막대했기 때문으로 보인다. 여성은 오랜 기간 차별받은 피해자이기에 서울대 조교 성희롱 사건에서 1998년 2월 대법원이 확립한 피해자 중심주의에 이의를 제기할 사람은 없다. 하지만 피해자 중심주의 시각을 지키기 위해서라도 피해의 정도에 대한 객관적 증거와 증언에 기초한 논리적 해석은 매우 중요하다.

피해자는 오해의 여지가 없는 신이 아니다. 피해자의 절대적 옳음을 가정하고 이를 회의하는 모든 의견을 억압하는 건 판결을 미리 내려놓고 여론몰이하는 중세의 마녀사냥과 다르지 않다. 감히 누구도 이런 마녀사냥에 맞설 용기를 내지 못할 때 진실에 접근하기 위해 수많은 관련자를 인터뷰하고 자료를 찾았으나 언론사 데스크의 성역을 뚫지 못해 좌절한 손병관 기자의 노력이 '비극의 탄생'이라는 취재기로 출간되었다.

필자가 청와대에 근무했던 2005~2006년에 청와대 출입기자로서 인연을 맺은 손 기자와는 오랜 사이이다. 그렇다고 그의 책 내용에 모두 동조하는 건 아니다. 정치권 인사에게 가장 필요한 덕목은 공사 구분/이익충돌 배제라는 가치관으로 살아왔기에 사적 친목이 내 시각에 영향을 미치지는 않는다. 다만, 이 책의 출간이 꼭 필요하다는 말로 손 기자의 집필을 격려했던 사람 중 한 명으로서 추천의 글을 써 달라는 그의 부탁을 흔쾌히 수락했다.

손 기자는 가능하면 이 책에서 인터뷰하고 조사했던 객관적 사실을 가감 없이 전달하려 노력했다. 그렇다고 그의 개인적 해석이 배제된 건 아니다. 그는 이 책에서 자신의 편견일 수도 있는 개인적 해석을 적극적으로 시도했다. 그 점이 이 책을 읽는 동안 나를 가끔 불편하게 만들기도 했다. 하지만 이 책을 통해 나는 박원순 사건을 더 객관적이고 차분하게 정리할 수 있었고, 피해자의 주장과 대조해가며 내 생각을 확인하고 정립하는 데 큰 도움을 받았다.

이 책을 통해 알게 된 지금까지 국가기관에 의해 내려진 결론은 다음과 같다.
① 박 시장의 참모들이 조직적으로 피해 사실을 은폐하고 피해자의 호소를 외면했다는 고소에 대한 경찰의 무혐의 처분
② 피해자의 주장 중 일부를 받아들여 박 시장에 의한 성희롱을 인정한 국가인권위원회의 결정
③ 별건 재판에서 박 시장의 성추행을 인정한 사법부의 판결문

정도의 차이는 있지만, 피해자에 대한 박 시장의 성적 자기 결정권 침해는 인정되었지만, 조직적 은폐나 피해자에 대한 억압의 증거는 찾을 수 없었다. 내가 피해자라는 용어를 가장 먼저 쓰게 된 판단이 적절했음에 안도했다. 그러나 손 기자는 나와 생각의 결이 다르다. 나는 이러한 의견도 일리가 있고 경청할 가치가 있다고 생각한다. 이를 2차 가해라고 비난한다면 동의하기 어렵다.

이 책을 읽고 나니, 피해자와 피고소인 양측의 대응이 모두 부적절했다는 생각이 든다. 피해자 대리인과 여성단체가 2차 가해 운운하며

어떠한 의문도 용납하지 않은 건 민주주의에 어긋난다. 피해자에 대한 허위사실 유포나 명예훼손은 법적으로 대응할 일이다.

피고소인 측도 마찬가지의 우를 범했다. 박 시장의 휴대폰이 사유재산이었다면 가족에게 돌려주는 게 마땅하고 가족은 '박 시장은 그런 사람 아니야'라고 할 게 아니라 경찰의 포렌식을 허용해 명예를 되찾아야 하지 않았을까? 더는 이 문제를 마주하고 싶지 않은 가족의 고통은 이해하지만, 박 시장을 좋아하고 지지했던 한 사람으로서 아쉬움이 드는 건 어쩔 수 없다. 박 시장의 휴대폰이 서울시 재산이라면 서울시는 가족으로부터 휴대폰을 찾아와 수사기관에 맡겨 박 시장의 잘잘못을 엄격하게 따지는 게 산 자의 의무가 아니었을까?

SBS는 "피해자와 같은 경험을 한 사람이 더 많이 있다"고 보도했다가 방송통신심의위원회의 중징계를 당했다. 지금까지 추가 피해자는 나오지 않고 있다. 미투가 중요한 이유는 연대의 의미도 있지만, 피해자들의 증언이 신빙성을 뒷받침하는 가장 강력한 증거이기에 그렇다. 박 시장 휴대폰의 포렌식을 통해 추가 피해자가 없는 것으로 밝혀진다면 박 시장의 명예는 어느 정도 회복되리라 생각하기에 아쉬움이 크다.

나도 경험자로서 하는 말이지만 성폭력을 행사하는 남성들은 습관적 행태에서 비롯되므로 단 한 명의 피해자만 존재할 가능성이 전혀 없다. 당장 오거돈과 안희정의 경우도 추가 피해자가 존재한다. 박원순 시장의 경우 추가 피해자가 없는 것으로 확인된다면 이는 전형적으로 남녀, 세대 차이에서 오는 오해나 착각에서 비롯될 가능성이 크기에 박원순 사건에서 추가 피해자의 존재는 결정적으로 중요한 증거라고 생각된다.

나는 오랜 사회생활 끝에 작은 친절과 호의를 성적 호감으로 해석하는 남성을 수도 없이 많이 봐왔다. 피해자가 박 시장에게 보낸 편지들을 보면 박 시장이 그렇게 착각했을 가능성이 커 보인다. 그렇다고 피해자 중심주의 시각에서 달라질 건 없다. 명백히 피해자는 존재한다. 다만 박 시장은 다른 경우와 달리 감수성 부족은 인정되지만, 악의성 또한 부족한 것으로 결론이 날 가능성이 크다. 공직자의 로맨스를 비난할 자격이 있는 사람은 오직 그의 배우자일 뿐이고 사생활은 공직 업무 평가와는 구분하는 게 합리적이라고 생각한다.

오히려 박 시장의 더 큰 잘못은 사생활이 까발려지는 게 두려워 공직자로서 책임감을 저버리고 죽음을 택한 것 아니었을까. 나는 피해자의 존재를 분명히 인식하지만, 박 시장을 성희롱의 누명에서 벗겨주고 싶은 마음 또한 간절하다. 서울시정을 책임진 시장의 죽음은 성희롱으로 오해받을 일을 한 것보다는 책임을 쉽게 저버린 공직자로서 몇 배 큰 비난을 받는 게 더 성숙한 사회라고 생각되기 때문이다. 그래서 다시는 공직자가 사생활을 이유로 세상을 등지는 일이 반복되지 않기를 바란다. 그렇다고 우리 사회에 이룬 박 시장의 업적과 기여가 싸잡아 비난받아야 하는 건 아니다. 이번 일을 통해 공은 공대로, 과는 과대로 논의하는 담론이 우리 사회 민주주의 성숙도를 한 단계 끌어올리기를 기대한다.

이 책의 기록이 흑백논리나 거대 담론의 시대를 보내고 복잡한 정치 분석의 수준을 한 단계 올리는 데 기여하기를 바란다. 필자는 이 책이 충분히 그런 기여를 하리라 믿는다.